改革開放・鄧小平訪日40周年記念

改革開放とともに40年

1978-2018

清華大学教授
胡鞍鋼 著

日中翻訳学院 訳

日本僑報社

日本語版への序文

一九九四年に初めて日本を訪問して以来、いつのまにか訪問回数は数十回となったが、恐らく外国訪問先として、私にとって日本が最多回数の訪問国であろう。その理由の一つは日本が隣国であること、二つ目は訪問しやすいこと、そして三つ目は中国と日本はいずれもアジア最大の経済大国であり、貿易大国であり、技術革新大国であることであろう。

私は中国の国情研究に専門的に従事しているとはいえ、「天の時、地の利」にも深い関心を抱いている。つまり、「天の時」とは、経済のグローバル化と持続的な科学技術革命の時代ということであり、「地の利」とは経済の一体化とアジア各国の集団的勃興のおかげということである。世界銀行のデータによれば、一九九〇－二〇一七年の東アジア地区のＧＤＰの年平均成長率は五・五％であり、同期間における世界全体の年平均成長率三・四％より高い。世界のＧＤＰ総額（二〇一一年国際ドルベース）に占める同地区の比率は一九・二％から三一・八％に上昇し、貿易依存度も三九・九％からピークの二〇〇八年では六八・五％、二〇一六年でも五四・〇％まで上昇している。したがって、中国経済のテイクオフが持続的であることは、中国内部の改革開放（「人の和」）のおかげであるばかりか、「地の利」のおかげでもある。

頻繁に日本を訪問し、日本の友人と交流を続けるのは、双方にとって学術面の交流が必要であるからだ。さらには、私は日本で現代中国研究の著書が出版されることを望んでいた。当初は想像さえしなかったわけだが、なんと本著作を入れると今では既に一八冊の日本語版の著書あるいは共著が出版された。そのうち、清華大学国情研究センター（現在、国情研究院）として、これまで日本経済研究センターと五冊の中国専門テーマの著書を共同出版している。その後、私たちは日本僑報社の協力を頂いて八冊出版したが、本著書もその中の一冊である。出版の目的はただ一つである。つまり、日本の学界、政界や各方面の方々に客観的に、網羅的に、動態的に中国を紹介し、分析し、展望してもらうことである。出版の役割もただ一つである。つまり、一人の学術面での大使として日本の各界の方々と交流し意見交換することで現代中国関連の知識を分かち合うことである。

本著書のメインテーマは「改革開放と共に歩んだ私の人生」である。一人の中国人学者の視点から、私自身が実体験した改革開放のお話を記述したものであり、この話には幸い中国社会の変遷が反映されている。まさに新鮮なオーラル・ヒストリー（口述歴史）であり、理性的に分析された研究史である。そこには、私自身の思想的活動が反映されており、私がどのようにして持続的に改革開放の歴史を書いてきたのかが反映されている。また、私が協力者と出版した中国語と外国語の著書、国情報告、学術論文、メディアでの発表文が含まれており、何千万字を超える現代中国関連知識となっている。しかしながら、私が私自身を研究するということは、きわめて難しいことである。私自身の中に立ち入るからには個人的な視点から飛び出さねばならず、一方、著書には私自身を主役として書かねばならない。具体的にいえば、「文化大革命」時代の知識青年、労働者から、どのようにして改革開放初期の大学生、大学院生、博士号取得者などの人的資本投資の過程を経てきたのか。中国の人口面の国情や経済面の国情の研究から、どのようにして政治面や生態面や社会面の国情を総合的に研究するようになったのか。中国科学院国情分析研究チームのメンバーから、どのようにして中国科学院と清華大学が共同で設立した国情研究センターの主任になり、さらに清華大学国情研究院院長のシンクタンク政策研究になったのか。中国の国情を認識することから、どのようにして世界の状況を認識するに至ったか。経済発展のルールを認識することから、どのようにして社会発展を認識するに至ったか。学生を教育指導することから、どのようにしてさらに多くの優秀な人材や傑出した人材を育成することなどを体得したか。そのほかには、研究方法の面からは、いかにして専門性と総合性や、樹木式と森林式、歴史と現実、中国と世界の国情研究方法論と独特な学術研究スタイルを作り上げていったかである。

以上から分かるように、改革開放の歴史とはマクロとミクロ、国家と個人、過去と現在、中国と世界という相互に作用しあう関係を研究して初めて、この段階の歴史がさらにうまく反映されるのである。前者は中国の改革開放の歴史を研究することであり、後者は私自身を研究対象とした改革開放の実践的歴史にほかならない。これはまさに今回だけのトライであり、人生の総括でもあり、さらには新しい知識、新しい長い道のりのスタートである。

二〇一八年秋、清華大学にて　胡鞍鋼

目次

第一章　人間の知識の発展方法

一、人の正しい思想はどこから来るのか

一九六三年五月、毛沢東は「人の正しい思想はどこから来るのか」という重大なテーマを提起し、「人の正しい思想は社会的実践の中にのみある」と実に明確な答えを出している。その社会的実践には、生産闘争、階級闘争と科学実験の三つの実践があるとしている。※1

毛沢東時代と比較すると、現在の社会的実践はさらに幅広く、中でも改革開放こそが最大の社会的実践であり、われわれが正しい思想を形成するための実践の源となっている。

思想が「正しい」のか、あるいは、「誤っている」のかをどのように判断するのか。毛沢東は「人間は社会的実践の中でさまざまな闘争を経て、豊富な経験をもつようになるが、その中には成功したものもあれば、失敗したものもある。一般的に、成功は正しく、失敗は誤っているとされる」と言及し、さらには「正しい認識は往々にして物質から精神へ、精神から物質へと経由せねばならないため、実践から認識へ、認識から実践へと何度も反復してこそ完成される。これこそマルクス主義の認識論であり、唯物弁証論の認識である」と述べている。※2

良い思想、正しい思想は、民族や国家にとって極めて貴重な財産であるため、特に中国では、かなり重要なスケールメリットがある。毛沢東も確かにこう述べている。「先進的な階級を代表する正しい思

想は、ひとたび大衆が習得すると、社会を改造し、世界を改造する物質的な力となり得る」と。[※3]

われわれの国情研究は、学者、思想家、大学、シンクタンクのいずれが行ったとしても、優れた考え方、正しい思想を提示して、真に中国を理解し、認識して、科学的発展をさせるためのオリジナルな中国の知恵を供給している。

比較的確立しているどのような思想の背景にも、多くの経験や豊富な知識の蓄積がある。自分自身も、下放青年（一九六九－一九七六年）から始まり、肉体労働者（一九七六－一九七八年）、大学生（一九七八－一九八二年）、大学院生（一九八二－一九八五年）、博士課程（一九八五－一九八八年）、ポストドクター（一九九一－一九九二年）、国情専門家（一九八九－一九九九年）、大学教授（二〇〇〇－二〇一七年）までの数十年の人生経験により、人的資本の長期投資、知的資本の長期蓄積、個人思想の確立を行った。人の一生には少なくとも数十年の継続した人的資本の投資と知的資本の蓄積が必要であり、それにより常に発展、進歩して成功を得ることができるのだ。そして、この成功の根源には、幸いなことにわれわれが中国の改革開放時代に巡り合わせたことと、方向性、行動、興味を同じくする者たちとの交流があった。

今年は中国の改革開放四〇周年である。思い返してみれば、私の人生で最良の四〇年間であり、「四十にして惑わず」の感もあるが、この機会に私の生涯を歴史的に回顧し総括したいと思う。

私の人生は大きく五段階に分けられ、それぞれが異なるページで構成されている。

社会大学——国情を認識する一〇年。小学校卒業時に文化大革命勃発に遭遇したため、時代による「失学（教育を受けることができない）者」となり、また同時に、国情の「観察者」となった。

中学校卒業後には北京から北大荒（黒竜江省）へ移り、「地球の修理」を行う農業に従事し、続いて地質調査隊に加わり「地球の調査」に携わったことにより、感性で中国の国情を認識し、とりわけ中国の農村のプロセスを認識することができた。

知識大学——人的資本投資の黄金の一〇年。幸いなことに大学入試再開後初の大学生となり、その後、大学院にも合格したため学生から研究者へと身分が変わり、さらに博士課程へと進み、国情分野を専門的に研究する学者となった。

国情研究——知識貢献の一〇年。中国科学院の副研究員からアメリカへ渡り、イェール大学の経済学博士号を取得して、帰国後も研究員の職務を続け、現代中国研究という新たな領域を切り開き、著名な国情研究の専門家となった。

人材教育——人材貢献の一〇年。中国科学院の研究員から清華大学の教授となり、最も優秀な人材を育成し、ハイレベルな大学に創設されたシンクタンクのトップとなった。

そして今は、国情研究事業に取り組んでいる新たな一〇年の最中にあり、国情研究院再始動の年でもある。自身も清華大学の文科上席教授に就任し、これは清華大学の人文社会科学分野における最高学術栄誉称号である。創設された国情研究院は国家ハイレベルシンクタンクのモデル機関として選ばれたが、これは国内シンクタンクの最高レベルであることを意味している。

過去の出来事を振り返ると、この数十年は自身の成長を追い求める旅のような人生であったばかりか、最重要使命であった改革開放の中国について書き記したことが、何千何万字を超える「書面として残された動かぬ証拠」となったがために、図らずも文は道を明らかにすることとなった。国情報告は意思決定者に対して意思決定に関する情報、知識、アドバイスを提供し、学術論文は特定テーマの研究、綿密な分析、学術交流を行い、学術著作は異なるテーマにより展開される特定テーマの研究の系統的知識を提供し、外国語の著作は世界に現代中国のことなどを紹介している。これらの意義から見て、私にとって文は道を論じ、友と交わり、知識を分かち合うものとなっている。この「文」とはまさに現代中国研究の公共知識、発展思想、政策提案なのである。

「知人者智、知己者明（人を知る者は智なり、己を知る者は明なり）」。本書は、作者が自ら述べた自己回顧、自己思考、自己総括であるが、中国の改革開放四〇周年を記念しているため、私の同僚、学生や多くの読者と共有したいと思っている。そもそも私自身はいくつもの顔を持つ中国学者である。大学教授として人を育て、より多くの優秀でプロフェッショナルな人材を育成する必要がある。国情専門家としては、社会に国情の知識を提供して中国の改革開放のためにプラスのエネルギーを広めなければならない。大学のシンクタンクとしては、国に政策助言を行い、意見を出して献策しなければならない。中国学者としては、世界に中国の声を広め、中国の物語を語る必要がある。これらは皆、私の知識の発展と知識の革新に基づいている。

二、人の知識の発展と社会の進歩

どのような才能が人生のプロセスを総括できるのだろうか。私は人としての発展および知識の発展による理論のフレームから分析を行っているが、いわゆる人の発展とは、マルクスの『共産党宣言』の中で述べられている「人の自由な全面的発展」である。習近平主席は中国共産党第十九回全国代表大会の演説の中で「人の全面的発展と社会の全面的進歩をより良く推進する」と提起している。

私の理解では、これは典型的な人の知識の発展と社会の進歩のプロセスであり、それには以下の五つの内容が含まれる。

第一に、人の発展とは本質的には人の能力の発展である。また、知識の発展とは人の知識力の発展であり、これこそが人の自由な全面的発展の能力の基礎となる。ここでの知識力とは実際には「能力の集まり」であり、その中には、知識の獲得力、吸収力、革新力、交流（あるいは伝播）力、影響力が含まれる。それゆえ、人の知識力は中でも最も重要な能力であるが、さらに重要なものは人的資産や知識資産である。つまり、生まれながらのものではなく、後天的に常に知識を得ようと学習し、知識への投資を行い、蓄積し、その作用を発揮して、使用する機会を増やし（例えば、学習、時間、精力など）、知識により生み出されるもの（例えば、授業、講座、文章、学術論文、著作、研究レポートなど）の質を高め続けていくプロセスが重要なのである。投資をしなければ産出はできず、投資を続けなければ産出し続けることはできない。また、質の高い投資を行わなければ質の高いものを生み出せないことは明らかである。それゆえ、人の知識力への投資がキーポイントとなり、頻繁に、反復し、長期的な投資のプロセスを経る必要があるが、これによって初めて、常に新たな知識を学習し、蓄積し、創造することができる。知識の投資により形成された知識が産出した結果を見ると、まさに「書物を著して説を立てる」を表しているかのように、書面として残された動かぬ証拠となり、伝播、拡散、交流、共有に都合が良いものとなる。

第二に、人の全面的発展は社会の全面的進歩を拠り所としている。これはマルクス主義の核心理念であり、すなわち新社会とは「このような共同社会のことであり、各人の自由な発展が、万人の自由な発展の条件となる」[※4]。人間とは従来、孤立した存在ではなく、社会の中に存在する。人の発展は社会の進歩に左右され、社会が進歩してこそ人の発展も可能となる。また、社会が全面的に進歩するからこそ、人の全面的な発展も可能となる。逆に、われわれ各人の発展が社会を進歩させているのだ。確かに、中国の改革開放がなければ、われわれは大学に進学することができなかった。大学に進学して人的資本の投資をしたからこそ、社会の進歩に貢献する機会や能力を得られたのである。人の全面的発展と社会の全面的進歩は互いに補完し合っている。この点を意識することで、強い自覚と積極性が具わることから、「知識は人民のため、知識は国のため」となる。つまり、各人が全面的に発展してこそ社会の全面的進歩が促されるのである。

第三に、知識の発展は最大の波及性、外部性、公共性を伴う活動である。故に知識は最も卓越した公共財（the most outstanding public goods）なのである。知識が一種の耐久財であるのは、同じ知識を重複して使用することができるからである。知識の消費には競争がなく、同一知識製品は多くの人が消費すればするほど効果は大きくなるが、コストは増加しない。つまり、知識はゼロに近いコストで複製して、拡散、伝播できることで、相当なオーバーフロー効果と正の外部性が形成される。

第四に、知識の発展は中国に大国のスケールメリットをもたらす。知識の発展は本質的には知識の革新である。中国のような人口大国にとって、知識は正の外部性と公共財の特性を備えているだけではなく、巨大な知識が活用されたことによるスケールメリットもまた大きいのである。いかなる重大な科学発明、技術革新、知識革新であろうとも、それらから生ずる波及性や外部性は中国において明らかな経済的および社会的効果・利益を生み出している。[※5] 中国の学者として、革新的な中国の発展的知識には、データ、情報、事実、学術成果、政策主張、経験、理論、思想、知恵などが含まれ、多くの場面で、記録、出版、伝播、共有することが可能な「書面として残された動かぬ証拠」であるとともに、典型的な全国共通の公共財、すなわち、公共知識でもあり、極めて重要な社会的価値、極めて高い応用価値、極めて大規模な効果がある。経済が日増しにグローバル化している状況下では、多くの発展知識もまたグローバル化した公共知識となる。これらは、特に発展途上国の発展においては貴重な手本となり、思いがけずグローバルな発展効果を生み出している。例えば、中国の貧困削減知識、人的資本の投資知識、発展知識の革新などがそれに当たる。

第五に、知識の発展にはさらに「知行合一（本当の知識は実践を伴わなければならない）」のプロセスがある。言うは易し、行うは難しである。一時的に行うことは難しくないが、一生行い続けるのは非常に難しい。これは各個人の革新的意志や知識発展力にも左右され、本質的には持続的な知識革新力によって決まる。学術の革新は他人との競争というよりはむしろ自分との競争だと言われており、常に己を突破し、超えられるか否かなのである。知識発展の法則や特徴を認識してこそ、知識革新の道を歩めるのである。

このため、私の学術人生の経験、認識、信条を言葉で表すならば、「知識は人民のため、知識は国のため」である。この言葉に基づいて、中国の改革開放と共に歩み、中国の富民強国（民を富ませ国を強くする）と同じ方向に進んできた。これこそが人の自由な全面的発展と社会の全面的進歩の統一と言える。

三、形式知と暗黙知

多くの場合、私が従事する国情研究の知識は公共知識のみならず、形式知（Explicit knowledge）も扱い、主に学術論文、国情報告、各種著作物などの形で表現されており、伝播や共有が可能な知識となっている。国情知識は現代中国についての形式知であり、基本国情、発展経路、発展戦略、発展政策を含み、専門的かつ総合的、専門的かつ全面的、ミクロかつマクロ、国内かつ国外、中国国内かつ世界に関する、大量で豊富な形式知によって形成され、過去三〇年以上の国情報告、学術論文、各種著作物に反映されている。伝播、共有されやすいよう、できる限り、内容は奥深くはあるものの表現は分かりやすく、誰もが理解できるようにしている。

また、私はこれらの研究過程にある暗黙知（Tacit knowledge）の総括にも非常に注意しており、国情研究、人材教育、政策助言においては、主な手順、認識や体験、談話の録音などから顕在的な描写を行い、できる限り書き出して整理をすることで、知識を理解、共有し合うことが可能となる。日頃、私はまず自身の所属するグループ内で共有した後に、整理、集約、仕上げをしてから、正式に出版をする。暗黙知の最大の収穫は、研究グループが発展して国情研究の中国学派を設立したことにあり、これに関しては日本の学術界の友人から国情研究の「影の仕事（Shadow work）」と言われている。当然、これら二種類の知識の境界はあまり明確ではなく度々重なり合う。私は常々執筆した本のあとがきを利用して、テーマを選んだ背景、研究目的、革新の特徴、実用価値などを総括しているが、これらは現場での記録や感想であるため、その本の中の形式知について重要な補足となっている。結局のところ、この二種類の知識は相互補完性があり、一定の条件下では互いに啓発し、関連し、転化する。

かつて私が相次いで出版した三部作、『国情研究と人材教育』（清華大学出版社、二〇一一年二月）、『中国の特徴的な新型シンクタンク――胡鞍鋼の観点』（北京大学出版社、二〇一四年一月）、『現代中国をいかに理解するのか。国情研究とシンクタンク設立を語る』（中信出版社、二〇一七年二月）では、暗黙知が形式知に転化している。これらの書籍ではさまざまな時期における私の国情研究や人材教育などへの思いや経験談が記されており、学生や若手教師、学者には有益だろう。

本書はこれらに続く四番目の書となり、テーマは「改革開放との歩み」である。改革開放四〇年を機に、人的知識発展の分析フレームから自身の人生のプロセスと改革開放の歴史のあゆみを垂直的に整理し、総括している。後者は前者の社会的背景であり、その当時の状況をより鮮明に、深く、総体的に認識することは難しかったため、自らも「温故知新」の必要があった。前者は後者の現場記録であり、歴史的記録でもあるため、後代の参考となるに違いない。私が責任編集した、計一四巻二七冊の『国情報告』（一九九八－二〇一二）（党建読物出版社、社会科学文献出版社、二〇一二年版）を出版した際、中国の現代経済史の専門家は、これら一連の国情報告は現時点の改革開放経済史の研究にとって価値があると評価している。本書は、改革開放における重要事件や重要な政策決定の過程を十分に反映し、私や協力者が国情の政策決定に関する知識の面でいかに革新を行い、貢献したのかを紹介したいと思っている。

本書は「改革開放との歩み」が主題であるが、計八章に分かれている。第一章では、人の知識の発展方法を紹介し、人の全面的発展と社会の全面的進歩との関係を伝えることで全体の要となっており、続く七章は時系列となっている。第二章は社会大学での経験である。文化大革命勃発後から「上山下郷運動（学生や幹部などが農山村に長期間定住し思想改造をはかるとともに、農山村の社会主義建設に協力すること）」まで、つまり、大都市北京から黒龍江省の北大荒へと場所を変えた時代の特定された期間での経験から、私が中国の国情を認識する、まさに社会を学んだ大学の時代である。第三章は学術や大学を経験した一〇年で、大学入試から博士課程に及ぶ。人的資本投資が行われ、学習者から研究者へと転換し、国情研究の新領域を創設した。第四章は、国情研究において大きな収穫のあった一〇年である。中国の経済社会がモデルチェンジする過程での重大な挑戦的発展や矛盾について、一連の研究、特定テーマ研究、政策研究を行い、国情と国策が緊密に結び合う知識革新の新方式を開拓した。第五章では、私が所属する清華大学での人材教育の一〇年、次世代への人的資本の投資を行い、国情研究センターも創設して、中国の大学シンクタンクの役割を刷新した。第六章では、現在進行中の重要な段階にある私が創設した国家ハイレベル大学シンクタンクが、「百花斉放，百家争鳴（多くの知識人・文化人が、その思想・学術上の意見を自由に発表し論争すること。一九五六年に共産党が打ち出した芸術、文化、科学などに関する方針）」のような段階のシンクタンク時代において、いかに新たな境地を切り開き、独自性を持たせているかについて主に紹介する。第七章では、中国が世界との双方向関係をいかに研究し、台頭するため天から与えられたチャンスと地の利をどう創出し、世界に向けて改革開放の偉大な成果と経験を示しているかを紹介する。第八章では、私が国情知識の発展過程を革新し、いかに見事に中国の繁栄過程を書き記し、さらには中国の学問をレベルアップして、中国学派を積極的に興してきたかをまとめ、本書の主題――中国の改革開放との歩みについてさらに議論し総括している。そして最後に若い世代へ私からの伝言と希望を記した。

(注)

1　毛沢東『人の正しい思想はどこから来るのか』、一九六三年五月、『毛沢東文集』、第八巻、北京・人民出版社、一九九九年、三二〇－三二一ページ。
2　毛沢東『人の正しい思想はどこから来るのか』、一九六三年五月、『毛沢東文集』、第八巻、北京・人民出版社、一九九九年、三二〇～三二一ページ。
3　毛沢東『人の正しい思想はどこから来るのか』、一九六三年五月、『毛沢東文集』、第八巻、北京・人民出版社、一九九九年、三二〇～三二一ページ。
4　マルクス、エンゲルス『共産党宣言』、『マルクスエンゲルス文集』（第二巻）、人民出版社、二〇〇九年版、五三ページ。
5　胡鞍鋼、鄢一龍著『中国国情と発展』、中国人民大学出版社、二〇一六年版、三四八ページ。

第二章

社会大学の八年（1969－1977）

子供の頃は十分に幸せだった。私は幸福な家庭に生まれ、父の胡兆森と母の鄧華雲は、上海交通大学の機械工学系と会計管理系を卒業し、一九五〇年代初めに遼寧省鞍山市で国家第一次五カ年計画の三大重点プロジェクトの一つ——鞍山鉄鋼所の七号高炉建設に参加した。一九五三年四月、私は鞍山市に生まれ、両親から「鞍鋼」と命名されるが、その名の由来はこの巨大国家プロジェクトの建設と鉄鋼の都を記念している。当時、父はまだ若手技術者で、重要な技術的難関を突破したことにより、七号高炉設置は成功し、すぐに三大プロジェクト全てが着工され、操業が開始された。一二月二四日、毛沢東主席より鞍山鉄鋼所全ての従業員へ特別に祝い状が届き、そこには「三大プロジェクトの建設工事が前倒しで完成し生産が始まったことは、一九五三年のわが国の重工業発展の中でも非常に大きな事件です。わが国の社会主義工業化実現のために努力する、つまり、あなた方の勇敢な労働はこの目標に重大な貢献をしてくれました[※1]」と記されていた。父は鞍山市の特等模範労働者としてまず評価され、さらに一九五四年には全国人民代表大会の代表に選ばれたことから、同年九月に第一回全国人民代表大会第一次全体会議に出席した。

一九五七年、父は北京市石景山鉄鋼場（首都鋼鉄集団有限公司の前身）に転勤となった。翌年、私たち兄弟三人を連れて母も北京へ引っ越して、私は幼稚園に入園し、一九六〇年に小学校へ入学した。

一九六四年、両親は冶金部建築研究総院へ転勤し、私と上の弟は北京師範大学附属実験小学校へ入学した。この学校は創立一九五八年で、北京師範大学の構内にあり、先生方は中国の小学校の中でも最も優秀な教師で、大多数は北京師範大学の卒業生であった。私自身は運動、学習、道徳ともに優れた学生でクラスの中隊委員長も任された。社会の雰囲気も良く、私も雷鋒に見習って、良いことをするように努めた。

一、「文化大革命」の失学者、観察者

思いがけず起きた「文化大革命」によって私の人生が一変する。一九六六年六月、一三歳だった私は北京師範大学附属実験小学校での卒業試験を終えたばかりで、まさに中学の統一試験の受験を控えていたその時、すさまじい規模の「文化大革命」が勃発した。このため、私や圧倒的多数の同年代の人々はみな「失学（教育を受けることができない）者」となったが、それと同時に意外にも文化大革命の「観察者」にもなった。そのため、後に執筆した書籍――『毛沢東時代　中国政治経済史論（一九四九－一九七六）』、『毛沢東と文革』（香港・大風出版社、二〇〇八年）の中で当時己の身に起きた得難い経験について詳細に記したことから、同世代の「書面として残された動かぬ証拠」を描写した著述者にもなったのだ。

一九六六年六月一日、北京工人体育館にて開催された「六一」児童節を祝う活動に参加したが、この催しには、当時の蔡暢（全国婦人連合会主席）や鄧穎超（全国婦人連合会副主席）なども出席し、活動を祝っていた。その晩、北京大学の聶元梓らが初めての大字報（壁新聞）を掲示したと中央人民ラジオが伝えたが、これが「文化大革命」の本格的な始まりと言われている。※2 これに続いて、北京師範大学でもさまざまな大字報が貼られ始めた。

六月一三日、毛沢東は劉少奇や鄧小平らの報告を聞いた際、「文化大革命」の運動は「おおよそ半年間行う」想定であるとし、「今年は大学の募集を半年延期して、その半年間で文化大革命を行おうと思う。過去の教育改革や学制改革では何も起こらず、改革はできなかった。今回のこの機会を利用して大革命をやり遂げる。半年間私は読書をせず、新聞を読むことにする。なぜなら、それが最も生きた教材となるからである」と話したそうである。[※3]六月一三日、毛沢東のこの指示により、劉少奇と鄧小平の指揮の下、中国共産党中央委員会、国務院は大学・高等専門学校の生徒募集試験制度の改革を決定し、一九六六年の大学・高等専門学校の生徒募集を半年延期することも決定した。[※4]実際に、全国の大学・高校・中等専門学校生の授業は半年間中止となり「文化大革命」運動が行われ、同様に小学校も休講となり、全国一億人の大学・高校・中学・小学生にまで波及し、[※5]進学も勉強もできなくなった。

当時、正常な社会秩序は乱れた。毛主席の「あなた方は国家の大事に関心を持ち、プロレタリア階級による文化大革命を徹底して行うべきである」という呼びかけ（一九六六年八月八日）に賛同するため、北京師範大学附属実験小学校教師と連れ立って、八月一八日に行われた天安門広場での毛沢東らの初接見となる大学・高校・中学・専門学校大会に私も参加した。今でも、その巨大なパレードの情景は記憶に残っている。その後すぐに、「破四旧（旧思想、旧文化、旧風俗、旧習慣を弾圧する運動）」と言われる、家財の没収、地主や資産家などの吊し上げなどが私の小学校のある北京師範大学校内でもさまざまな事件（教授の吊し上げ等）として発生し、私もこの目で目撃した。年齢も若かったため、私は組織に参加することはなかったが観察者となった。

当時、私は学院路（北京市海淀区の南北に走る道。近くに多くの大学がある）の冶金部建築研究総院の住宅に住んでおり、上の弟と一緒にいつも付近にある北京郵電学院、北京政法学院、北京航空学院を訪れ、さらには北京大学、中国人民大学などの高等院校（高等教育機関の総称）へ赴き、大字報を読んで、各種の闘争や批判大会に参加した。その中には、清華大学の王光美、北京航空学院の彭徳懐などが含まれる。自ら文化大革命の内乱の高まりを経験し、この政治大革命の真の意図をあまりにも若いうちに近距離で観察、理解、認識させられることとなった。

その頃から、私は毛沢東の本を読み始める。一番初めに読んだ本は、毛沢東本人の著作ではなく、第三者が毛沢東について論述したもので、一九四九年に人民出版社から出版され蕭三が編述した『青年毛沢東』である。初めて読んだ時、私はまだ一三歳だったが、この薄っぺらい、たった百ページ余りの縦組みの書籍に大きな衝撃を受け、毛沢東が創設した湖南自修大学をはじめ、書物の中の彼の壮大なイメージに深く感化された。毛沢東は独学で立派な人物になったことを私はその時に初めて知った。両親の影響から『毛主席語録』をあっという間に読み終えたが、この本は私の入門書、必読書となり、非常に好きになった。後に、『毛沢東選集』の四巻本を読み始め、あまり理解はできなかったが、長く深く思想的に影響を受けた。

ある人から『毛沢東時代　中国政治経済史論（一九四九－一九七六）』[※6]と『毛沢東と文革』[※7]をなぜ私が執筆したのかを問われたことがある。自分自身がこのような経験をし、まだ幼く、理解できない部分も多かったが、多くの重大な理論、重大な事件、重要な人物など貴重な歴史的記憶を残しておきたかったからである。

こうして、私や同年代の青少年は、現代教育を受けて人的資本への投資を得る大切な機会を失った。一九六七年一〇月、中国共産党中央委員会より「復課鬧革命」（授業に復帰し、革命を行う）の通知が出され、全国各地の大学、中学、小学校は全て直ちに始業するよう指示された。一九六八年になり、私はようやく北京市第一二三中学へ入学し中学の学習を始めるが、正規の教科書はなく、正規の授業も行われなかった。私は父母の励ましと応援の下、中学の数学や幾何などの知識を独学で学び続け、上海で出版された中学・高校の独学教科課程をわざわざ購入して、テキストを読んだり、練習問題を解いて、独学の習慣をしだいに身に着け、おおよその独学能力が養われた。

二、「上山下郷」運動の知識青年、目撃証人として

一九六八年末、全国の中学・高校の卒業生の総数は一千万人に上ったため[※8]、これまでにない就職難となり、就職先の多い北京、上海、天津の三大都市でも中学・高校の卒業生が就職できなかったため社会問題化した。

一九六八年一二月二二日、「人民日報」は毛沢東の重要な指示を発表する。「知識青年は農村へ行き、貧農や下層の中農の再教育を受ける必要がある。中学、高校、大学を卒業した者を農村へ送り、(社会の)労働人員とする。各農村の同志は当然あなた方を歓迎するはずである」[※9]。こうして、都市の知識青年を対象とした未曽有の上山下郷運動が始まり、政府の提唱により、自発的な就職活動は、政府が強制的に推進する政治運動へと変化したのだ。とりわけ全国的に上山下郷運動の高まりを見せた一九六九年には、農村に送られた知識青年が二六七万人に達し、その規模は大きく、数は莫大で、勢いはすさまじかったため、いまだかつてない状況と言えた[※10]。私は社会の大きなうねりの一分子にすぎず、これから何が起こり、どのような状況となるのかは全く分からず、当時の社会背景も理解できなかった。

ところで、これほど大勢の知識青年はどこへ送られたのだろうか。当時、都市の卒業生が農村に送り

こまれ、生産隊に入り、定住した外にも、全国各地で国営農場を拠点とした一二の生産建設兵団と三つの生産師団が組織された。一方は、ソ連の軍事圧力に対抗するための軍事実行組織として編成された、軍隊の指導による農業開拓グループであり、正規の軍隊に準じる軍事力と位置付けられていた。もう一方は、主に都市の知識青年を最大規模の移民として送りこみ、農業開拓の規模を拡大することを目的としていた。その中でも最大規模だったものが、瀋陽（遼寧省の省都）軍区管轄の黒龍江生産建設兵団で、一九六八年六月一八日に組織化を承認され、一律月給制であった。一九六九年から一九七〇年末までに、黒龍江生産建設兵団は延べ三五万人の知識青年を受け入れたが、そのうち北京からは約九万人、上海からは約一〇万人、天津からは約四万人であった。※11 兵団組織前には延べ二四万五千人の労働者がおり、耕地は一二三九万ムー（一ムーは一／一五ヘクタール（六六六・六六七㎡）に相当）であったが、一九七二年には労働者は六〇万人に達した。※12

一九六九年九月一日、同じ中学校の何千名もの卒業生とともに北京駅から汽車に乗り、黒龍江の北大荒に向かったことを覚えている。「文化大革命」前の規定に基づくならば、この日は中学校を卒業して高等学校に入学し、始業となるべき日であった。しかし、私の意思に反して、どうしたことか北京での高等学校の学習の機会を失い、社会という大学に入るスタートとなってしまったのだ。当時、私はまだ一六歳であった。以前より、私と弟たちはいつも近所の人民公社の生産隊の農作業を手伝っており、北京市第一二三中学でもわれわれ中学生が組織されて徒歩で郊外へ行き、農民の小麦の収穫を手伝っており、一度出かけると数日は働かされた。ともかく、中国の広大な農村、農業、農民への私の認識はあまりにも乏しかったのだ。

私は黒龍江生産建設兵団の一師団六連隊（旧二龍山農場）に送りこまれたが、この農場は一九四九年九月に開設しており、中華人民共和国と同じ年齢の現代的な国営農場で、農業資源、特に耕地資源が豊富で、典型的な黒土の土地で、黒土層は厚く、養分も豊富に含まれ、霜が降らない期間も短く、降雨量も比較的多く（五〇〇ミリ以上）、交通の便も比較的良くてハルピンや黒河鉄道のターミナルでもある。私は連隊から離れた駅に最も近い二大隊（旧二分場）一一中隊（旧一一生産隊）に配属された。そこは比較的先進的な生産隊だったが、ここでの私は単なる一人の農工（農業労働者の略称であり、農業労働で最もつらく、技術をもたない、不慣れな人員のこと）であった。北京から一九六九年度に中学を卒業した知識青年が到着する前に、上海や天津から一九六八年度に中学を卒業した知識青年がすでに到着していた。全連隊の知識青年は三〇〇人近くおり、当時は数棟の知識青年の宿舎しかなく、われわれの寝床は対面式の二段ベッドで、一つの大部屋に六〇人以上いた。任務の一つが知識青年の宿舎を建てることであったため、建設後は一部屋に三〇人余りにまで調整され、編成ごとに並んでいた。

黒龍江生産建設兵団は典型的な五級管理体制で、人民解放軍と国営農場の混合体制で構成され、この兵団は中国人民解放軍瀋陽軍区管轄から直接派遣された現役軍人が管理していた。合計五個師団あり、後に六個師団となるが、師団は支局に相当し、五八個の連隊を統括しているが、連隊は農場に相当する。一九六八年から一九七六年までに全国各都市の知識青年が累計で五四万人、この兵団に所属し、建国以来最大規模の人口移動と異郷での就業が行われた。北大荒の知識青年の中からは、後に優秀な人材が大勢現れる。

当時、私はまだ一六歳で、一九六九年度は中学校を卒業し、ちょうど気力も旺盛で、風采も文才も盛りの青春時代であったが、私はひたすら一一中隊での農業に従事し、その期間は合計七年二カ月（一九六九年九月から一九七六年一〇月）にわたった。準軍事編成に基づき、私は相次いで、分隊長、副小隊長、

小隊長、副指導員を務めた。通常、指導員や中隊長はみな旧農場幹部が務め、後には、副指導員、副中隊長の多くは優秀な知識青年が務めるが、このように地元農場の幹部と大都市から送りこまれた人材が互いに結びついた現場管理モデルが典型的となり、現役軍人は兵団、師団部や連隊部へ主に配置された。

苦難に満ちた労働は人の意志を強く鍛える学校でもある。[※13] 炊事班長を務めていた数カ月間、私は毎日早く起きて火を起こして炊事をし、真夜中まで荷を担いで畑へ食事を届け、毎日の睡眠時間は四、五時間だったが、何とか歯を食いしばって頑張り続けたことを覚えている。平凡かつ単調で、退屈かつ面白みのないものではあったけれども、激しく苦しい労働が私の意志を強く鍛え、ファイティングスピリッツを養ったのであるが、それは来る日も来る日も何年も続いたのだった。それが肉体労働あるいは頭脳労働でも、農業生産労働あるいは知識から新たなものを生み出す労働でも、懸命に努力し苦労に耐え得る精神を今日に至るまで保たせ続けている。学術研究は非常に苦しい（頭脳）労働であるとともに永久に終わることのない事業であるため、苦しい労働やつらい努力が要求される。正確に言えば、私のファイティシグスピリッツは一六歳の上山下郷以降に養われたのである。

三、社会大学の学習者、実践者

どんなに苦しい生活環境、低レベルな学習条件であろうとも、私の知識への渇望を止めることはできなかった。その時以来、独学を続けることを決心するのだが、これこそ私が常々自称する自修社会大学なのである。農村で毛沢東が創設した湖南自修大学の道を私も歩むことになるとは思いもしなかった。この「社会大学」で独学すると決心したが、この決心こそが私にとって一生涯の財産であったかもしれ

ない。喪失と獲得は同じように重要であることを生活習慣が私に教えてくれた。[※14]

全人類の知識を用いることなく自身の思考力を武装する者は、真の共産主義者とはいえない、レーニンの『青年同盟の任務』の中から青年に忠告をしているこの一文をかつて書き写したことがあるが、その時の日記にはこのように記している。「（独学により）方針は既に決まっているのだから奮起して学習しよう。やり抜けば成果は得られるだろう」と。（一九七二年）

当時、マルクスの次のフレーズも書き写した。「科学は私利私欲をむさぼり享楽にふけるためにあるのではない。幸い科学の研究に尽力できる人間は自らの学識を第一に人類への奉仕のために生かすはずである」と。このフレーズは私の知識青年時代に影響を与えただけでなく、学術生涯にも深く影響し、「知識は人民のため、知識は国のため」の理念を揺るぎないものとした。

北大荒の上山下郷期間、私は日々続くつらい激務の農業生産労働の合間に、ひたすらマルクス・レーニン選集の勉強を続け、『毛沢東選集』の四巻は特に繰り返し読んだ。これらは私の政治の教科書、歴史の教科書であるばかりでなく、国語の教科書、哲学の教科書でもあり、最も深く、最も総体的に中国の国情を反映している、生き生きとした教材であったため、農村、社会、中国を理解する必読書となった。

『毛沢東選集』の文章は、中国の政治、軍事、経済、文化、外交など各方面にわたり、理論は独自の体系を築いており、思想は深遠で、言語は鮮明かつ生き生きとしており、その内容は多種多様かつ壮観で、示された情報の注釈に至るまで重要な知識の手がかりとなった。私にとって『毛沢東選集』は豊富な知識の宝庫である。社会階級の分析から農村の調査研究、中国の革命から世界の革命、具体的問題から普遍的法則、軍隊の構築から党の構築、根拠地建設ひいては国家統治までもが取り上げられている。

故に、『毛沢東選集』に対して強烈な関心と知識欲を抱き続け、何度も読む価値があると感じ、その幾多の古典的な著作の目次の内容までも熟知するほどになった。

これは「偉人に学び、偉人と対話する」といったイメージだろうか。まさに、このような学習と対話の中で、私の人生観、価値観、世界観、歴史観、および後の学術観はしだいに鮮明となり、昇華し洗練され続けたのである。上山下郷が私に中国の国情を認識させ、つらい農業労働が私の強靭な意志と忍耐力を作ったとするならば、毛沢東の著作は私の強大な志と思想に大きな影響を与え、その数十年後、中国の国情研究に専門的に携わることとなった私にとって、極めて貴重な「知識の蓄積」と「思想の財産」をもたらした[※15]。

つらく面白みのない労働に耐え忍んでいる最中、唯一の趣味は労働の余暇に行った読書による学習だった。農村では、教師はおらず、実験道具もないため、独学しか術はなく、自らが自身の教師となり、指導をするほかなかった。また、度々両親へ手紙を書き独学の状況を報告していたが、彼らはいつも私を励まし導いてくれた。一九七〇年に父がマルクス、エンゲルス、レーニン、スターリンの著作を十数部郵送してくれたことを覚えている。その多くは毛筆で書いた大きな文字の書籍で、読んではみたものの、わかったようでもあり、わからないようでもあったが、私は真面目に学習し体得した。この他、私には多くの読書仲間や、北京の知識青年との交流があったが、彼らは皆お互いに本を借りたり、本の内容を伝えたり、時には非常に遠方の連隊へ赴き本の貸し借りをしていた。

農村でしだいに独学を習得した最大のメリットは、私に一種の特殊能力が備わったことである。それは、高い独学能力により「教師はなくとも自分で何とかわかる」ようになったことである。また、いかなる状況であっても、勉学で成功してこそ人生の成功があり、勉学で失敗すれば人生も失敗することがわかった。今思うに、このような学習能力、特に独学能力は人の核心となる能力であるため、一生涯多くのものを得ることができるのだ。しかし、この能力は学校では決して得ることはできず、農村での独学の過程でこそしだいに体得し、身に着けることができる。私はかねてより社会は最良の教室であり、最大の大学であると思っており、「勉強は読むことに長けている必要があり、生きた本を読まねばならないが、本からの知識を詰め込むだけで実際には役に立たない人間になってはならない。社会は生きた辞典であり、社会を研究、観察、分析することは重要な内容を勉強することになる」とかつて書いたことがある。（一九七二）

一九七二年秋、われわれの隊の小隊長が工農兵学生に選ばれ、大学に派遣された。私は大きな衝撃を受け、大学へ行きたいと考えるようになった。両親の支えを受けながら、中学の数学、物理、化学を改めて復習することに力を入れ、さらには高校に関連する課程の独学も始めた。当時、農場では度々停電したため、小さなろうそくと石油ランプを買い、仕事を終えた後、本を読んだり、練習問題に取り組み、新聞の角を利用して計算問題を解くこともあった。私の『独学高校物理』の本の角をネズミに噛まれた時には、とても心が痛んだことを覚えている。科学の学習でつまずいた時に、上海出身の高校生の知識青年に聞いたところ、彼も忘れたと言い、私に「数学、物理、化学を勉強してどうしようというんだい」と問い返されたので、「今は必要ないが、将来的には役に立つはずだ」と答えた。アメリカのニクソン大統領が訪中した際、北京ラジオ局で英語の学習番組が開始された時のことを特に記憶している。私は中長バンドのラジオを買い、聴き始めは難しかったが、学習しまねてみたものの発音も正確にできなかった。

一九七三年夏、六連隊（旧二龍山農場）が試験に参加する工農兵学生の公開選抜を始め、大学高校専門学校生を募集した。私は試験の準備をしていたため、中学および高校の数学、物理、化学の課程をすでに独学しており、自分としては試験に合格し、大学入学の夢は実現すると思っていたが、推薦されたものの、連隊は私に試験を受ける機会を与えてくれなかった。工農兵の大学進学は「大衆が推薦し、指導者が決定する」ため、非常に公平であるように思えるが、実際にはごく少数の人間だけに機会が与えられたのである。

一九七四年夏、全国的に学生募集の試験は行われず、依然として推薦による選抜方式が行われ、連隊が工農兵学生を推薦していた。推薦選抜の名簿には、相変わらず私の名前はなく、私は競争に参加すらできずにまるで失敗したかのようであった。

「子供が遠くに行けば、母親の心配は絶えない」。その年の秋、北京の両親の元へ帰省した私はとても気落ちしていたため、母は私の気持ちを思いやり、上海の祖父母や叔父のところへ会いに行かせてくれた。初めて訪れた上海は北京よりも発展し繁栄しており、商業化が進んでいたことが深く印象に残っている。七〇歳を過ぎた祖父が私との杭州旅行を計画してくれ、私たちは道中、観光や会話を共にした。長江デルタ地区では、原籍である浙江省の農村の緑の景色を楽しんだ。そこは黒龍江省の北大荒とは明らかに異なっていた。ちょうど晩稲の収穫時期であったため、朝は晩稲の収穫をし、昼にはもう耕し始め、午後には次の季節の農作物の種まきをしていた。この地域は二種あるいは多種の作物を収穫する多毛作の作付面積比率が高く、土地利用率や労働集中の度合いも高いのである。反対に北大荒では霜の降りない時期に依然として「粗放農業（広い土地に種をまくが単位面積当たりの収穫量は少ない）」を行っている。中国の土地は広々として果てしなく、南北の差は甚だ大きく、地域によって人口と耕地の不一致が大いにあると感じた。その後、私と祖父は無錫へ叔父や叔母に会いに行き、千年の古都である無錫を案内してもらい、その歴史が心に深く刻み込まれた。祖父は人から尊敬や信頼される、高度な技術を持つ老医師であるだけでなく、豊富な経験と深い歴史的知識を備えた老人であったため、過去と現在の為政者の善し悪しについて驚くほど評価することができたが、私は単なる聴衆でしかなかった。

南方から戻ると、私は列車に乗って天津塘沽港へ行き、その後、船を乗り継ぎ大連港へ向かい、父と会った。北大荒で過ごした日々の間、私は父からの手紙を待ち望み、父が手紙の中で常に私を叱咤激励し、指導してくれたおかげで、耐えることができたため、父親ではあるけれども、私が社会へ出て、社会大学で独学する上での指導者でもあったのである。

南方と大連に行ったことで私は人生の低調な暗い影からたちまち抜け出すことができ、一つの道理を理解した。それは、いかなる挫折や苦境に出会おうとも、楽観的に「目を開いて広い心で外界の事物を見なければならない」ということである。[※16]

私は相変わらず大学に出願する競争の機会に恵まれず、教育の機会の不公平は最大の不公平であると痛感し、苦労に耐えて独学していたが、自修社会大学へ進学するという決心はさらに揺るぎないものとなった。

その後、私は小隊長、副指導員を務め、どうにか農場の末端幹部になった。統計によると、一九七五年末には既に黒龍江生産建設兵団体制は廃止され、幹部に抜擢された知識青年（副中隊長級およびそれ以上を指す）は累計五〇〇〇人余りで、兵団が受け入れた三九万人の知識青年総数の一・三％を占める。[※17]客観的に言うと、彼らは知識青年の中でも極めて優れた者であり、私も幸いなことにその一人であった。

会議や事務処理で外出する以外は、依然として知識青年を率いて野良に出て農業に従事しながら、各種文化・スポーツ活動を催してわれわれ知識青年の精神生活や社会知識を充実したものとしていた。私がリーダーを務めたグループはバレーボール、バスケットボール、サッカーの試合に参加し、簡易サッカーグラウンドをわざわざ開設して、チームを率いて他の連隊と試合をした。自作自演の文芸演目の『長征組歌』の稽古をしたり、兵営部（農場の分場）の試合に参加したり、小型図書館を開設して北京からさまざまな書籍を購入した。また、初めて大画面のモノクロテレビを買ってはきたものの、当時、省都ハルピンのテレビ局の信号が届かず、私がこの地を去るまでに届くことはなかったことをほんの少し残念に思っている。

一九七五年、副指導員として計画出産の業務を担当することになり、現地の出産可能年齢の女性の家庭を訪問し状況を調査した。これは知識青年との付き合いとは異なり、どんな耳障りな話であろうと辛抱強く聞き、どんなに難しいことでも繰り返し注意深く忠告する必要があったため、農村（農場でも）で最も難しいことは計画出産であることがわかった。しかしながら、この時の実際の業務経験がその後の計画出産政策の研究に影響し、農村の感性を認識する土台となったのである。

この時期、農村での生活は最もつらいものではあったが、最も楽しい時でもあった。都市の知識青年がもたらした、都市の近代化から生じるさまざまな要素により、農村の生産生活の条件は大きく変化し、かたや、農村生活の作業経験は都市の知識青年にとって社会の広い分野の授業となっていた。

二〇〇九年九月、黒龍江省の黒河市愛輝区の知識青年博物館を観覧した際、当時の知識青年の生活を映し出した多くの写真を見かけたが、思わず自身の姿を見ずにはいられなかった。農村生活では、毛沢東が提唱する「人にはいくらかの精神が必要である」[※18]が私の最も重要な精神的支柱となり、この精神により私の強靭な意志は経験を積むことで強化されたのである。

一九七六年二月、国は黒龍江生産建設兵団を廃止し、農場体制が回復したため、黒龍江農業開拓総局の関連部門に帰属したが、変わらず二龍山農場と呼ばれた。一〇月に私は華北冶金地質調査隊へ異動となった。十一中隊の副指導員だったため、六連隊の共産党委員会の決定を通じて異動が行われる必要があるが、当時の馬連隊長は早くに私の連隊に自ら来られて話をしてくれた。農場の共産党委員会が私の人事異動は国家関連の政策が適当ではないかと検討しているが、私は個人の能力が高いと考え、他の連隊で新たな職に任命することを考えていると知らせてくれた。私は感謝の意を示し、配置換えを希望していると自分の考えを話した。理由は実に簡単で、農業開拓を続けていれば大学進学は不可能であると分かっており、一九七三年から一九七六年まで連続四年も大学進学に推薦される機会に恵まれなかったため、何らかの指導者を引き受ければ二度と進学はできないと感じていた。そのため、私は初めて、しかもただ一度だけ組織の指示に従わなかった。というのも、両親は上海で交通大学に合格しており、私も大学には進学したかったためであるが、私の気持ちを彼らは理解してくれなかったのである。

より深い段階や角度から、「一国二制度」、および戸籍制度の弊害を自ら実感し、見極めてきたので、中国の「四農」問題（農村での生活水準が都市部と比べて遥かに低いこと）、すなわち農村、農業、農民ならびに後の農民工（農村部からの出稼ぎ労働者）は他人事とは思えないのである。

一九六九年九月一日に北京を離れ北大荒へやって来たが、一九七六年一〇月二五日に再び北京を通った時、偶然にも、「四人組（江青、張春橋、王洪文、姚文元）」が捕まり、ちょうど天安門広場では大行進が行われ、全国各地で勝利を祝っていた。これは文化大革命の終結を意味しており、中国には希望があると感じ、私自身にも希望があると思えた。

一〇月末、私は単身、河北省邢台市章村の華北地質勘探公司の五二〇部隊へと出向いて到着の報告をしたが、数日後、該当の部隊の一中隊につき一人が調査員を担当するようにとの通知があり、勤続年数に基づき、二級工として、「地球修理」の農業労働者から「地球調査」の掘削労働者となった。私が所属していた華北邢台邯鄲地区勘探鉄鉱は古い根拠地区域の貧しい山間地帯で、人々の実際の生活レベルは北大荒の労働者を大きく下回っていた。われわれは度々辺鄙で貧しい片田舎に出没し、山や川、溝や谷を越えて歩き回り、労働条件は劣悪で、生活環境は厳しく、現地の古い家に仮住まいをしていた。邯鄲邢台地区の農村はひどく時代遅れで、大部分は電気が通っておらず、水道もなく、農民の家庭には住居はあるものの極めて粗末で、農村の末端は依然として医者と薬が足りない状況だった。これは中国の「一国家、二制度」を変えようと私が後に提案する原点となっている。

この時期、私は依然として独学を続け、毎日数時間の睡眠時間を除けば仕事以外は懸命に勉強をして、大学進学のチャンスはあるはずだとおぼろげながら思っていた。

不運なことに、正式な大学に入学する機会はなかったが、先んじて社会大学へ入学して、正式な大学では学ぶことのない社会学を学ぶことができた。中国の人口の八〇％は農村に集中しているため、農村を理解できないということは中国を理解できないことに等しい、と私は今までに何度も述べている。それは、この時の農村生活の経験から中華民族の存続と発展の本当の意味を深く感じることができたからである。これらの経験は私が中国国情に対して抱いた初めての感性による不可欠な認識となり、中国の貧困や立ち遅れた状況を変えるために貢献する原動力もかき立てたのである。※19

この一〇年の「社会大学」と私が後に従事する国情研究の関係は必然であり、偶然でもある。いわゆる必然性とは、「存在が意識を決定する」ことを指し、この時期に懸命に努力をして心に刻み付けた社会経験や歴史的記憶がなければ、国情研究の道を歩むことはできず、現代中国研究に関する一連の文章や著作を書くこともできなかった。いわゆる偶然性とは、もし私が大学へ進学しなかった場合には、十数年（ポストドクターを含め）に及ぶ人的資本の投資を行うにあたり、この社会認識や人生体験という重要な源を存分に活用することができなかったであろうことを指す。その後、私の人生は中国の改革開放によって根本的に変化し、改革開放と共に歩む国情専門家となったのである。

一九九五年五月、シンガポールの『聯合早報』で張従興記者が執筆した記事「胡鞍鋼現象が物語るものとは」の中でこう指摘している。「胡鞍鋼はかつて上山下郷され、北大荒へ送られて生産隊に入って働くことで、中国の農村の貧困や中国の農民の心理を実際に理解した。胡鞍鋼はこの世代の知識人として、今日の中国が二一世紀に向けて発展するための献策をする際、中国の実際の国情に基づいた提案ができるため、書斎での机上の空論となることはないのである」[※20]と。

㈡

1 『建国以来の毛沢東の草稿』第四冊、中央文献出版社、一九九〇年版、四二四ページ。

2 王紹光『非凡な指導者の失敗』、中文版、五三ページ、香港、中文大学出版社、二〇〇九年。

3 『毛沢東が劉少奇と鄧小平から報告を聞いた際のエピソード録』、一九六六年六月一二日、逄先知、金冲及責任編集『毛沢東伝（一九四九－一九七六）』、下巻、一四二二ページ、北京、中央文献出版社、二〇〇三。『毛沢東の杭州会議での発言記録』、一九六六年六月一二日、金冲及責任編集『劉少奇伝』（下）、一〇二二ページ、北京、中央文献出版社、一九九八年。

4 この通達は、現在、大学や専門学校、高校で文化大革命が起きている点から考えて、この運動を徹底的にやりぬかねばならず、一定の時間が必要であると指摘している。大学・高等専門学校の学生募集・試験方法は、一九四九年の解放以降、度々改善されたが、基本的には資産家階級向けの試験制度の枠組みからはずれることはなく、党中央指導部や毛沢東が提案する教育方針を徹底し、労働者・農民・兵士である革命青年を大学・高等専門学校へ受け入れるには不都合なものであった。そのため、この試験制度は徹底的に改革する必要があった。このようなことからも一定期間の検討と新たな募集方法の制定が必要であった。中国共産党中央委員会と国務院は上述の状況を考慮して、一九六六年に大学・高等専門学校の新入生募集の半年延期を決定した。『中国共産党中央委員会、国務院による大学・高等専門学校生徒募集試験制度の改革決定、併せて一九六六年大学・高等専門学校生徒

5　募集の半年延期を決定する通達』、一九六六年六月一三日。
6　一九六六年、全国の一般小学校の生徒数は一億一六二一万人，中学校の生徒数は一一三三万人、高等学校の生徒数は一三七万人、大学・専門学校生は五三万四千人。国家統計局編『新中国六十五年』、中国統計出版社、二〇一四年九月版、二八六ページ。
7　胡鞍鋼『毛沢東時代 中国政治経済史論（一九四九 - 一九七六）』、清華大学出版社、二〇〇七年版、二〇〇八年版、日本語版、二〇一七年。
8　胡鞍鋼『毛沢東と文革』、繁体字版、香港、大風出版社、二〇〇八年。第二版、北京、清華大学国情研究センター、二〇一〇年二月。
9　『中国知識青年全ドキュメンタリー』、中国物資出版社、一九九八年版、四三八ページ。
10　『建国以来の毛沢東の草稿』第一二冊、中央文献出版社、一九九八年版、六一六ページ。
11　『中国知識青年全ドキュメンタリー』、中国物資出版社、一九九八年版、四八二、四八九ページ。
12　『中国知識青年全ドキュメンタリー』、中国物資出版社、一九九八年版、五一七、五三五ページ。
13　『中国知識青年全ドキュメンタリー』、中国物資出版社、一九九八年版、五二一～五二二ページ。
14　胡鞍鋼『中国二一世紀に向けて』、中国環境科学出版社、一九九一年版、二ページ。
15　胡鞍鋼『中国二一世紀に向けて』、中国環境科学出版社、一九九一年版、二ページ。
16　胡鞍鋼『私が読んだ毛沢東の本　五〇年』、『光明日報』、二〇一六年六月一五日。
17　毛沢東「七律・和柳亜子先生」、一九四九年四月二九日。
18　『中国知識青年全ドキュメンタリー』、中国物資出版社、一九九八年版、六六七ページ。
19　『毛沢東文集』第七巻、人民出版社、一九九九年、一六二～一六三ページ。
20　胡鞍鋼『中国二一世紀に向けて』、序文、北京、中国環境出版社、一九九一年。
21　シンガポール『聯合早報』、一九九五年五月二一日。

第三章　私の学術大学一〇年（1978－1988）

一、大学進学、労働者から大学生へ

人生の道自体、連続する大きな試験場であり、人を淘汰し、人をふるいにかける。「不進則退」（進まなければ、たちまち後退してしまう）という単純な道理と完全に符合している。いつどこにいようとも、人にはいくばくかの信念や精神[※1]、行為が必要だ。チャンスは自然に訪れるものではなく、人間関係を当てにしたコネで得られるものでもない。準備を怠らなかった者にしか訪れない。

一九七七年七月二九日、鄧小平は大学統一入試を復活させる基本的な考えを明らかにした。八月八日、鄧小平は次のように決定した。今年は高校卒業者の中から直接学生を選考することを復活させ、大衆が推薦し、指導者が決定する方式を廃止する。一〇月一二日、国務院は教育部の報告を承認し、自らの意志で志願したものに対して統一試験を行い、成績優秀者を選抜すると決定した。一〇月二一日、新華社は正式に大学入試制度が復活するニュースを伝えた。これは鄧小平が政治の表舞台に復帰して実行した最初の重要な政策であった。この政策とは、すなわち人的資本への投資であり、改革開放の幕開けを告げるものであり、改革開放のためにあまたの種をまくものであった。またわれわれの世代に公平に競争する学習の機会を与え、未来へのひと筋の希望の光をもたらすものであった。われわれ世代の多くの知識青年の運命は、この大学入試によって根本的に変わり、同時に中国の運命をも変えることになった。

映画『大学入試一九七七』は、歴史の再現、歴史の記憶、歴史の一場面であった。私はこの映画の中で、自分が北大荒にたたずむ様子や大学入試による人生の大転換を目撃した。大学入試がこんなにも早く大規模に復活するとは誰も思っていなかったので、試験準備もろくにできていなかった。当時、われわれのような上山下郷政策により下放されていた同年代の若者は、中学卒業という肩書はあったものの、実際に受けた教育は、小学卒業程度であり、中学高校で学習する内容は、農村での労働時間外に、ひたすら自習して得たものであった。私はためらうことなく入試に申し込み、人生の新たな挑戦を始める準備に取りかかった。この時、私は既に地質探査隊二中隊支部副書記に任ぜられ、独立して野外での地質探査を任されていた。私がまだ覚えているのは、当時の地質探査隊のリーダーが、文革後最初の昇給者名簿[※2]に私の名前があるだろうから、大学受験をやめるように勧めたことであった。私は「それは他の人に譲ってください。私に大学受験の機会を与えて下さい」と答えた。

同年末、私は北京へ帰省した際に、受験科目の復習をした。当時、私の実家は二部屋しかなく、その上、祖父母が初めて北京に来たこともあって、私と弟は床に布団を敷き、祖父母と肩を寄せ合うようにして寝た。勉強をしていたため、祖父母を北京の名所に案内することができないばかりか、かえって彼らに一家の面倒を見させることになってしまった。

北京の実家から帰って数日後、私は全国で最初の大学統一試験（河北試験区）に参加した。受験場所は、河北省邢台（けいだい）地区章村（炭鉱）で数百人の受験生が参加していた。このような大勢が一堂に会して受験することは、私にとっても初めての経験であり、驚くと共に大きなプレッシャーを感じた。当時、全国で五七〇万人が受験を申し込んでおり、世界最大規模の大学入試と言ってよかった。募集人数は二一・五万人、実際の合格者は二七・八万人で、合格率はわずか四・八％であった。しかし、これが中国改革開放の人的資源の種をまくことになり、中国の大地に根を張り、花を咲かせることになった。私自身は幸いなことに最も早く植えられた種の一つとなり、私の人生の旅は、ここから中国の改革開放とともに歩むことになった。当時、大学受験を目指したのは、私自身の人生を変えたかっただけであり、将来エンジニアになるのが理想であり、まさか国情研究の学術指導者、中国の大学シンクタンクを代表する人物になるとは思ってもいなかった。私個人と社会の変遷は、全てこの時からスタートしており、これには中国の改革開放という歴史的必然性があっただけでなく、私個人の奮闘の歴史という偶然性もあったのである。

貧しく辺鄙な片田舎で、交通の便も悪かったため、一九七八年三月初め、各地の大学が開学した頃になって、やっと河北鉱冶学院（現在の唐山理工大学）の冶金学部の合格証書を受け取った。大学に入り、勉学に励むことがずっと私の夢と希望であった。私の感激はひとしおであったが、その裏には苦痛と奮闘、戸惑いと信念の間の紆余曲折の歴史があった。つまり、これは私の人生の新たな始まりを意味していた。私は既に二五歳になっており、大学に進学したばかりで、人生の重大な転換点を迎えたのだ。中国の改革開放という重大な転換と時を同じくしてスタートしたのだ。これは中国近代化の大きな一歩に間に合ったということであり、私はこの改革開放の列車に乗り込み、時代の幸運児となった。これは私にとって最後のチャンスというわけではなかったが、私の人生にとって最も重要なチャンスであり、それをつかみ、時代の始発列車に間に合ったのだ。言い換えれば、時代に捨てられ、隅に追いやられたのではなく、時代に受け入れられ、導かれ、「生涯に悔いをのこさない」時代の礎、その後の歴史の礎、人生の礎を築くことになったのである。

大学に入学した日、私は非常に驚いた。大学は一九七六年の大地震による廃墟と瓦礫のままであり、教室と学生宿舎は再建したばかりの耐震構造の簡易建築だった。私は地元出身の学生から、この壊滅的な被害をもたらした唐山大地震によって、大学の教職員に多数の死傷者が出たことや、唐山市全体が災害復興のまっただ中にあることを聞いた。

一年後、私の母が学校を訪ねてきた時、やはり非常に驚いていた。彼女は「息子はやっとのことで大学に合格したのに、このようなひどい環境で勉強しなければならないなんて」と嘆いていた。しかし、私はそう思わなかった。私にとってみれば、最も素晴らしい機会とは、学習の機会であり、最も素晴らしい時間とは、学習の時間であった。特に上山下郷の知識青年と地質探査隊隊員の苦労を経験してからは、さらにこの得難い学習の機会と時間を大切に思うようになり、どのような苦しい状況であろうが、とくに気にすることもなかった。私は、高校と大学の数学、物理、化学の基本的知識を補っただけでなく、もっと重要なことは、どのように学習するか、どのように授業を復習するか、どのように試験対策をするかなどの基本的な能力を身に着けたことであった。私たちは、大学三、四年生になってやっと震災後に再建した教室と学生宿舎に入ることができ、ここで無事に大学の学業を終え、工学学士証書を手にすることができた。

われわれの年代の大学への進学率は極めて低かったが、わが家の四兄弟は一〇〇％であった。私が第一回目の大学受験をする前、私の祖父は、詩の中で「必ず子孫に才子が現れる」と予言していた。この詩は将来のことを言い当てており、わが家は本当に「秀才一家」となった。私がまず大学に進学し、その後に三人の弟たちも次々と大学に進学した。これによって、われわれ四兄弟の運命が根本的に変わり、わが家は高人材資本の家庭となった。一九七八年秋、北京郊外の農村に下放されていた二番目の弟の胡本鋼は、中南鉱冶学院の大学生となった。一九八〇年、北京青雲測定器工場で労働者をしていた一番目の弟の胡包鋼は、北京鋼鉄学院の大学院生となった。一九八一年秋、私は北京鋼鉄学院の大学院生となった（一九八二年三月入学）。一九八五年、高校を卒業した三番目の弟の胡紅鋼は、清華大学の大学生となった。これにより、わが家は「全員合格」を達成したが、当時の大学進学率は二％にも満たなかった。

ここで私の両親について取り上げないわけにはいかない。両親は五〇年代初めに上海交通大学を卒業した。彼らはどこに転勤になろうが、われわれ四兄弟に対して、託児所から幼稚園の早期教育、さらに小学、中学高校、大学、国外留学等の長期にわたる人的資本投資を行った。私は早期教育が人の一生に極めて重要な影響を与えることを深く理解している。これは個人の収益率から言っても、社会の収益率から言っても、相当に高い収益率である。文化大革命の間、われわれは普通に学校に通うことはできなかったが、父母は一貫してわれわれの自学自習を励まし、自分を厳しく律することを要求した。

二、大学院生に合格、学習者から研究者へ

大学に入学した日、私は大学本科の四年間しっかりと学ぶだけでなく、その後も学業を続け、最後までやり抜くことを心に誓った。大学三年の時から、学士の授業を全力で学ぶかたわら、大学院に進むべく試験準備をしていた。私は自らに負荷をかけ、学問を引き続き修めるために十分な準備を行った。

一九八二年初めの大学卒業時、卒業生七百余名中、大学院に入学したのは六名だけであった。その中に含まれていた私は、北京鋼鉄学院（現北京科技大学）金属圧力加工学部の大学院生となり、学問をさらに深め、引き続き人的資源に投資する機会を得た。

一九八二年一月、私は一六歳のとき、北京から黒竜江省に下放され、二九歳でやっと北京に帰って来

た。この一三年間、社会大学（社会生活）であれ、学術大学（学生生活）であれ、それによって独立して生活や仕事をし、自らが選択する能力を高めた。

大学院生の三年間で、私は科学研究の厳しい訓練を受け、学習者から研究者への一応の脱皮を果たした。私の指導教官の盧遷逑教授は、ソ連に留学した副博士で、彼の指導と激励のもとで、研究課題の選定、文献と特許関係の調査方法、課題の進め方、技術的アプローチ法、各種実験の実施、データの処理と分析、修士論文の執筆と校閲などを学んだ。

学術研究を行っている間に、私は大学生であれ、大学院生であれ、最も重要なことは研究方法を学ぶことであって、厳しい科学的研究の訓練がなければ、どの分野の学術研究もレベルの高い成果を得ることはできないと身をもって感じた。自力で研究する能力を高め、学習者から研究者への転換を果たす必要がある。これは私のその後の国情研究にとって、方法論のベースとなった。また私が教育者として大学院生を育てる際、自ら実践した経験、体験として、彼らに伝えることができたのである。

私は北京鋼鉄学院で工学の修士学位を取得した後、学校に留まり、教師になる道を勧められたが、私は新たな道を選び、同校の博士課程を受験することにした。私は科学分野で新たなステージに進み、自分への人的資源投資をさらに進めたかったのだ。

前述の通り、私は大学統一入試という列車に飛び乗った後、失われた一〇年間の正規教育を受ける時間を大学での十数年間（大学生から博士課程、さらにポストドクター）で取り戻すことを固く決意していた。国家にとって、最大の投資とは人的資源への投資である。個人にとって最大の投資とは、自らに対し絶えず行う知識資本投資である。この投資は、私を改革開放という時代の特急列車に間に合わせただけでなく、疾駆する列車の最後尾から先頭車両へ進ませたのだ。

三、博士課程から国情研究者の道へ

人生の道とは絶え間ない選択の道である。自らの興味と趣味に基づいて選択しなければならないが、中国社会の発展の必要性や可能性に基づいて選択することがより重要だ。私は後者をよりどころにして選択した。

私は博士課程に進学したとき、どの方向で研究するのか、何を研究するのかという問題に直面した。当時は二つの異なる選択肢があった。一つ目は「順当な選択」で、順当な博士大学院生の育成方法に従って、今までの工科研究の分野で引き続き研究を行い、工科の専門家の道を歩むもので、私にとって、これは今までの道をそのまま行けばよく、理にかなっており、リスクも少ないものであった。二つ目は、「一人で険しい道を切り開く」で、好きな新しい研究分野、すなわち社会が最も必要としている分野を選択することであり、これこそがまさに国情研究の分野であった。私にとっては、自身の学術方向を変えねばならず、また専門分野と博士号の取得ポイントをも変えなければならない大きな不確定性とリスクが伴った。結局、私は後者を選択し、国情研究というより興味がある分野に進むことになった。自ら実践してわかったことは、私は自分が得意とし、意義のある国情研究の方が好きだということだ。

多くの人は、私のような工科をやってきた人間がなぜ国情研究の道に進んだか、奇妙に思うだろう。これには必然性があるだけでなく、偶然性もある。確かに、人は皆重要な局面で重要な決定をすることが大切である。これには、先に何かを捨てなければならず、捨てることができなければ、得ることもできない。

まず、国内の環境に大きな変化が生じ、科学的に政策を決めることに対し、大きな需要が生まれた。

これはエンゲルスの格言「社会がひとたび技術を必要とすれば、一〇の大学よりもさらに科学の発展を推し進めることができる」に符合している。二〇世紀、一九八〇年代、中国社会は大学に対してどのような社会的需要を生み出しただろうか。一九八二年、党の第十二回全国代表大会では、二〇世紀末までのわが国の経済目標が掲げられ、絶えず経済効率・収益を上げていくことを前提に、全国の農工業の年間総生産を四倍にし、国民の物質文化生活を小康（ややゆとりのある生活）レベルにするというものだった。[※3] その後、各方面で二〇〇〇年中国（二〇〇〇年までに中国がどのように発展するかの青写真）の研究が始められた。

一つ目は、鄧小平の提言に基づいて、世界銀行が中国経済に対して、前後二回の大規模な調査、考察を行い、一九八三年に「中国 社会主義経済発展」と題して、第一回目の報告書を提出した。[※4] 一九八五年、世界銀行の調査チームが「中国 長期的発展が直面する問題と選択」と題して、第二回目の報告書を出した。当該報告書は、あらゆる面での経験情報と分析の模範例を示し、二〇〇〇年までの中国の発展の道筋と選択を描いていた。当時、彼らは中国の長期（一九八一－二〇〇〇年）経済発展に関し、三種類の予想を打ち出していた。その中で、GDPの年成長率は五・四～六・六%で、一人当たり平均GDPの年成長率は四・三～五・五%と予想していた。当時、私はその報告書を読み、目から鱗が落ちる思いであった。その研究の視点と研究方法は、非常に独創的であり、特に経済学の視点から行った測定方法は、われわれが手本とし、学ぶに値するものであった。しかし、世界銀行の専門家の予測は、中国の実質経済成長率（九・九%）を大きく下回っただけでなく、中国政府が設定した年平均経済成長率七・二%の目標さえも下回った。

二つ目は、国務院技術経済研究センター総幹事の馬洪氏と王慧炯(おうかいけい)氏、李泊渓氏らが、全国一八〇を超える機関、部門の五〇〇人以上の専門家を動員して研究完成させた『二〇〇〇年の中国』である。これは、中国で初めて成功した発展戦略に関する大型研究プロジェクトであった。研究課題はマクロシステムの研究で、関係するレベルは多岐に渡り、プロジェクトチームを作り上げること自体が膨大なシステム構築作業であり、一八〇を超える機関、部門の五〇〇人以上の専門家が研究に参画した。

初めて数学モデルを使って、今後一五年間の中国経済、社会生活等についてあらゆる方面から予測が行われ、二〇〇〇年中国の青写真が描かれた。

次は中国が政策決定の科学化、民主化の時代に入ったという大きな時代的背景に基づくものである。建国以来の度重なる政策の失敗の中から歴史の教訓を汲み取り、党中央と国務院は、しだいに政策の科学化、民主化を提唱するようになった。一九八六年七月三一日、中央政治局委員、国務院副総理の万里は、全国で初めてのソフトサイエンス研究工作座談会において、「政策決定の民主化と科学化は、政治体制改革の重要な課題である」との講話を発表した。鄧小平は「とても素晴らしい。全て発表してほしい」と述べ、陳雲同志も「この講話は、わが党が長年にわたり解決できなかった重大な問題を解決するものだ」と述べた。八月一五日付けの「人民日報」で、万里副総理の文章が全文掲載された。万里副総理は「今後、重大な問題の政策決定は、どんな問題かに関わらず、指導者一人の経験や意志に基づいて決定する伝統的なやり方やレベルに止まってはならず、必ず科学的方法を使って、科学的な手順により、科学的論証を行い、起こり得る重大な誤りを減らし、避けるようにすべきだ」と述べた。このような背景のもと、さまざまな政策研究機関が創設された。その中に中国科学院の国情分析研究グループもあり、学術の新天地を切り開くこととなった。

以上が私が国情研究に転向する社会的背景であったが、これには偶然の要素もあった。私は馬賓先生と知り合い、彼によって、国情研究の道に導かれた。馬賓先生は、一九三二年に中国共産党に入党したベテラン幹部で、新中国成立後、鞍鋼の第一代社長に任ぜられ、鞍鋼憲法の作成者の一人となった。私の父の胡兆森は、以前彼と共に仕事をしたことがあり、私は博士大学院生であったころ鋼鉄学院の家族宿舎に住む馬賓先生を尋ねたことがあった。当時、馬先生は国務院経済技術社会発展研究センターの顧問をされており、私たちは自然に中国の経済発展情勢について、話し合うようになった。馬さんが私に読むように勧めたくれた数冊の経済学書の中に、彼が当時翻訳し、正式出版したL・G・レイノルズの「マクロ経済学分析と政策」（商務印書館一九八三年版）という書物があり、これが私の入門書となった。馬さんは、以前、周小川の博士論文「国民経済モデルと経済大システムの分解ルート」を私に貸してくれた。周小川は清華大学で自動制御システムを専攻する大学院生であったとき、経済学とシステム論の学科を跨る方法を使って、当該研究に対して基礎的予測を行う先例を作った。このことは私にとって大きな啓発となり、模範ともなった。

最も重要なことは、やはり私個人の長期にわたる思考と積極的な選択だ。われわれの時代は、中国の歴史上で最も偉大な時代であり、今正に偉大な社会変革を経験しているところだ。私は既に変革時代の強烈な叫びを感じ取っている。私は鄧小平氏の大学入試復活の恩恵を受けた第一陣であり、改革開放の恩恵を直接受けた者でもある。私のために人的資本投資をしてくれた社会の恩に報い、貢献したいと考えている。特に学術研究という方法で積極的に改革開放に参画し、改革開放に貢献していきたいと願っている。当時、私は自分でもこの決断が私の学術研究の生涯を決定づけるとは思ってもいなかった。

このように、私は社会科学の研究に足を踏み入れることになった。一九八五年、当時の国家情報センター常務副主任兼総工程師の周宏仁博士は、アメリカから帰国してすぐに国家経済情報システムを構築する仕事を任され、私と中央党校の博士大学院生の盧中原氏、丁寧寧氏等に研究課題を託した。われわれはすぐに「国家情報センター設立の背景に関する研究報告」を完成させ、関係各部門から高い評価を得た。一九八六年、国務院は正式に国家経済情報システムおよび国家経済情報センターの設立を許可した。この研究の成果は「実践しながら学ぶ、学びながら実践する」という私の信念を強化し、中国の国情を専門的に研究する試みの一つとなった。

私の博士論文のテーマは、社会が必要とするものから来ていた。一九八〇年代の中頃、人口戦略について、大きな論争が起きた。改革開放が始まった頃、鄧小平は何度も中国の国情に言及し、「人口が多く、基礎が脆弱で、耕地が少ない」と述べていた。当時、わが国はベビーブームを迎えており、人口と発展の矛盾は相当際立っていた。党中央は、全国で計画出産（一人っ子政策）を実施することを決定し、共産党員、共産主義青年団員が率先して「夫婦に子供は一人」という政策に従うよう呼びかけた。一九八二年に党の十二大（中国共産党第十二回全国代表大会）における報告は、明確に次のように打ち出した。わが国の経済社会発展において、人口問題は終始極めて重要な問題である。一人っ子政策は、わが国の基本的国策であり、今世紀末までに、わが国の人口を必ず一二億人以内に抑えなければならない。[※5]

当時、農村ではまさに生産責任制が行われており、多くの農民から支持されていたが、厳格に一人っ子政策を実行することは、直接農民の切実な利益に影響した。当時、国務院の指導者は、農村の一人っ子政策に「小さな風穴」を空けることを主張した。国家の関係部門は、農村で出生した第一子が女子である場合、第二子の出生を許可する「一胎半」政策を打ち出し、全国の六省において、全面的な二人っ子政策が相次いで実施された。この結果、全国合計特殊出生率に明確な変化が現れ、二・六に達した。農村の出生率は上記（ベビーブーム）のように再び高水準となり、人口減少が起こらない出生率の二・一を大きく上回ることになった。これは、中国の総人口が引き続き増加していくことを意味していた。馬賓氏、于景元氏（当時、航天部七一〇所副所長）等は、何度となく、中央および関係上層部に対して、必ず厳しく人口抑制を行わなければ、歴史が与えてくれた最後のチャンスを逃すことになり、二〇〇〇年に総人口を一二億以内に抑えるという目標を達成できない、と訴えた。

私は中国の近代化と発展の最大の阻害要因である人口問題の研究から入り、系統立てて人口と経済の関係を分析することにした。初めて中国の基本的な国情と長期発展戦略研究に足を踏み入れたわけだが、この選択は、馬賓氏等の大きな支持を得ることができた。

では、どこから中国の人口と経済の国情研究に着手したのか。どのように国際的な視点から中国の国情を分析したのか。当時、中国は対外開放したばかりで、国際的な専門研究が不足していた。根本的な問題は、中国が採用していたのはソ連の物質生産算定法であり、国際的に使われている国民経済算定法ではなかったということだ。前述の通り、一九八五年に世界銀行が「中国 長期発展の戦略と選択」という報告書を発表し、中国の二〇〇〇年までの発展予想が詳細に分析されていた。この研究の成果と予測方法は、非常に啓発されるところが多く、手本とすべきものであった。このため、私の国情研究は、初めから外国のデータと比較するオープンな形で行うことができた。まさに「彼を知り、己を知る」ことが実践できたのである。実際、以前の中国の国情および発展段階に関する研究は、専門的に数値で判断する視点に欠けていた。一九八七年、党の十三大（中国共産党第十三回全国代表大会）報告で初めて「わが国の一人当たりの国民総生産は世界の後ろの方に位置している」という言葉を使って、中国の経済的実情を描写した。

北京鋼鉄学院大学院と指導教授のサポートの下、私は中国科学院自動化研究所に入ることができた。

当時の中国科学院副院長兼自動化所の胡啓恒所長は、私の研究方針を認め、強く支持してくれた。そのため、自動化研究所には、多くの学科の専門家によって構成される博士大学院生指導グループができた。その専門家とは、自動化の専門家である何善堉（かぜんいく）研究員、経済学者の馬賓教授、対策論の専門家である鄭応平副研究員、コンピューターシミュレーションの専門家である馬正午副教授であった。

私はさまざまな学科の専門家から指導を受けることができた。まず、銭学森先生のシステムインテグレーションという考え方に啓発され、大きな影響を受けた。すなわち、「定性から定量へ統合的に集積する方法」（Meta-synthesis, 複数の質的研究の結果を統合し、そこから共通性のあるテーマを導き出す方法）を学んだ。銭学森先生は、さまざまな学科、さまざまな分野の科学理論、経験知識、定性と定量の知識、理性と感性の知識を統合し、系統化する研究を提唱していた。※6 私は、銭学森先生自ら主宰するセミナーに出席し、中国の人口と発展についての研究成果を紹介したことがあった。しかし、先生は中国の人口資源環境などの分析が悲観的すぎ、科学技術の進歩に対する予測が十分でないと考えた。その後、私は先生の考えが正しいと悟った。その次に、私は北京鋼鉄学院の塗序彦教授が提唱する大系統制御論の考え方から大きな影響を受けた。なぜなら、私が研究対象とするのは、非常に複雑な現代中国の社会システムであり、系統立てて思考し、あらゆる面から分析を行い、重点的に継続して研究していく必要があるからだ。このほか、私は七一〇研究所于景元副所長の中国の人口と経済発展に関する系統的分析の考え方を学び、吸収した。前述のように、いくつかの学科に跨る学習と訓練は、私の専門知識を深めただけでなく、中国国情研究の方法も幅広いものとなった。専門知識を身に付けただけではなく、知識を集積する方法も身につけた。学科の垣根を取り払い、一部門の見解にとらわれることなく、各専門家の長所を広く集め、一家の言に集約するのである。私は学習の過程で、学習するだけではなく、さまざまな学科の講師の方法と思考法を取り入れ、絶えず高みを目指し、イノベーションを続けた。

　一九八八年九月、私は、中国科学院自動化研究所で博士論文（人口と発展 中国の人口――経済の系統的分析および人口の系統的抑制策の研究）を書き上げ、当時系統科学と人口学に造詣が深い于景元主任および答弁委員会から高い評価を受けた。当該論文は、中国の人口と発展の問題に関する研究を集大成したものであった。私は多くの学科に跨る研究方法を使って、定量と定性分析を結合し、問題の研究とその結論トータルで、ブレークスルーを実現した。このような論文は、国内では数少ない。この論文は、わが国の長期的な（特に二一世紀初めと前半）発展の研究を切り開く意義があり、国家の人口抑制策に、正面から向かい合ったものであり、指導的役割を果たすものであった。私の博士論文は、国情研究の仕事に学術研究のベースをつくり上げたのである。私は、中国の人口面での国情を知ることにより、中国の国情を認識し、分析を加え、それによって、人口と発展の問題を全体的に理解し、中国の人口と発展について、より深い系統だった独創的な見方をするようになった。

　当時の国家科学委員会主任、人口抑制論の専門家である宋健氏は、かつて私の博士論文を読み、高く評価した。私が中国人民大学の人口学の専門家である鄔蒼萍（うそうへい）教授を訪ねた際、彼も私個人で書き上げた複雑で難易度が極めて高い博士論文を賞賛し、驚きをもって私に、文中のたくさんの文科的な知識はどのように学んだのですか、と尋ねた。私は、基本的には独学で、実践を重ねつつ学んだのです、と答えた。彼はさらに、君はどのように河北省涿県（現涿州）の一五〇数人の出産適齢期の女性に対して、一人っ子政策に関する調査を行ったのですか、と尋ねてきた。私は、北大荒の農村で一人っ子政策に携わったことがあり、出産適齢期の女性に対して、一人っ子政策を徹底することがいかに困難であるかを知っています。この経験は、私が現地調査を行う上で大きな助けとなりました、と答えた。私は、講師の一人である鄭応平氏の助言により、初めてシュタッケルベルグ競争（ミクロ経済学でいう寡占理論）を使って、調査、研究を行い、出産適齢期の女性の出産動機、出産行為および奨励、懲罰の効果に関するアンケート調査を行った。そのほか、モデルケースとなる家庭に対して、政府の出産政策がどのように影響するか、出産に対するさまざまな激励と制限政策が出産適齢期の女性の出産数にどのような影響を与えるかを分析した。

私の博士論文は大きく二つに分けることができた。一つは、『人口と発展　中国人口経済問題の系統的研究』と題して、浙江人民出版社から一九八九年に『青年経済学者叢書』の第九巻として正式に出版された。当該叢書は、一九八〇年代に頭角を現した中国青年経済学者の重要な学術的著作である。馬賓氏が私の著作の序文を執筆し、その中で、私の中国の人口、資源、環境等の基本的な国情分析に対して、総合的に評価している。彼は特に次のように指摘していた。現在の情勢から見て、全党全国民に対して必ずわれわれの基本的な国情を伝え、理解させ、人口に対する意識や危機感を高め、一人っ子政策という基本的国策を貫徹する自覚を持たせなければならない。われわれは人口問題に対して危機感を持たなければならない。しかし、危機感を持つと同時に、危機を恐れてはならないということだ。なぜなら、われわれのやることは、全民族と人民の利益に合致しているからである。

別の一部の内容は、私と鄒平（当時全国人民代表大会教科文衛委員会研究員）で共同出版した『人類・発展・前途・選択』（北京、学術書刊出版社、一九九〇）に引用した。この中で、中国の人口と耕地、食糧、生態環境、社会文化の変動との歴史的関係を系統的に考察し、定量的に現代の人口、出産メカニズムが転換するマクロ的要素とミクロ的要素を分析し、人口、資源、環境、経済が併進する新人口論を提示し、これを将来の中国発展モデルの選択、発展戦略策定の理論的基礎、国情の拠り所とした。この本のために、馬世駿学部委員に特別に次のような序文を書いて頂いた。「『人口と発展の併進論』の理論的命題についての重要な探求は、勇気ある試みだ。更なる高みを目指して、努力されるよう願っている」

一九九一年、胡鞍鋼、鄒平著『中国人口と発展』の英語版（中国科学技術出版社、一九九一）が初出版された。出版後、スイスのジュネーブ大学政治経済学部主任のPaolo Urio教授は「胡鞍鋼は、一九九〇年代初め、中国資源環境の制約にはっきりと気づき、中国の特色ある近代化の道を切り開くよう提言した。これは、西洋の近代化の道をまねることを良しとしないもので、尊敬に値することだ」と評している。[※7]

一九九一年一月二四日、わが国の学位制度創設一〇周年を記念して、中国の博士、修士学位取得者が社会主義の近代化事業に大きく貢献していることを広く宣伝し、今後、ハイレベルな専門人材育成が、国の戦略目標に逐次立脚するように促すため、国家教育委員会、国家学位委員会は、六九五名の中国の博士、修士学位取得者に対して、「顕著な貢献をした中国の博士、修士学位取得者」の名誉称号を与えると決定した。

当決定は次のように指摘した。彼らは四項目の基本原則を堅持し、改革開放を堅持し、就学期間中、品格、学業共に優秀であった。就職後も、社会主義近代化建設の必要性に応じ、苦労しながらも創造的な仕事をし、進歩を積み重ね、生産、科学研究、教育、管理などの分野で重要な貢献をした。彼らの優れた業績は、わが国の学位取得者の祖国のために貢献するという大いなる志と精神を示している。彼らの仕事における成果は、わが国の学位が学術レベルに達していることを表している。中国の特色ある学位制度をより良いものにするために、彼らの実践は有益な経験を提供するであろう。またこの決定の主旨は以下の通りである。多くの有志の青年が、苦労を重ねながらも努力して学位取得し、祖国の理想と情熱に報い、社会主義祖国のために貢献する自信と誇りを確固たるものにし、社会主義近代化の事業に必要な人材となることを志し、わが国を社会主義近代化強国とするために努力、奮闘することを激励する。私も「貢献が顕著な中国の博士学位取得者」の栄誉称号を授与された。

今振り返れば、これらの六九五名の中国の博士、修士学位取得者は全て、わが国の各分野で両院（中国科学院と中国工程院）の院士や学術の専門家、指導者となっている。彼らは、特殊な時代、特殊な人々の中でも優れた人たちであり、鄧小平がわが国の学位制度の創設を決定してから、初めて収穫した優秀な人材のメリットであった。

四、警世の力作『生存と発展』

一九八六年、私は中国科学院学部委員の周立三氏が指導する中国科学院国情分析研究グループに参加し、国務院農村発展研究センターの委託を受け「中国の国情分析 農村の長期発展問題研究」の課題に取り組んだ。当該チームは、中国科学院農村科学技術委員会（李松華研究員）が、自然資源総合考察委員会（石玉林研究員、李立賢副研究員）、南京地理所、系統科学研究所（陳錫康研究員）、生態環境研究センター（王毅補助研究員と鄒左軍博士）および自動化研究所（胡鞍鋼博士）など、さまざまな学科の科学者と科学研究員を組織したもので、中国科学院の最初の「政策決定シンクタンク」となったチームであった。当該チームは、中国の人口、農業資源、生態環境と食糧について、学科を跨いで、専門的に長期的戦略の研究を始めた。

周立三氏は、南京地理と湖沼研究所の名誉所長で、傑出した戦略的科学者であり、常に大局から物事を考え、国家の将来に関心を持ち、先見性をもって国家の将来の発展に何が必要かを考え、人口や資源、環境、農業などの重大課題を研究するためにわれわれ研究者のチームをつくり上げた。これは単なる課題研究チームに過ぎないが、初めて学科を跨いだ総合的研究を行い、国情研究（現代の中国研究を指す）と公共政策の新たな分野を開拓し、科学的政策決定シンクタンクとしての新たな役割を演じた。

一九八八年末、私と王毅氏は中国科学院国情分析研究グループを代表して『生存と発展』という初めての国情報告を完成させた。われわれの研究結果によれば、現在の合計特殊出生率（二・三～二・四）が続けば、二〇三〇年までに中国の総人口は一六・三億～一七億人に達する見込みであった。最も問題なのは、わが国の人口負荷が大きくなりすぎ、農業自然資源の人口扶養力が限界に近づくことであった。基本的国情は、依然として一人っ子政策による人口抑制を求めていた。われわれは、報告の中で、長年にわたって、経済発展のスピード面でいつも冒して来た「せっかち病」と頭が加熱しやすい「速戦速決論」を痛烈に批判し、中国の近代化は「持久戦法」を用いるべきだと明確に指摘した。

報告では、先見性をもって中国近代化の長期的な情勢を展望した。われわれは次のように考えた。一九八〇年から持続的な高度経済成長段階、すなわちテイクオフの段階に入り、これは二〇二〇年まで続く。所得は低レベルから中レベルに移行し、工業化が加速し、経済構造に明らかな変化が生じ、社会のあらゆる面で大きな変革が進み、都市化が進展する。人口面では段階的に低出生率、低死亡率、低自然増加率の時代に入る。ほぼ完ぺきな創造性と生命力にあふれた中国の特色ある社会主義モデルが世界の東方に出現する。

最も創造的であったことは、先見性をもって中国近代化発展のモデルを提示し、それを特にアメリカと比較したことである。われわれは、米国をはじめとする先進国の発展方式の前提条件が資源であるなら、大多数の発展途上国が米国と同じ発展を目指すことはほとんど不可能なことだ、と考えた。大多数の発展途上国が数十年後に今のアメリカの物質、生活水準に達するという幻想を抱くべきではない。少数の工業国家が国際的な資源を占有する特殊な状況は、多くの発展途上国が先進国が歩んできた近代化の道をたどることを不可能にしている。われわれの導き出した基本的な結論は、「中国の近代化の道は、独自の道を歩むほかなく、必ず中国の国情に沿って、新たな長期発展モデル、社会主義中国の独自の生産力発展方式を模索していかなければならない。その中心思想の具体的な内容は次の通りである。①資源の消耗を抑えた生産体系　②適度に消費する生活体系　③適度な経済成長が続き、経済的効率・収益が絶えず高まる経済体系　④社会的利益と社会の公平性が担保される社会体系　⑤絶えず革新し、新たな技術、新たな生産技術、新たな方法を活用する技術体系　⑥世界市場と緊密に連携し、より一層開放された貿易と非貿易の国際経済体系を促進する　⑦合理的に資源を開発し、利用すると同時に、汚染を防止し、生態系の均衡を保護する。平均余命が延び、教育水準が上がり、義務教育年限も延長される等、中国人の生活水準が向上する。

これは、われわれが最も早い段階で抱いていた中国近代化路線の構想であり、具体的指針である。当時の中国の多くの学者は、西側先進諸国の近代化モデルが最良のモデルであり、中国が見習うべきモデルと考えていた。この中国独自の路線は、われわれの中国の国情と近代化への道に対する自覚を充分に反映したものであった。

われわれより前に、鄧小平は高度な自覚と自主性を持っていた。彼は一九八二年、党の十二大（中国共産党第十二回全国代表大会）において、初めて「中国の道」の歴史的命題を発表した。彼は「われわれの近代化建設は、中国の実情から出発しなければならない。革命であれ、建設であれ、外国の経験を学び、鏡とする必要がある。しかし、外国の経験、モデルをそのまま当てはめて成功した例はない。これについて、われわれは多くの教訓を得ている。マルクス主義の普遍的な真理とわが国の実情を結びつけ、自らの道を歩み、中国の特色ある社会主義を建設することが、われわれが歴史の経験総括して得た基本的な結論である」と指摘している。[※8] 鄧小平の「中国の道」の観点は、われわれの国情研究に非常に大きな影響を与えた。思い返せば、われわれは中国の国情の下で、絶えず中国近代化の道を模索してきたのだ。

国情報告はまた、最も重要な警告を発している。どの時代にも不幸な危機と重荷がある。どの時代にも得難いチャンスと希望がある。どの時代も困難な改革と発展を経なければならない。『生存と発展』は警世の書であるだけではなく、中国近代化の道を初めて模索した創造、革新の書である。その後もわれわれは、中国の国情と中国の道の主題に沿って、総合的、持続的、創造的、革新的に研究を進めていった。[※9]

一九八八年一二月末、新華社が連続して発表した二編の『国内動態最終稿』は、国情報告の核心を突いており、すぐに中央の指導者の注目するところとなり、中国科学院周光召院長から報告を求められた。周院長はまた内部でシンポジウムを開き、中国科学院地学部の数名の委員を招き、報告に対する評価と修正意見を聴取した。学部委員の陳述彭氏は、当該報告は「たとえて言えば、高いところに登って大声で叫び、満座の人を驚かすようなものです。大きな影響力があり、科学的で、感情がこもっています」と評価した。周光召院長は次のように指摘した。国情分析研究グループは、極めて意義深く、人を考えさせる研究報告を行った。この報告を社会各界が重視することを願う。少なくとも客観性を重視し、事実に基づき真実を求める良好な気風を社会に醸成し、中国の国情とその直面する問題を真摯に研究し、深く理解する。これによって、正しい政策を決定すべきである。周院長はさらに次のように指摘した。

われわれが政策において活動できる余地や選択肢を提供できるチャンスはすでに多くはなくなっている。歴史は、われわれが再び大きな政策上の誤りを犯すことを許してはくれない。さらにわれわれに対して、科学の仕事に携わる者は、科学を論じ、真実を追求するという二つの原則を堅持しなければならない、と注意を促した。当時の国家環境保護局局長曲格平は、この報告は中国の人口資源環境に関する集大成の書だと評価した。

一九八九年一月初め、国務院農村発展研究センターの杜潤生主任は、関係機関の責任者と専門学者を招集し、私の報告を聴取した。周光召院長と孫鴻烈副院長も出席した。杜潤生氏は、『生存と発展』の序文において、近代化した社会主義国家を建設することは、全民族の神聖な歴史的使命であり、誰もが次のような願望を抱いている、と指摘した。偉大な社会主義新中国は、世界各国が繰り広げている競争場裏で、できるだけ早くトップ集団に入るべきである。この願いを実現するには、まずは自らを研究し、自らを知り、十分に自らの強みと弱点、困難と潜在能力を理解しなければならない。しかしただ一方のみを理解し、もう一方をおろそかにすれば、主観的にも、客観的にも事実から乖離してしまい、誤りを犯し、急いては事を仕損じ、代償ばかりが大きく、得るものが少なく、成功の機会を逃してしまう。『生存と発展』の課題研究グループは「国情を把握し、危機を分析し、錯覚を排除し、対策を探す」を旨とし、既存の資料を広く吸収して活用し、系統分析の方法を用いて、定性と定量を結合し、信頼できる結論を出した。なぜ人口増加を厳しくコントロールしなければならないのか。なぜ経済発展と消費の増加は適度でなければならないのか。なぜ生態環境を保護しなければならないのか等の問題に回答するとともに、全国の経済社会中長期発展戦略を定める際に、真摯に対応しなければならない重大な問題を提起した。その後、中国科学報社は続けてこの報告の全文を掲載した。

その後、鄧小平同志は、この報告書を読み、高く評価し、全人民に国情を理解させるよう指示した。このため、北京テレビ局の龍新民局長と国家科学委員会社会発展科学技術局の鄧楠局長の指揮の下、私と王毅氏は、国情報告の主な成果に基づいて、大型国情シリーズ政治討論番組「震撼するこだま」の原稿を書き上げた。一九九一年、北京テレビ局とその他の地方局で放送され、大きな反響を呼んだ。国情研究の成果は、科学界の共通認識となっただけではなく、瞬く間に社会共通の知識となった。これは、私の鄧小平の大学入試制度復活に対する最初の恩返しだった。

われわれが研究しているとき、周立三氏は繰り返し、「国情研究には、長期性、戦略性、先見性が必要だ」と強調していた。彼は学科の垣根をなくし、多くの学科が共同で研究することを提唱し、さらに研究の質を高め、研究成果が社会に役立つよう提唱した。成果は学術界に影響を与えるだけでなく、最も大切なことは、国家発展戦略や十数億人民の経済や生活に重要な意義を持つことである。われわれの国情研究は、歴史的な考察を進め、先見性をもって、長期的に予測分析を行い、国内と国際間で比較研究を行い、中国の国情に合った発展戦略を策定するために、科学研究のバックグラウンドや戦略政策決定の知識を提供していくのである。

一〇年間、私は一介の大学生から修士、博士へとなった。一人の学習者から研究者になり、研究者から新たな分野の開拓者となり、国情研究という学科を跨る総合的、戦略的な新興研究分野を開拓し、それを自身の一生の学術研究事業とし、「知識を人民のために、知識で国に報いる」という学術人生を切り開いた。この一〇年の大学での学習、研究の経験は、最も重要な人的資源を投資し続けた一〇年であり、国情研究を切り開いた一〇年であって、中国の改革開放と共に歩んだ一〇年でもあった。

(注)

1 毛沢東はかつて次のように述べたことがある。人にはいくばくの精神的なものが必要だ。プロレタリア階級の革命精神はここから出てくるのだ。『毛沢東選集』、第七巻、人民出版社、一九九九年、一六二－一六三ページ。この言葉は私に大きな影響を与えた。
2 中国は一九七七年までの二〇年間昇給がなかった。
3 胡耀邦『全面的に社会主義の近代化建設の新局面を創りだす。中国共産党第十二回全国代表大会での報告』一九八二年九月一日。
4 World Bank, 1983. "China Socialist Economic Development".
5 胡耀邦『全面的に社会主義の近代化建設の新局面を創りだす。中国共産党第十二回全国代表大会での報告』一九八二年九月一日。
6 于景元「系統思想から系統実践の創造、革新――銭学森系統研究の成功と貢献」『系統工程理論と実践』二〇一六年第一二期。
7 Paolo Urio『中国調和国家、市場と社会の関係――繁栄の長征へ邁進する』(英語版、Routle Taylor & Francis Group)。
8 『鄧小平文選』第三巻、人民出版社、一九九三年、三ページ。
9 詳細な分析については、胡鞍鋼、鄢一龍著『中国国情と発展中国人民大学出版社、二〇一六年を参照。

第四章 国情研究一〇年間の成果（1989－1999）

一九八九年初め、私は中国科学院国情分析研究グループに在籍したまま、中国科学院生態環境研究センターの生態ラボラトリーに配属された。生態ラボラトリーは中国科学院のオープンラボ（開放型研究施設）であり、若い研究者が多く、社会・経済・自然から見た総合的な生態システム、都市生態建設、国情諮問、生態警報などの分野を含む学際的な研究が行われていた。この生態ラボラトリーは後に多くの優秀な研究者が輩出している。二〇一八年三月の時点で、生態環境研究センターにはEssential Science Indicators（ＥＳＩ）トップ一％の学科が六（社会科学、動植物科学、環境生態学、工学、化学、農業工学）あり、同センターは極めて学際的な研究施設となっている。

当時、私はセンターの主任であった荘亜輝氏に国情研究に専念することを願い出た。荘主任は私の研究の重要性を理解してくれた。私にとって、学際的な中国科学院はより適した、より自由な研究の場であった。特に国情分析研究グループというのは制約があまり厳しくなく、自由に研究できる独立した組織である。私はそれを国情研究の「独立三原則」と呼んでいる。すなわち独立したテーマ、独立した研究、独立した発表である。

国情研究のテーマはあらかじめ用意されたものではなく、時代の要請に応じたり挑んだりするものである。当初、私は国家の発展にとって重要な課題を優先的に研究テーマに選び、それが攻略可能かどうか見極め、政策に応用できる研究成果へと転換させ、そこからさらに学術的価値の高い成果へとつなげていった。一九八〇年代末から一九九〇年代末までの一〇年間は、改革開放から生じた極めて複雑で重大な挑戦を受け続けた時期であり、重大な課題や政策の論争が常に生じていた。そうした中で私は重要な国情研究テーマを鋭く見極め、国策に活かせる知的貢献を行っていった。

一、持続・安定・調和の国民経済発展指導方針

私が初めて取り上げたテーマは中国のマクロ経済と政策の研究だった。この研究の斬新なところは、国民経済の持続・安定・調和の発展指導方針と基本指針を初めて打ち出した点にある。

同研究は、中国共産党第十三期中央委員会第三回全体会議（第十三期三中全会）で打ち出された経済環境の改善、経済秩序の整頓、改革の全面的な深化という指導方針と政策措置を背景としている。一九八九年とそれに続く一九九〇年の改革と建設の重点として、全体会議の精神に基づき、当時の総書記兼中央財政経済指導グループ長の趙紫陽氏は同グループ秘書長の張勁夫氏に、複数の研究機関に新たな構想と計画の立案を依頼するよう指示した。

一九八九年一月、中央政策決定機関の研究員である趙涛博士から新たな構想の共同研究を持ち掛けられた私は、趙涛博士の考えに賛同した。その時、私は通常の定性分析だけでなく定量分析も必要なことから、姚増起博士（中国科学院自動化研究所）に協力を要請し、三人で共同研究を三月から開始した。私たちは今回の研究だけで終わらせるつもりはなかったので、中国初の国民経済データベース（指標数約二九〇、対象とする期間一九五二－一九八八年）を構築した。これは私たちの経済研究や経済政策の分析が科学化、定量化、規範化へ向かう第一歩となった試みである。このデータベースを使って、建国後の

「大躍進」「洋躍進」および一九八五年以降の「経済過熱」など歴史的教訓となった経済発展の大変動について検討し、類似点や相違点を分析した。昼夜の別なく研究を行い、六月中旬に「国民経済の持続・安定・調和的発展に関する研究報告」を完成させた。

同報告は国民経済の持続・安定・調和的な発展という重要な問題についての研究と分析であり、定性分析と定量分析を合わせた手法を用い、経済成長の軌跡を歴史的に評価し、経済周期の特徴と原因を分析した。総じて、中国経済はこの四〇年間で世界が認める偉大な成果を挙げたが、一方で明らかな失策もあり、終始三つの問題が存在していた。㈠国民経済発展の指導構想が成果を急ぐあまり、生産総額を重視し、速さを強調し、経済効率を軽視し、短期の好況を追求したことから長期的な経済発展が損なわれた。経済効率の低下は中国の経済の最大の問題点である。㈡経済発展の過程で景気の波が周期的に生じ、終始経済が不安定な状態だった。建国後の四〇年間で相次いで七回の景気の波を経験し、大規模な経済調整が三回実施された。景気の大変動は中国の経済成長の特徴の一つであり、社会矛盾が激化する原因の一つでもある。㈢工業化を急激に推し進め、重工業傾斜型の成長戦略をとったことから、各部門の成長速度に顕著な差が現れ、国民経済のバランスが大きく崩れた。同報告では、初めて「持続・安定・調和の発展」の内容を経済的側面から線引きし、国民経済の持続・安定・調和的な発展を数値化して指標体系、各関係の割合、量的制限を定め、実行すべきいくつかの政策と措置を建議し、国民経済の発展動向を大まかに予測した。※1

同報告は趙涛博士から張勁夫秘書長に直接提出され、高い評価と承認を得た。同月に開催された中国共産党第十三期中央委員会第四回全体会議（第十三期四中全会）では、趙紫陽氏が職務を解任され、江沢民氏が総書記に選出された。趙涛博士は、私たちの報告は国の政策に大いに役立つものであり、新しい党中央の経済政策に多大な影響を及ぼすだろうと語った。

果たして同年一一月、中国共産党第十三期中央委員会第五回全体会議（第十三期五中全会）では私たちの意見が受け入れられ[※2]、さらに国民経済の持続・安定・調和の発展指導方針に関する私たちの建議も採用された。会議では、持続・安定・調和の経済発展方針を長期堅持することが定められ、以下のことが指摘された。それまでの経済発展では国情や国力を顧みず、成果を急ぐあまり大変動を繰り返してきたが、それは四〇年間で得た最も重要な教訓である。政策の失敗は国民の積極性を低下させ、巨大な損失を招くことになり、経済活動における致命的な問題である。そのため、しっかりと教訓から学び、常に中国の国情を踏まえ、持続・安定・調和の発展指導構想を強固に構築しなければならない[※3]。さらに、私たちの国情報告の研究成果は会議で配布された農業部の何康部長のスピーチ原稿にも引用されていた。

同会議コミュニケと決議が発表され、私たちの政策建議が承認されたことを知り、私は非常にうれしく思い、同時にそれは大きな励みともなった。学者にとって、国情研究とは特定の指導者の誰かのために行うものではなく、国家のために行うものである。たとえその時の特殊な事情で最高指導者が代わったとしても、それが事実を直視した鋭い批判であり、中国の国情と発展段階に合った建議であれば受け入れられ、政策に取り入れられ、ひいては政策として採用されるのである。これは私が初めて中央の政策決定機関の研究者と共同で行った研究であり、自ら中国科学院自動化研究所に研究費を申請して行った自主研究でもある。「非正規」「非公式」の共同研究であり、依頼書も助成金もなかったが、国の重大な政策に対して「少しの労力で大きな成果を得る」働きをした。

二、持続可能な発展戦略の提起

その次に行った国情研究は中国の生態環境と発展に関する自主研究であり、中国科学院学部委員の馬世駿先生の指導を得た。馬先生は持続可能な発展を中国で初めて提唱した偉大な学者であり、私は先生から直接の指摘を受けたこともある。早くも一九八四年に馬先生と王如松氏は『生態学報』に、先見と創意に富んだ論文『社会－経済－自然の複合生態系』を発表している。一九八七年には世界環境開発委員会の一員として、ノルウェーのブルントラント首相らと共同でかの有名な『Our Common Future』（邦題『地球の未来を守るために』）報告（一九八七年四月）を起草し、持続可能な発展という新しい理念を提唱した。馬先生は帰国後すぐに私を呼んで同報告を紹介してくれ、私は大いに啓発を受けた。そして、それはまた国情分析研究グループの報告『生存と発展』の「生存と持続的発展を保障する戦略」の最も重要な知的依拠となったのである。

一九八九年八月、私は王毅氏、牛文元氏らとともに生態環境研究センターの課題グループを代表して『生態赤字――二一世紀中華民族生存的最大危機（生態赤字――二一世紀における中華民族生存の最大の危機）』報告を作成した。これは国家科学技術委員会から依頼された研究で、馬世駿先生が総顧問となり、牛文元氏、高林氏が主管した。同報告では生態危機について以下の警告が発せられた。今すぐ実行可能な重大な対策を、場合によっては厳しい措置も含めて講じなければ、増え続ける生態学的赤字は中国経済の重荷となり、民族の未来の生存と発展を脅かす最大の危機となるだろう。※4 その前年の一九八八年、中国を訪問したイギリス生態学会の専門家から、中国はかつて先進諸国がたどった「汚染後に対策する」道を決して歩いてはならないとの助言を受け、私たちの報告は最大の警告を発した。

私たちは報告で、中国の今後の発展戦略を以下のように総括した。中国は先進工業国が歩んだ「資源の消耗による消費水準のアップ」という道を歩む条件を備えていない。また先進工業国の「汚染後に対策する」「犠牲者（物）を出した後に救う」という轍を踏んではならない。さらに馬世駿先生の指導を受け、未来を展望した「自然－経済－社会」の調和のとれた発展という新たな基本理念を打ち出し、「資源の節約、適度な消費、成長の中身の重視、総体的な調整、環境保護、生態建設の徹底」という総方針を固めた。この戦略は中国の国情に合致するだけでなく、経済成長に関する世界の共通認識でもある。本質から見て、国際社会が近年提唱する「持続的発展」戦略にも一致し、現代人のニーズに応え、後世の人のニーズを脅かすこともない。

同報告では以下のような警鐘を鳴らした。人類の未来は人類が目前の問題にどのような選択を行うかによって決まる。盲目的に選択して未来の災難をつくり出してはならない。自覚的に選択して良好な未来を創出すべきである。日増しに拡大する生態学的赤字は今を生きる私たちと未来の子孫に大きな災難をもたらし、国家の安全と民族の生存を脅かす最大の危機となる恐れがある。同報告は第二の警世の書とも言える。

同報告は国務委員兼国家科学技術委員会主任、国家環境保護委員会主任の宋健氏に高く重視され、以下のコメントがつけられた。「中華民族は活路を見つけなければならない。胡鞍鋼氏らが確実に実行可能な政策提案を出すよう求めたい」。新華社は同報告の主な内容を連日報道した。生態学的赤字は注目を浴び、国内外に衝撃を与えるホットな話題となった。

二〇一〇年、スイスのジュネーブ大学政治経済学教授Paolo Urio教授は同報告を評価して以下のように語った。二〇年も前に胡鞍鋼氏らは中国の指導者に最大の警告を発した。生態学的赤字という概念には先見の明がある。私たち（外国人）はそれにより中国のグリーン発展戦略の初期構想を知り、それが中国の国情に合うものであると理解した。※5

三、工業化と近代化への道の模索

一九八九年に起きた政治騒動の影響を受けて、中国の社会科学界は低調期に入った。しかし、私個人は国情研究の豊作期を迎え、研究と執筆に没頭し、相次いで著作や共著を上梓した。テーマは中国の工業化と近代化への道である。

第一作は中国共産党中央党校経済学部の郭慶博士との共著『中国工業化問題初探（中国工業化問題の初歩的研究）』である。※6 かつて『農業国の工業化』（一九四九年）を出版して中国の工業化の理論的基礎を築いた張培剛教授に学び、私たちは一九四九年以降の中国の工業化の過程について歴史的な分析と評価を行った。『中国工業化問題初探』の位置付けは経済学の学術書であり、入門書や翻訳書の類ではない。そのため、私たちは海外の現代経済学、特に開発経済学の文献を渉猟し、学びながら研究しながら論文を書いた。理論的に突っ込んで分析し、実証分析を試みた。中国のそれまでの工業化の経験と教訓を総括し、長期目標と今後の工業化への新しい道を展望した。

一九九三年八月、当時国務院研究室の副主任だった王夢奎氏からこう言われた。君のことは人からの紹介ではなく、この著作を通じて知った。君たちは中国工業化の最大の課題を提示し、その長期性を説いた。これは一般書ではなく、示唆に富んだ経済学書である。

第二作は共同で研究した『中国国情報告』である。同書は計二八章八〇万字、中国科学院、中国社会科学院、国家計画委員会、国務院発展研究センターなどの学者三〇名による共著で、高い総合性、戦略性、学術性を備えている。私は「中国の地理」「中国の人口」の部分を担当したほか、王毅氏と共同で「中国の生態環境」、盛斌氏と共同で「中国近代化への道の模索と選択」を担当した。※7 私たちは以下のように考えた。近代化の遅れた国は先発国の先進技術や設備、文化、経営管理の経験、企業制度などを導入することができ、先発国の近代化モデルを模倣することができる。しかし、模倣の結果は往々にして手痛い失敗に終わっている。中国は国情に適した近代化の道を模索し、選択すべきであり、これが中国近代化の成功の鍵となる。また、私たちは基本的な国情から判断した結果、今後中国が実現する近代化は社会主義の近代化であると結論づけた。同時に、中国は従来の経済成長ばかりを追求する発展戦略を改め、国民経済を重視する全面的、持続的、調和的な発展戦略を取るべきであると指摘した。

第三作は『中国 二一世紀に向けて』（中国環境科学出版社、一九九一年）である。同書は二一世紀に向かう中国の重大な課題についての見解をまとめたものであり、特に中国の近代化とは何か、いかに中国の近代化を実現するかなどの基本的な問題に焦点を当てた。同時に中国の近代化に影響する重大な問題について、顕在的および潜在的な問題に言及した。

中国は人口大国であり、総人口は先進諸国の総和を大きく上回る。この特徴が問題を難しくさせている最大の要因である。一〇数億の人口を抱える大国をうまく治め、経済発展のテイクオフを成功させ、社会改革を順調に推進させるための参考となる先例がなく、模倣できるモデルがないのである。

これは中国の近代化の目標とは何かという問いに直接関わるものである。私は中国の近代化の発展戦略は多数の目標から構成されると認識している。内容は以下の通りである。

㈠**政治と社会の安定**。政治とは経済が集約された表れであるとともに、経済と社会の生産に働きかけるものでもある。政治の安定は経済発展の必須条件である。一〇数億の人口を抱える国で改革を推し進めることは世界史上でも未曾有の実験であり、大失敗をするリスクが潜んでいる。そのため、私たちは社会を変革する手段を慎重に選択し、漸進的に実行し、穏やかな改革で国の安定を維持し、長期安定の下で持続的な発展を追求し、徐々に近代化のプロセスを踏んでいかねばならない。経済と政治の体制改革を着実に行うことは、国の長期安定を図る根本的なルートなのである。

当時、私は鄧小平氏の「安定はすべてを圧倒する」の見解に大いに賛同した。その後、「安定した環境がなければ、何事も成し遂げられず、獲得した成果をも失ってしまうことになる」という鄧氏の言葉通り、ソビエト連邦が崩壊し、ソ連共産党が消滅し、東欧の激変が起きた。

㈡**経済の安定成長。**この発展目標は鄧小平氏の経済三段階発展構想である。第一段階は一九九〇年までに国民総生産（GNP）を一九八〇年の二倍にし、国民の「温飽（最低限の生活水準）」を保障する。第二段階は二〇世紀末までにGNPをさらに倍増させ、国民の生活を「小康（ややゆとりのある）」水準に引き上げる。第三段階は二一世紀半ばまでに一人当たりGNPを中等先進国レベルに引き上げ、国民が比較的豊かな生活を過ごせるようにし、近代化を基本的に実現する。その後はその基礎の上に発展を積み上げていく。この目標は単一ではなく複数の、または一連の目標からなるものであり、経済の発展水準や力量、国民の衣食住や文化的生活からなる総合的な目標であり、妥当な速度での経済成長、良好な経済効率の追求を反映するものである。また、経済と社会の調和のとれた発展、物質文明と精神文明の同時建設を反映している。これは中国振興の経済発展戦略であり、国民全体の懸命な努力によって実現可能な発展目標である。

㈢**平等な社会。**経済効率を追求すると同時に、平等な社会の確立を目指す。中国の近代化は少数の近代化ではない。少数の人々が豊かになれば、少数の地域が発展すれば、少数の都市が繁栄すればいいというものではない。それは全国民の近代化であり、総人口の多数を占める農村地域を含めた近代化である。都市と農村の二元構造を徐々に解消することが経済の発展と平等な社会の確立を同時進行させるための最重要課題である。より長期的に見れば、二〇五〇年までに到達できる生産力の水準では、中国は資本主義先進諸国を超えるどころか達することもできず、ただ人々を貧困から脱出させ、中等先進国のレベルに達するに過ぎない。そうした背景の下で、全国民が共に豊かになる社会を実現させることはとりわけ重要な意義を持つ。社会主義制度の優越性を十二分に示すことになり、十五、六億の膨大な人口にやや豊かな生活を送らせることができる。そうなれば、それは世界の近代化プロセスにおいて最も精彩を放つ一幕となるだろう。そのため、全国民がともに豊かになるという長期発展目標は必要であると同時に、非常に現実的でもあるのである。

㈣**基本的ニーズを満たし、生活の質を向上させる。**①経済成長を維持し、今後五、六十年間で、少なくとも一五億またはそれ以上になる国民のために生存と発展に必要な資源、経済、社会の条件を整備する。これには衣食住などの基本的要求や教育、娯楽、文化などの享受が含まれる。②今後三、四十年間で新たに増加する約三億の労働者のために就業の機会と働く場所を用意する。③今後二、三十年間で約八億の労働者に良好な生産と経営の環境を創出し、労働生産性と社会経済効率の向上を保障する。※8④今後五、六十年間で、約三億の高齢者に基本的扶養のための福祉資金と社会保障を準備し、※9高齢者の生活水準が低下することなく徐々に改善されるようにする。⑤一九八五年から二〇一七年の間に都市人口は二〇九四万人から八億一三四七万人に増えたが、都市人口の過度の増加と密集を避けるために、今後五、六十年間で、七、八億の都市人口のために商品、副食品、住宅、社会生活、基礎サービス施設を整備する。⑥今後二、三十年間で、非識字者と準非識字者人口を約二億減少させ[※10]、全民族の文化的素養の向上と教育の普及のため、各種施設を整備する。その基礎の上に国民全体の生活の質を引き上げる。

㈤中華民族の生存環境の保護と整備。土地、大気、水、森林、動植物、地下資源などの環境は人類の生存を支えるシステムを構築しており、それらを失うことは人類生存の基盤を失うことである。それらは一つのまとまりとして、過去、現在、未来に連なり、沿岸部と内陸部、都市と農村、国と世界をつなぎ、地球全体が一つの大きな生態システムとなっている。かつての森林破壊が今日の表土流失や自然災害増加の原因となり、上流の大雨と土石流が下流の洪水を引き起こし、酸性雨は国境や地域を越え、二酸化炭素の増加が地球温暖化を招いている。これらはみな私たちに現在の利益と未来の利益を結びつけ、現在、短期、局部の利益を未来、長期、全体の利益に従わせるよう促している。中華民族の生存環境の保護と整備は「功在当代、利在千秋（現在の努力が将来に利をもたらすこと）」である。㈠中国にとって適度な人口とは、目標は二〇〇〇年の総人口が下限一二億五千万人、上限一二億七千万人で、一三億を突破しないこと。そして二〇二〇年の総人口が下限一三億八千万人、上限一四億六千万人で、二〇三〇年前後に人口ゼロ成長を実現し、一五億を超えてはならない。㈡自然資源の開発利用戦略は資源を基本的に自給とし、増減を基本的にバランスさせること。資源（土地、水、エネルギー、原材料など）の節約と再生を促進し、新資源を開発し、資源の代替となる現代科学技術を模索し、資源効率を高め、再利用を促進し、既存の資源を存分に活用すること。水、土、森林、草原などの資源を保護し、潜在的資源を合理的に開発する。㈢環境保護の最終目標は環境汚染と生態破壊の防止であり、国民のためにクリーンで快適で美しい生産環境と生活環境を創出すること。短中期の目標は自然生態系の破壊を基本的に食い止め、一部の分野で局部的改善を実現し、都市環境と工業汚染をある程度抑制、改善し、人体の健康に影響を及ぼす環境汚染を徐々に軽減する。人類が生存と発展を依存する生態プロセスと生命維持システムが破壊、汚染されないよう保護し、生物種の遺伝的多様性を維持する。

上述の五大目標は互いに関連し、影響し合うものであり、ある分野での成功が往々にして他の分野で促進的な働きをする。

当時、私はさらにこう考えた。一人当たりＧＮＰが比較的低水準で、一人当たり資源消費量が比較的少ない時期に、その他の指標が比較的高度な社会の近代化、政治の近代化、文化の近代化を実現できれば、中国はそれにより近代化の総合指標が比較的高水準になるだろう。今後の数十年間、有効な措置を講じ、大きな政策の失敗と社会動乱を回避し、経済、科学、教育、文化、国防などの各分野で調和のとれた発展を促進すれば、中国の総合的な国力は大々的に増強するだろう。

中国は社会主義近代化の目標を実現できるのか。私は中国にはもとから有利な要因と潜在的な利点が数多くあると考えている。一、悠久の歴史を誇り、文化が統一されている中華民族にとって、文化の結集力と生存の持続力の強さが民族の復興、近代化実現の基盤となる。二、中国は統一された（台湾地域を除く）独立自主の社会主義国を構築したが、それが経済的に立ち遅れた国が近代化するための前提条件を創出した。三、一大経済勢力として世界で台頭しつつある中国は、一人当たりＧＮＰでは世界的に下位にあるものの、政治、経済、科学、軍事を含む総合的な国力はかなり強大で、世界で重要な地位にある大国である。目下、中国は世界全体の戦略的枠組みに影響を及ぼし、それを変化させつつあり、おそらく比較的長期にわたって相対的に安定した平和な国際環境を得られるはずである。四、より結集力と威信のある中央政府を構築し、強力な社会統合力を得れば、国が社会の各種資源を効果的に動員し利用する力を有し、工業化の特定の目標のために働きかけ、近代化のプロセスが大幅に加速できるようになる。五、全体的に整った国民経済と産業体系をすでに確立し、巨大な国内市場があることから、大国のスケールメリットがある。六、多くの後発優位性があることから飛躍的発展が実現可能であり、豊富な資源が経済成長を推進する源泉となり得る。つまり人的資本や「一方に困難があれば、八方が支援する」などの大国の優位性があることから、巨大な社会的富を創出することができる。七、改革は中国の近代化の最大の希望の在りかであり、中国の近代化の歴史の最も重要なターニングポイントとなる。この七つの点はみな中国の近代化に有利な要因であり、近代化達成のための潜在力でもある。このことから、二一世紀半ばに中等先進国レベルに達して世界の経済大国となり、近代化を基本的に実現するという目標は大いに見込みがあるのである。[※11]

国情研究と政策決定へ参与していく過程を通じ、私は自身の思いとして「天下の興亡には各人に責がある」という格言についても書き記した。この格言は何世代もの間、どれほど多くの人に影響を与えてきたことだろう。私はごく普通の中国人である。農民や工員を経験し、大学生や院生になり、今の肩書きは学者である。中華人民共和国の歴史をつなぐ一世代として、私個人の運命はいつも民族の繁栄と衰退、国家の光明と暗黒に密接に関わっている。中華民族の繁栄、祖国の隆盛と奮闘は私の人生の目標であり、また学術研究の目的でもある。[※12]私の研究の初心とも使命ともなったこの格言を、私はそれ以降、忘れることなく深く心に刻み、国情研究の場で貫き続け今日に至っている。

四、『中国国家能力報告』とその影響

博士課程を修了した私は中国科学院生態環境研究センターに配属され、国情研究を続ける一方、国情

研究のレベルアップのために博士研究員としてアメリカへ留学する機会を探していた。

一九九一年、中国科学院の公費派遣の資格を得、アメリカのイェール大学経済学部へ博士研究員の申請をした。しばらくして、イェール大学から私を博士研究員として受け入れる旨の招聘状が届き、私は驚喜して生態環境研究センターの副主任に報告した。副主任はイェール大学で博士号を取得しているのだが、その副主任も驚いていた。私の博士号は経済学ではないのだが、申請の際に提出した学術研究成果はみな開発経済学関連で、特に中国の人口と発展、中国の工業化プロセスに関するものであり、私自身まさかこのチャンスをものにできるとは思ってもいなかった。副主任から、私の研究は社会での実践を必要とするのか、必要ならいかに実践するのかと質問されたので、私は全国民が私のために社会で実践してくれると答えた。副主任は訝しげにそれはどういうことかとさらに質問を重ねてきたので、私は『中国統計年鑑』を手に取り、こう答えた。これが全国民が社会で実践してくれたデータであると。要は私たちがそれを系統的に分析し、定量的に予測できるかどうかであり、見方を変えれば、私たちが実践から試されているのだ。

一九九一年九月、私はアメリカのイェール大学経済学部経済成長研究所で博士研究員となり、同大学政治学部助教授の王紹光博士と知り合い、改革以降の中央と政治の関係、特に財政関係と体制について共同研究を行い、一九九三年五月下旬に後に「王（紹光）、胡（鞍鋼）報告」と称されて脚光を浴びるようになった『市場経済モデル転換期における中央政府の主導的役割を強化せよ——中国の国力に関する研究報告』[※13]を発表した。

その後、私はまたもや新たな選択に直面した。留学後、帰国するか否かという選択である。私は少しもためらわずに帰国を選択した。なぜなら、中国こそが私の研究の大舞台であり、中国に根を下ろしてこそ自身の力を大いに発揮できると考えていたので、この選択に一生後悔することはないと思ったからである。当時（一九九三年を指す）、留学後帰国する中国人は約二〇〇〇人と極めて少なく、得難い人材であった。

帰国後、私は水を得た魚のように活躍し、中国の改革開放という大舞台で模範となる働きをした。六月二一日、新華社の『国内動態清様』に、「アメリカ帰りの二人の博士（王紹光と胡鞍鋼を指す）が『市場経済モデル転換期における中央政府の主導的役割を強化せよ』を発表」という見出しで報告の概要を掲載した。私たちの報告は論争を巻き起こし、当時の中国改革に最も影響を与えた文献となり、分税制（税目によって中央税、地方税、中央地方共有税に区分する制度）改革への移行を促すことになった。

当時、私たちの考えは江沢民氏の内部講話の改革構想と期せずして一致していた。三月一七日、江沢民氏は中央財政経済指導グループ会議において財政税制改革を提起した。重点は中央と地方、国と企業、企業と個人の関係であり、国民所得に占める財政収入の割合と財政収入全体に占める中央財政の割合の引き上げである。※14

七月には当時の中央政策研究室副主任の滕文生氏が自ら私のもとを訪れ、政府が同報告を重視し、多くの点で政府と考えが一致していると言った。その際、滕文生氏は江沢民氏から私たち（王紹光と胡鞍鋼）の年齢を尋ねられ、滕副主任が「おそらく四〇歳前後でしょう」と答えたところ、江沢民氏が「誠に見事である。後生おそるべし」と言ったと話してくれた。

国際的に見ると、十字路に差し掛かっているのは中国の改革開放だけでなく、世界の社会主義運動も同様である。この点については、中国ではまず一九八九年の動乱の際の鄧小平氏の適切な対応が取り上げられる。当時、鄧氏は「帝国主義の西側諸国が社会主義諸国に対して、社会主義を放棄させ、最終的には国際独占資本の統治下に置き、資本主義の軌道に乗せようと画策している」[※15]と明確に指摘した。その後、中国共産党中央委員会総書記になった江沢民氏も社会主義を堅持し、アメリカをはじめとする西側諸国の経済制裁に屈せず、改革開放を続け、社会主義市場経済体制を切り開いた。同時期に世界では東欧が激変し、多くの国が社会主義を放棄して資本主義国となり、ソ連共産党が解散し、ソ連が崩壊して一五カ国に分裂し、ユーゴスラビアが崩壊して六カ国に分裂した。この時期は社会主義運動の衰退期であり、表面上、資本主義が勝利して社会主義に取って代わった時期である。私はその頃、学術講演の場で挑戦的な質問を受けたことがある。七〇年余りソ連を統治し続けたソ連共産党さえ解散する現代において、中国共産党はいつ解散するのかと。

こうした背景の下、チトー元帥後のユーゴスラビア解体という深刻な教訓が中国で起きるのを防ぐため、私たちは同報告の中で「君子安くして危うきを忘れず、存して亡ぶるを忘れず、治まりて乱るるを忘れず」の格言を引用した。世界的に見て、社会主義国が市場経済モデルへ転換する場合、ユーゴスラビアやソ連の崩壊など失敗例が多く、成功例が極めて稀である。私たちの報告は最悪の場合も考慮しており、制度の革新と建設を通じて最悪となる可能性を排除している。

当時の改革論争の内容は以下の通りである。一、中国は引き続き社会主義の道を堅持し続けるべきか。これは正しい道を歩き続けるのか、それとも間違った道へ入るのかという方向性の問題である。二、社会主義市場経済モデルの転換期において中央政府の主導的役割を強化するべきか。これは社会主義市場経済の道をどのように歩いていくのかという、根本的な是非の問題である。

それに対して、私たちは以下のように明確に提示した。中国には、より一層威信のある強力な中央政府が必要である。今後は、中央政府が経済発展、政治変革、社会モデルの転換、国際関係を行う指導者となって舵をとり、国力を引き上げていかねばならない。特に中央政府のマクロ経済をコントロールする力、改革と解放を推進する力、工業化と近代化を加速する力を引き上げていかねばならない。

最後に、私たちは下記を建議した。中央と地方の間に上下方向の分権制を実施する。中央、省区、市縣、区鎮の四層からなる政府構造を構築する。計画単列都市と地域行政公署を廃止する。国家財政収入に近代的な分税制を実施する。中央、省区、市縣の三層からなる徴税制と中央、省区、市県、区郷の四層からなる財政使用制を実施する。国税を全国で統一し、省区が税の改正や減免をしてはならない。税制と税率を統一する。個人所得税を徴収する。

『中国国家能力報告』は遼寧人民出版社（一九九三年一二月版）から出版され、当時も一大論争を巻き起こし社会に大きな影響を与えた報告の一つだったが、今も学術界で多く引用される報告となっている。[※16]

八月二六日、新華社は分税制施行の重大ニュースを発表し、政府が目下改革計画を策定中であることを報道した。その主な内容は中央が各省市区で実施している現行の財政請負制に代わり、国際的に広く実施されている分税制を導入し、中央政府のマクロコントロール力を強化することだった。報道の中で私たちの国情報告が引用され、海外の主要メディアにも取り上げられた。

一一月の中国共産党第十四期中央委員会第三回全体会議（第十四期三中全会）の「社会主義市場経済体制確立に関する決定」では、財政税制改革を積極的に推進する決定がなされた。内容は以下の通りである。現行の地方財政請負制から中央と地方の権限を合理的に分ける分税制へと移行し、中央税収と地方税収のシステムを構築する。GNPに占める財政収入の割合を徐々に引き上げ、中央財政収入と地方財政収入の合理的な比率を定める。中央財政の地方への返還と移転支出の制度を実施する。税制を改革し改善する。企業所得税と個人所得税を統一する。[※17]

たしかに私たちの報告は国内外で大きな反響を呼んだ。アメリカのニューヨーク大学の張旭東教授は「王と胡の観点は中国で初めて国と市場の関係について系統的な論議を展開し、それはまた東欧の激変やソ連の崩壊に対する中国の最初の返答でもある」と評価した。

一九九六年七月二五日、私は国家自然科学基金委員会が清華大学で開催した管理科学学科発展座談会に出席し、管理学科の設立を宣言した。この座談会には朱鎔基副首相も出席していた。私は会議の日程に基づいて簡単な講演を行い、その中で初めて分税制改革に対する評価を述べた。建国以降最大の制度イノベーションである分税制は、中央と地方の利益構造に対する重大な調整であり、国内外の各界から注目されている。二年間実施した分税制は中国の経済発展、中央と地方の財政収入と支出状況にプラスの影響を与えている。そして、私は次の段階の改革について提案した。朱鎔基副首相とはこのときが初対面だったが、第三者として下した私の分税制改革に対する評価について反応を知りたかった。朱副首相は私の講演を注意深く聞いた後、「最近、香港に行きましたか。香港の新聞は胡博士が私のブレーンだと言っているようですが、胡博士はいつ私のブレーンになったのですか」と質問した。

私は「それは海外のゴシップで、朱副首相とお会いするのは今回が初めてです」と答えた。

朱副首相は「初対面は好印象でした。私は胡博士の講演をずっと真剣に聞いていましたし、胡博士は話が上手ですね」と語った。

最後に、朱副首相は「管理科学は興国への道である」という題目で重要講話と称される演説を行った。[※18]座談会後、私は自身の講演原稿に手を入れて完璧なものとし、雑誌『中国軟科学（中国ソフトサイエンス）』に発表した。[※19]

一九九七年一二月、『中国国家能力報告』の背景と論争について総括した。中国の発展について同報告で提言した内容の多くが政策決定者に採用され、いくつかは重大な政策となった。今改めて、同報告の内容と観点をふり返り、当初の予想をはるかに上回る反響を呼んだことに深い満足を覚える。同報告は私たちの知恵と労力の結晶であり、祖国に対する知的貢献である。同報告で言及した最悪の可能性が回避されれば、私たちの同報告を作成した目的も達成されることになる。[※20]

二〇一三年六月二九日、北京大学法治研究センターが『中国国家能力報告』出版二〇周年記念パーティーを開催し、出席者から同報告について、「中国の財政税制改革、情報化建設などの政策に重大な影響を与えた」とお褒めの言葉を頂いた。同報告が発表された時点では、中央政府の財政能力を強化する分税制改革への動きはまだなく、学術界と政界では依然として市場による資源配分という自由主義経済学の考えが強かった。当時は国有企業の大規模な人員削減が始まる三年前、世界貿易機関（ＷＴＯ）に加盟する八年前だった。そのような背景のもと、『中国国家能力報告』は国力の引き上げを強く主張した。まさかその後の改革で中国が実際に国の主導的役割を大々的に強化するとは思わなかった。さらにその二〇年後に中国が世界第一の工業大国になるとは誰も予測できなかった。結果として、『中国国家能力報告』は驚異の先見性を示し、中国が十字路で方向転換した証明となる報告になった。[※21]

五、『中国経済変動報告』とマクロコントロール

この時期はそれまで以上に経済、社会、政治の安定を脅かす「重大矛盾」と「重大関係」に注目するようになった。これらは政治的に敏感な問題である。しかし、私は学術の面から理論的に根拠を示し、経済改革に伴って生じる問題や論争に関わった。論争の一つが経済成長と安定の関係である。当時、私

は以下の三大課題に取り組んでいた。一、中国の経済発展はなぜ大変動を繰り返すのか。二、どうすれば経済の大変動を防げるのか。三、政府はどのようにマクロ経済のスタビライザーとなればよいのか。そして、私は『中国経済変動報告』（遼寧人民出版社、一九九四年）を上梓した。

趙濤博士、姚増起博士と共同研究を行った後、私は中国の経済成長と景気変動の関係を系統立てて研究したくなった。イェール大学経済学部での研究期間中、私は王紹光博士と共同で『中国国家能力報告』に取り組む一方、単独で経済学書『中国経済変動報告』を著したいと思い、そのための資料やデータを集めていた。

一九九〇年一二月、中国共産党第十三期中央委員会第七回全体会議（第十三期七中全会）で「国民経済と社会の発展一〇年計画と第八次五カ年計画制定に関する建議」が採択された。会議では、国民経済の持続的で安定した調和の取れた発展方針の堅持が打ち出され、以下の指摘がなされた。この方針は四一年間の中国経済建設の正負両面の経験を総括し、客観的な経済法則を正確に反映したものであり、全党員は一瞬たりとも忘れてはならない。人口が多く需要の大きい中国が各種の経済社会の矛盾を解決していくためには、経済効率の向上という前提条件のもとで一定の経済成長率を維持する必要がある。社会の総需要と総供給のバランスを維持し、経済建設と国民生活の計画において「身の丈に合わせる」原則を堅持し、国民経済における各「重大関係」の割合を合理的に定め、「成果を急ぐ」傾向を克服し、経済生活に再び大変動が生じないよう尽力しなければならない。

一九九一年四月九日、第七期全国人民代表大会第四回会議で「中華人民共和国国民経済と社会発展一〇年計画と第八次五カ年計画要綱」が採択された。会議では、それまでに得た国民経済と社会発展の大きな成果が肯定された。その一方で、経済発展と改革の過程で「成果を急ぐ」現象が見られ、経済過熱やインフレーションを招いてしまったこと、国民経済の一部の領域で過度の分散が生じ、国のマクロコントロール力が低下したことが指摘された。そして、さらに以下のことが定められた。要綱を策定する際には、国際情勢と中国経済の現状と発展動向を全面的に予測し、既存の良好な基盤や各種の有利な条件を見積もると同時に、今後直面するであろう課題や困難も予測し、企画や計画が実情に即したものとなるよう、後先をよく考え、攻めながらも余裕と幅を持たせる。今後一〇年間のGNP成長率を年平均六％とし、工業および農業生産成長率を年平均六・一％とする。[※22]この数値について、李鵬首相は以下のように説いた。成果を急いではならない。行き過ぎた速さは経済の不安定を招く。なにごとも急がば回れだ。歴史的に見て「成果を急ぐ」病にかかりやすいわれわれには、ときに実情や客観的な事象を顧みなくなる傾向があり、それが「成果を急ぐ」病にかかりやすくしている。この点は常に注意が必要だ。「建議」で策定された今後一〇年間の年平均成長率六％というのは、ニーズと可能性を考慮したものであり、妥当な目標である。[※23]

一九九二年初め、鄧小平氏の南方視察後、中国経済に新たな大変動が生じた。中国経済の総体計画が第十三期五中全会の「持続、安定、調和の発展」方針から中国共産党第十四回全国代表大会（第十四回党大会）の「二つの歩みを加速する」方針に転換したのである。

第十四回党大会報告のテーマは「改革開放と近代化建設の歩みを加速せよ」だった。同報告は「国内の条件が整い、国際環境は（中国にとって）有利であり、挑戦もあるがそれ以上にチャンスもある現在は、われわれが発展を加速する好機である」と述べている。また「今後の一時期の戦略配置を策定し、全党員と各民族全国民を動員し、より一層思想を解き放ち、有利なチャンスをつかみ、改革開放と近代化建設の歩みを加速し、中国の特色ある社会主義事業のさらなる勝利を獲得せよ」と述べ、さらに進んで「九〇年代の中国経済の発展速度をGNP年平均成長率目標六%としていたが、現在国内外の情勢を見るに、もう少し高くてもよい。大まかな試算だが、八%から九%は狙える。われわれはこの目標に向かって進むべきである」と述べている。また、国務院が第八次五カ年計画に必要な調整を行い、第九次五カ年計画の立案に着手するよう建議し、「現在、有利なチャンスをしっかりとつかみ、発展を加速し、加速する条件の揃っているものは加速せよ。品質が高く、効率がよく、国内外市場のニーズの変化に適応するものには発展を奨励せよ」と述べている。同報告は「実情に即し、身の丈に合うこと、総合的なバランスをとることを堅持し、発展を加速するからといって大勢でわっと立ち上がり、かつてのように効率を軽視したり、生産量だけを追求したり、互いに競い合ったり、やみくもに新プロジェクトを立ち上げたり、インフラ建設の規模を拡大したりしてはならない[※24]」と明確に指示している。しかし、実際のところ、発展を加速すれば必ず古い道を歩むことになる。つまり好景気の後には不景気が来るのである。

当時は私がまだイェール大学経済学部で研究していた頃で、この重大な政策の転換と影響をアメリカから注視していた。中国の経済変動と政策決定メカニズムの研究の必要性をより一層感じた私は、ニューヨークの中国語新聞『僑報』に相次いで下記の論文を発表した。「特急列車はいつまで走れるか」(ニューヨーク『僑報』、一九九二年一二月一日)、「中国はすでに経済過熱か」(ニューヨーク『僑報』、一九九三年五月一三日)、「中国の経済発展の現状はさらに続くのか」(ニューヨーク『僑報』、一九九三年五月二三日)、「中国は再び高インフレになるのか」(ニューヨーク『僑報』一九九三年六月一五日)、「中国の経済発展はなぜいつも大変動を生じるのか」「改革後の中国経済発展の大変動」(『戦略と管理』第一期、一九九三年)

私は、大変動は中国の経済発展の最も顕著な特徴の一つであり、中国の社会矛盾や衝突の原因の一つになっていると考える。経済拡張期の初期、経済建設の好機を認識した中央指導者が、時機を逃さず経済建設を加速し高成長を促進するよう全国に号令をかける。地方は積極的に中央の号令に応え、それぞれ腕をふるって競い合い、全力で速度を上げ、熱気に満ちた経済躍進の光景が全国で見られるようになる。それをメディアがこぞって煽り、世論を形成し、国民に「情勢は好調であり、ますます良くなる」と思わせる。その後、経済の繁栄期または高揚期に入る。五カ年計画または年度計画を上方修正し、経済指標を大幅に引き上げ、通貨を超過発行し、巨額の融資を行い、財政の当座貸越が膨らむ。中央の指導者が成果を急ぎ、各級地方政府が成績を求め、数千万の製造業者が速さを求め、数億の庶民が富を求める。この四者の力が結集し、目標を目指して力を合わせ、国の経済成長を急激に押し上げる。中国経済はブレーキの効かなくなった特急列車のように走り続け、減速する術をもたない。停車するなら、大けがを覚悟して急ブレーキ（大調整）を踏むしかない。経済の急成長は必然的に経済の急降下をもたらす。「虎の首に鈴をつけた人しか鈴を取り外すことはできない」と言う通り、経済大変動のエンジンであり経済成長のスタビライザーでもある中央政府が経済の大調整の決定と実施を迫られる。その後、経済は再び衰退期に入る。これは中国の経済発展の法則的特徴の一つである経済成長率の上昇－低下－再上昇－再低下という波のサイクルを反映したものであり、それにともなうのが経済政策の拡張－緊縮（調整）－再拡張－再緊縮（再調整）という反復プロセスである。

中国の経済変動は主に外部からのショックに起因する。ショックには経済拡張期における中央政府の「動員ショック」と経済収縮期における中央政府の「命令ショック」がある。前者で採用されるのは拡張政策で、アクセルを踏む働きをする。後者は緊縮政策で、ブレーキをかける働きをする。

ここで特に指摘したいのは、私が一九九三年に八度目の大変動のピークがくると見越し、一九九三年中に政府が再び経済緊縮政策を実施すること、投資拡大の後に高インフレがくることを予測していたことである。

果たして経済発展を加速して一年余りが経った一九九三年六月、党中央と国務院はマクロコントロールの強化と改善の決定を余儀なくされ、金融秩序と経済秩序を大々的に整頓し、不動産ブーム、開発区ブームをコントロールし、投資の高成長を抑制したが、当年の消費者物価指数の上昇率は一四・七%に達した。

当時、経済界の論争の焦点は社会主義市場経済体制の建設の過程において、中央政府がマクロコントロールを強化すべきか否かであり、二つの意見があった。私はマクロコントロールを強化すべきという意見だった。経済改革を成功させるには安定かつ相対的にゆとりのあるマクロ経済環境が必要であり、国が経済成長のスタビライザーとなって、財政政策、金融政策およびその他政策を利用して総需要と総供給の関係を調整し、十分な就業、相対的に安定した物価水準、健全な貿易、適度な経済成長率などの目標を実現すべきであると私は考える。市場は決して万能ではない。市場に政府の役割や機能を期待すべきではない。国家の干渉がなければ、市場は正常に運営しないのである[※25]。

一九九四年、中国のインフレ率はさらに上昇して二四・一%と建国以降の最高値を記録し、マクロ経済、社会、人心ともに不安定となり、中国は大きな挑戦に直面することとなった。マクロコントロールの是非、マクロ経済安定化のための論争が各地で行われるようになり、議論は白熱化していった。一つの意見は、中国経済はテイクオフの過程にあり、経済成長は速ければ速いほどよいという見方である。自転車に乗るのと同じで、こぐのが遅いと不安定だが、こぐのが速ければ速いほど安定するという主張だった。私は『人民日報』の記者からインタビューを受けたとき、こう語った。「この類の見解には理想的な仮定が暗に含まれている。中国の経済発展の道がまっすぐな広い道であり、障害物や道の険しさなど存在しないという仮定である。これは主観的な希望的観測であり、まったく実情に合っていない。中国の経済発展の道は決して平坦ではなく、曲がりくねっており、坂もあれば凹凸もある。そのため、スピードを上げれば上げるほど転びやすい。だからこそ、マクロコントロールをして転ぶのを防ぎ、ポンピングブレーキ方式で小刻みに減速し、ソフトランディングを実現する必要があるのだ[※26]」

一九九五年になってやっとインフレ率は一七・一％に低下し、一九九六年には八・一％まで回復し、深刻なインフレを効果的に抑制した。一九九二年の経済成長率は一四・二％となり、景気の急上昇は免れなかったが、景気の急降下は免れることができた。中国はマクロ経済コントロールのソフトランディングを初めて実現し、約四〇年の歳月を費やして国の経済管理力、特にマクロコントロール力が成熟の段階に入ったことを示した。

一九九五年九月、江沢民氏は中国共産党第十四期中央委員会第五回会議（第十四期五中全会）で、「十二大関係」のうちの第二の関係は速さと効率の関係であると述べた。江氏は「長年の経験が示す通り、発展の難しさは速さと効率をうまく結びつけることにある。問題なのはわれわれが往々にして数量の増大に偏重し、成長率ばかりを追求し、経済の質を軽視し、効率が悪く、全体のレベルが低いことである」と認め、「速さと効率の関係を正しく処理し、発展について認識を改め、経済成長の方法を粗放型から集約型に転換させねばならない。この転換とは主に投資拡大、新規プロジェクト、数量増大に頼っていたのを、科学技術の進歩、労働者の質の向上に頼ることであり、また経済効率を中心とした軌道に乗せることである。この考えは改革開放の初期に既に提唱され、一定の成果をあげていたが、全体から見ると不十分であった。その原因は複雑で多岐にわたるが、最大の原因は経済体制と運営メカニズムにある」と述べた[※27]。

第十四期五中全会で定められた第七条の重要方針は、社会主義市場経済体制の重要な構成部分である市場メカニズムとマクロコントロールの結合である。会議では、発展途上の大国であり、経済の急成長と経済体制モデルの転換期にある中国においては、マクロコントロールの強化と改善に特に注意し、マクロコントロールの手段と方法を正しく運用し、時機と力量を見定め、マクロ経済環境の安定を維持することが求められた。また、マクロコントロール権の中央への集中が明確にされた。※28

これは私が『中国経済変動報告』で示した見解であり、中央政府はマクロ経済のスタビライザーなのである。短期的に見ても、長期的に見ても、経済の安定は中央政府の最も重要な発展目標の一つである。※29

『中国経済変動報告』が遼寧人民出版社から出版された（一九九四年）。私の目的は政治経済学の博士論文を完成させることだったが、それは経済学の博士号を取得するためではなく、経済学の論文や書籍として賞を取ったり評価されたりするためでもなく、全て研究のためであり、新中国の経済成長と経済変動について歴史、理論、政策の面から分析し、それを形に残したかった。同報告もまた、私が後にマクロ経済政策の研究と諮問に関わるための学術研究基礎となった。

六、地域格差と調和の取れた発展

中国は人口が多く、国土が広く、発展が不均衡な社会主義大国であり、自然地理、人的資源、人的資源、経済成長における社会の発展格差が世界でも最大となっている国の一つである。これは中国の国情の最大の特徴である。それゆえ、中国の治国施政の最大の目標と任務は地域の調和の取れた発展であり、各地域がともに発展し、ともに豊かになることである。

高開発地域と低開発地域の関係をどう認識するか。これは九〇年代に論争が白熱した政策テーマであり、私の最も重要な国情研究分野のテーマである。当時の基本的な問題は以下の通りである。中国の地域格差は本当に大きすぎるのか。大きすぎる地域格差と発展の不均衡は中国の経済発展、社会の安定、民族の団結にどのような影響をもたらすのか。地域格差の拡大と発展の不均衡を生じさせる原因は何か。それは解決するのか。いつ解決に着手すべきか。地域格差を解決するための基本構想とはどんなものか。高開発地域と低開発地域の関係をどのように処理するか。日増しに拡大する地域格差をいかに縮めるか。

一九九二年、鄧小平氏は南巡講話で「いつこの問題を提起し解決するか、どのような基礎の上にこの問題を提起し解決するかについては、検討が必要である」、貧富格差の問題は「急ぎすぎるとぶち壊しになる」「今世紀末に『小康（ややゆとりのある）』レベルに達したとき、この問題を提起し解決する」と述べた[※30]が、その一連の言葉が深く印象に残った。

一二月、中国科学院国情分析研究グループは研究報告で下記を示した。中国は各地の自然地理、経済社会、人的資源の格差が世界でも最大の国の一つであり、まとめると以下のようになる。東部と西部の発展格差が大きく、特に沿海部と内陸部の格差が大きい。北部と南部の発展格差はやや小さいが、構造的格差がやや大きい[※31]。

一九九三年七月、中国科学院の周光召院長に呼ばれ、私は王紹光博士と共同研究している中国国家能力報告の状況と政策への影響について報告した。周院長はこの研究を非常に重視し、高く評価していた。周院長は「中央と地方の関係は相互に関連し合っており、また発展の不均衡とも関連している。特に改革以降、不均衡が日増しに顕著になっている」と指摘し、事務室の壁に掛かっている中国の地図を指しながら、「国土の広大さは中国の最大の特徴の一つであるが、格差が激しい」と述べ、「地域格差について深く分析してはどうか。いったい中国の地域格差はどれほどのものなのか、それは解決する必要があるのか」と提起され、わざわざ「きみたちは国が急いでやるべきことを急ぎ、中央が考えることを考え、科学的な政策のために参考となる研究をしなさい」と勧めてくれた。

私は周院長にイェール大学で研究していたときの話をした。同大学の歴史学者ポール・ケネディ教授のもとを訪れたとき、ケネディ教授から「ソ連の崩壊が中国の西部地域の外的脅威と圧力を緩和したが、中国の未来の発展にとって最大の挑戦は地域格差を解消し、西部地域を速やかに発展させることだ」と言われたこと、そのとき私はちょうどそのテーマの研究をやろうとしていたこと、ケネディ教授からさらに「研究者たるもの、やはり長期的な展望を持ち、大きなテーマを扱うべきである」との励ましを得たことなどを話した。その後しばらくして、私は新しい研究成果を得、周院長に直接連絡を取り、院長基金を申請し、地域格差の研究を進めるため、周院長の支持を取り付けた。こうして私は西南地域の調査と全国各地域統計年鑑の購入の資金を得たのである。

一九九四年二月、私は『欠発達地区発展問題研究（低開発地域発展問題研究）』国情報告を完成させた。同報告では全国三〇省市区を四つのグループに分けた。低所得グループは一人当たりGDPが全国一人当たりGDPの七五％未満の地域。低中所得グループは一人当たりGDPが全国一人当たりGDPの七五％から一〇〇％の地域。高中所得グループは一人当たりGDPが全国一人当たりGDPの一〇〇％から一五〇％の地域。高所得グループは一人当たりGDPが全国一人当たりGDPの一五〇％を超える地域。いわゆる「一つの中国に四つの世界」である。

同報告は、中国の改革以降の経済発展と社会発展における地域格差の変遷、基本的な特徴、形成要因を分析し、低開発地域が立ち遅れている原因と特徴を検討した。改革以降、各地域の発展には以下の明らかな不均衡が見られる。各地域の経済成長率の差が大きい。全体的に各地域の一人当たりGDPの相対的格差は縮小傾向にあるが、各地域の一人当たりGDPの絶対的格差は拡大傾向にある。特に低所得地域と高所得地域の絶対的格差の急速な拡大は防ぎようがなく、全民族の近代化と全国民の「共同富裕（共に豊かになること）」を目指している中国にとって大きな挑戦となっている。社会主義大国として、中央政府は低開発地域の発展問題をマクロ経済管理や社会と政治の安定とともに最優先課題にすべきである。「共同富裕」の実現には長期にわたるプロセスが必要であり、二一世紀初頭に十数億の国民が「小康（ややゆとりのある）」生活を送ることができ、貧富の格差の拡大を回避することができれば、それは疑いなく社会全体の進歩と発展につながる。

五月一〇日、新華社が同報告の内部抄録を作成し、政策決定者に参考用として配布した。後にこの抄録は雑誌『改革』に掲載された[※32]。

五月、私は中国科学院のアカデミー会員である劉東生氏、孫鴻烈氏ら六名と中国で最も貧しい貴州などの地方を視察した。その中でも特に貧しい地域の状況は想像を絶するほどで、私が二五年前に下放した農村よりも貧しかった。しかも、その多くが少数民族地域であり、私は大きな衝撃を受けた。

六月一四日、中央統一戦線工作部と中央党校からの要請で、私は省地級の幹部を対象に講義を行うことになり、「中央政府は低開発地域の発展問題を優先して解決すべきである――中国地区格差報告」というテーマで報告した。このテーマが私の講義の結論である。講義の前、私は幹部たちにアンケート調査を行い、それをもとに「省地級の幹部は地域格差をどう見ているか」という題で文書を作成した。当時のアンケート調査で得た結果に私は驚いた。「大きすぎる地域格差が招く最悪の結果は何だと思いますか」という問いに対して、八四％が「社会の不安定」、一六％が「国家の分裂」と回答した。「分配の不平等」と答えた人はいなかった。私はこの問題を解決できなかった場合の事態の深刻さを痛感した。

講義のことを知った中央政策研究室からはその時の国情報告とアンケート報告を求められ、私は両報告を簡潔にまとめて提出した。当時、中央の主な指導者たちは地域格差の問題を注視しており、私の提出した報告はタイムリーな国情研究であった。また、人民日報の編集室は同報告の主な見解と政策案について内部抄録を発行した。

一九九四年、私は貴州を四回視察調査し、最終的に「『貴州現象』が訴える低開発地域の政策調整」という表題の調査報告にまとめることにした。なぜなら、改革開放の中で片隅へと追いやられてしまった「貴州現象」は全国で最も貧しく立ち遅れた地域の典型だからである。私の知るところでは、当時の中央政治局常務委員七名のうち胡錦涛氏だけが省委員会書記(一九八五年〜一九八八年)を経験したことがあり、ほかは貴州を訪れたことがなかった。そのため、私は、指導者は南方視察だけでなく西方視察もすべきであり、幹部だけでなく大臣も西方視察をすべきであると提言した。多くの場所を訪れ、多くのものに触れてこそ、感情に変化が生じ、現地の少数民族の人たちのために心の底から良いことをしよう、言葉ではなく行動しようと思えるのである。より重要なのは指導者の地方視察を制度化することである。新華社の貴州支社の記者が私のインタビューを記事にして『内部参考』に掲載した。

その後、江沢民氏、李鵬氏ら中央指導者が貴州を視察に訪れた。後の説明によると、江沢民氏は住民のあまりの貧しさに驚いて食事がのどを通らなくなったという。それは貴州を離れるまで続いたそうだ。このときの視察が江氏に西部大開発戦略の構想を促した。西部大開発戦略は一九九九年に建議され、鄧小平氏の「二つの大局」戦略に応えたものとして、党と国を挙げて支持された。

私は王紹光博士に研究への参加を要請し、政治経済学と国際比較の視点からの研究を依頼した。また中国科学院国情分析研究グループの一員である康暁光氏に貧困対策と政策評価に関する研究を要請した。そのため、『中国地域格差報告』（遼寧人民出版社、一九九五年）は私と王紹光博士、康暁光氏の共著として出版された。同報告は中央政府が一九九五年に始める地域発展戦略の調整のための重要な背景資料と典拠となり、被引用数最多を誇る学術書の一つとなった。学術文献検索エンジン「百度」の被引用数は六三三回である。

一九九五年二月、私は国務院研究室の王夢奎副主任が主宰する専門家学者座談会に出席し、第九次五カ年計画の基本構想と社会経済発展と改革に必要な研究について討論を行った。また、地域の発展の不均衡をどのように認識し解決すべきかについてテーマ報告を行った。

二月下旬、私は中国科学院から要請され、中央テレビ局の番組『焦点訪談』の撮影班とともに貴州省、雲南省、広西チワン族自治区の貧しい岩山地帯を訪れ、『西南部岩山地帯の貧困と対策』というドキュメンタリー三部作を制作した。そのドキュメンタリーは同年三月末に夜のゴールデンタイムに放映され、全国から大きかった。私自身この学術研究と調査がテレビを通じてこれほど大きな反響を呼ぶとは思いも寄らなかったが、この問題はそれ自体が直接中国の改革と発展に関わり、また貧困地域の住民が関心を寄せている問題なのである。

六月、国務院研究室は私が蘆中原博士と共同研究した『我国地区経済変化情況及趨勢（わが国の地域経済の変遷と動向）』という論文を取り上げ、第九次五カ年計画中の地域格差の章の背景資料とした。当時、当局は第十四期五中全会で策定する第九次五カ年計画のための資料を準備しているところであり、地域の発展格差を解決するか否かについて意見が大きく分かれていた。主観的な経験による判断とは異なる、客観的で全面的かつ歴史的な分析である私たちの研究の結論は、「地域の経済発展の不均衡は発展途上国、特に発展途上の大国の経済発展過程においてはつきものの客観的な現象であるが、大きすぎる格差は社会矛盾を引き起こすことになる。そのため、各省間、各省内の高開発地域と低開発地域の関係を正しく認識して処理し、地域格差問題を徐々にコントロールして解決することは、国民経済の健全で速やかな持続的発展を促進し、社会の安定を維持し、国の統一を守るための重大な任務である」というものであった。

後から見ると、九〇年代はまさに地域の発展格差が急速に広がり、発展にとって最大の挑戦となっていた時期で、その対策となる政策を講じることは当面の急務だった。

九月、江沢民氏は第十四期五中全会の席上で、地域格差の問題をいかに正しく認識し処理するかについて述べ、以下の指摘をした。一、各地域の発展の不均衡は長期にわたる歴史的現象である。二、高度に重視し、有効な措置を講じ、地域格差を適切に解消する。三、地域格差の解消にはプロセスが必要である。地域格差の縮小を長期にわたって堅持する重要な方針とする。第十四期五中全会の「国民経済と社会発展の第九次五カ年計画策定に関する建議」では、経済と社会の発展において、八大方針の一つである「地域経済の調和の取れた発展を目指し、地域の発展格差を徐々に縮小させる」ことの徹底が求められた。また、第九次五カ年計画から、これまで以上に内陸部の発展を重視し、格差の拡大を緩和する政策を実施し、そのための活動を強化し、格差の縮小へ向けて積極的に努力することが明確に提示された。

中央のこの方針は賢明でタイムリーな措置である。これにより、高開発地域と低開発地域の関係を正確に処理し、地域の相対的な発展格差を縮小するための前提条件が整い、中西部地域の経済発展を加速するための好機が創出された。

一九九六年三月、全国人民代表大会で制定された「中華人民共和国国民経済と社会発展の第九次五カ年計画（一九九六－二〇〇〇年）」により、今後の一五年間の国民経済と社会発展において、全局に関わる重大な問題を重視して解決に力を注ぐことになった。全国の経済発展、国民生活の向上とともに、重大問題の一つとなったのが地域発展の格差拡大、一部の社会構成員間の所得格差拡大の問題である。戦略的に見て、沿海地域を先に発展させて、その優位性を引き続き発揮させることは大局であり、内陸部はこの大局を損なってはならない。同時に、ある程度発展した沿海地域が内陸部の発展をサポートすることも大局であり、沿海地域はこの大局に従わなければならない。第九次五カ年計画から、より一層内陸部の発展を重視して支援し、格差拡大の緩和に向けた政策を実施し、そのための活動を強化し、格差縮小へ向けて積極的に努力していく。

一九九六年、私は「旧ユーゴスラビア分裂の教訓と啓示」という論文を発表した。私は旧ユーゴスラビアの分裂はさまざまな矛盾が複雑に絡み合って錯綜し、それが不断に激化した結果であり、量的変化から質的変化を遂げたと考える。長年にわたって蓄積された民族矛盾と近年顕著になってきた民族の衝突以外、二つの致命的な要因が旧ユーゴスラビアに禍根を残した。一、中央の財政力の低下。中央の財政力が極端に弱まり、地方の財政力が肥大化した。二、地域経済の相対的格差の拡大、地域矛盾と民族矛盾の激化。この両者が互いに関連して影響し、働きかけ合って、悪性の循環プロセスが形成された。中央の財政力の低下から政府が財政移転支出を行えず、地域の発展が不均衡となり、地域格差が拡大した。地域格差の拡大はまた中央の財政力のさらなる低下を招き、富裕地域が多額の納税を嫌がり、貧困地域は政府が不平等だと不満を持ち、中央と地方の矛盾が激化し、地方間の矛盾も激化した。旧ユーゴスラビアの社会の解体はほぼ民族の矛盾と衝突が引き起こしたものであるが、それは結果にすぎず原因ではない。地域の発展格差を国際的に比較してみると、旧ユーゴスラビアは世界で最も地域格差が大きい国の一つであり、経済の分裂から政治の分裂に向かったことは決して偶然ではなく、そこには深刻な経済的背景があったのである。目下、中国の地域格差指標は旧ユーゴスラビア解体前のレベルに近いか、あるいはそれを超えており、私たちにこの問題の解決に着手すべきであることを示唆している。[※33]しかし、これも学者によって見方が異なる。[※34]

第十四期五中全会の建議に基づき、第九次五カ年計画では、国が有力な措置を講じ、中西部の未開発地域の開発を支援し、民族地域、貧困地域の脱貧困化と経済発展を支援することが明確に示されている。主な内容は規範化された中央財政移転支出制度の実施、中西部地域の資源開発およびインフラ関連の建設プロジェクトの優先、国内外の投資者に中西部地域への投資の奨励、自然資本の製品価格体系の整備、ある種の資源の低次加工産業と労働集約型産業の東部から中西部への移転などがある。また、東部の経済先進地域がカウンターパート方式などさまざまな方式を通じて中西部地域と民族地域の経済発展を支援することも定められた。

これは中国の地域発展戦略を表しており、以前の沿海地域の発展を加速する戦略から、中西部の未開発地域まで拡大して発展を加速する戦略であり、中でも「かつての革命根拠地域、少数民族地域、辺境地域、貧困地域」を重点的に支援することになっている。

この時期、私たちはさらに専門的で詳細かつ系統的な中国地域発展研究成果を上げた。一つは『中国――不均衡発展的政治経済学（中国――不均衡な発展の政治経済学）』（王紹光、胡鞍鋼著、中国語版、北京、中国計画出版社、一九九九年 The Political Economy of Uneven Development: The case of China, M. E. Sharpe, New

York, 一九九九）の出版である。

他の書籍と異なり、経済的観点からだけでなく、政治経済学の観点を取り入れ、地域格差を拡大させる構造の形成について経済的ならびに政治的要因を検討し、地域格差の拡大がもたらす経済的ならびに政治的結果を分析した。これは私たちが研究する現代中国の大きな問題、例えば地域発展格差の分析の枠組みなどが政治経済学の枠組みであることを反映している。ここには二つの重要な変数がある。一つは地域格差を縮小しようとする政府の政治意識の強弱の程度であり、もう一つは資本の流通に影響を及ぼす政府の力の強弱の程度である。地域格差を縮小しようとする政府の意向が弱ければ対策や実行力も不足することになり、地域格差縮小の目標に達することはできない。同書では将来を見越して以下のように指摘している。今後の中国の地域発展に関する政策目標は、短中期的にはまず経済発展の格差拡大を食い止め、各地域住民に対する基本公共サービス水準の格差を縮小する。中長期的には経済発展の相対的格差を縮小する。より長期の目標としては経済発展の絶対的格差の縮小であり、最終目標は絶対的な不平等の解消である。同書には比較的大きな政策的意義があるだけでなく、より重要な学術的価値がある。これは中国人学者が国際学術界に向けたオリジナルの現代中国研究成果であり、世界の多くの大学図書館に収蔵され、近代中国を教える大学の講義で重要参考書となっている。

私は国務院研究室社会発展司の鄒平氏と一九九六年から中国の社会発展における地域格差について共同研究を開始した。当時の論争の的は移り変わり、中西部の低開発地域の発展をいかに加速し、地域間の発展格差を縮小するかになっていた。中西部の各省区の制定した第九次五カ年計画の発展構想と産業の重点は主に資源、エネルギー、原材料産業を発展させる資源誘導戦略だった。私たちは「人を基本とする」観点から、社会発展格差をいかに縮小するか研究した。

一九九七年一一月、私たちは国務院研究室の『研究報告』に「社会与発展――中国社会発展地区差距報告（社会と発展――中国の地域社会発展格差の報告）」という論文を発表し、改革以降の社会発展における地域差の変遷と特徴を総括し、国務院の指導層の参考用に提出した。

研究の結果、経済成長に対する資金投資の働きは最小で、知識、教育、計画出産、通信、交通インフラ投資の結果が最も顕著であることが分かった。よって、以下のように提言した。新しい五カ年計画策定の際には、投資の対象と重点の見直しが必要である。①物的投資から人的投資へ移行する。②資源開発やエネルギー関連の建設プロジェクトから、教育や公衆衛生、計画出産、農村の水供給と電力供給へ投資を移行する。③資本集約型の大型プロジェクトから労働集約型産業へ投資を移行する。④より多くの就業機会を創出する。⑤農村の貧困人口を減少させる。⑥知識を取得、伝達、吸収、交流、応用する力を増強する。特に指摘したいのは、中国で初めて「人を基本とする」発展構想、「国民へ投資する」発展政策、「知識で発展を促す」キャッチアップ戦略を提唱したことである。

今後の一時期、各地域の一人当たりGDPの相対的格差は拡大し続けるだろうが、大部分の社会発展指標の相対的格差はそれぞれ縮小するだろう。これが中国の地域発展格差縮小に向けてのプロセスを決定づける。おそらくはまず社会発展格差が縮小し、その後経済発展格差が縮小する。前段階の目標は実現可能かつ実行可能であり、その実現がその後に続く目標実現のために必要な条件を創出する。そのため、社会発展格差の縮小と国民の基本公共サービスの平等化を第十次五カ年計画ならびに二〇一五年長期計画「中西部地域の発展の加速」の優先政策目標と位置付けるべきである。そうすれば、これらの地域は経済発展が加速し、社会進歩が促進される。

その後、私たちは『社会と発展　中国の地域社会発展格差の報告』（浙江人民出版社、二〇〇〇年）を上梓した。

一九九九年六月、江沢民氏が西部大開発戦略構想の実施を提起した。

これより前の四月一日、私は国家計画委員会が招集した西北地域開発専門家座談会に出席し、三月三日に江沢民総書記が西北座談会で西部地域開発を一つの大きな戦略、大きな政策構想として打ち出したことを伝え、東部と西部の地域格差の縮小、西部地域の発展加速に関する若干の建議を説明した。その後、私は会議の精神を中国科学院地学部に知らせた。

四月八日、アカデミー会員である孫鴻烈氏が中国科学院地学部西北地域アカデミー会員座談会を主催し、そこで私は背景説明を行った。各アカデミー会員は資源、環境、農業の観点から西部開発構想を討議した。会議で中国科学院地学部は以下の決定を下した。孫鴻烈氏が西北研究テーマグループを主管し、調査やシンポジウム、座談会を行い、各分野の専門家の意見を幅広く聴取し（後には国家計画委員会の関連部門の意見も聴取することになった）、最終的に私が中国科学院地学部を代表して『二一世紀初頭の西北地域の発展加速に関する若干の建議』としてまとめる。

江沢民総書記の「社会主義市場経済を発展させる条件のもと、西部地域の開発を加速するには新たな構想が必要である」という意見に基づき、私たちは報告書の中で以下のことを建議した。二一世紀初頭、西北の発展戦略は重大な戦略的調整をすべきである。その発展目標は「人を基本として」「人を裕福にする」政策を実現することであり、それは三つの戦略からなる。①知識発展戦略。知識を用いて発展を促進する。国民教育、健康、各種知識への投資を強化し、全国民の各種知識や情報を取得、吸収、交流する能力を引き上げる。②人的資源開発戦略。就業の機会を拡大する。労働力密集型産業を発展させ、都市の貧困人口を減少させる。③持続可能な発展戦略。生態環境の改善を基礎とし、オアシス（緑地）

を中心とした生態システムを保護する。黄河、揚子江の源流や上流地域を保護する。水資源の合理的な利用と節約を重点とし、表土流失や砂漠化への総合的な対策を行う。石油などの戦略的資源に保護的開発を実施する。目標実現のために、私たちはさらに十大措置を建議した。[※35] 同報告は地学部で討議された後、正式に上級に提出され、李嵐清副首相から重要な指示を受け、全国の西部開発会議の背景資料となった。その後、朱鎔基首相、温家宝副首相からも重要な指示を受けた。

二〇〇〇年、中国共産党第十五期五中全会の「国民経済と社会発展の第十次五カ年計画策定に関する建議」において、西部大開発戦略が正式に採択された。

私たちは中央の政策決定の精神に基づき、『地域と発展 西部開発新戦略』（胡鞍鋼監修、中国計画出版社、二〇〇一年）を上梓した。

この期間、私たちはまた国務院研究室や発展研究センターの『中国地域社会発展不均衡問題研究』（王夢奎、李善同監修、二〇〇〇年一月版、商務印書館）の出版にも参加し、研究成果を反映させた。地域の発展格差と発展戦略に関する上述の研究は、私たちの国情研究の重要な構成部分であり、中央が戦略政策を決定するための重要な背景資料ならびに典拠とされた。

七、人民のために雇用機会を創出

私は一九九六年から中国の失業問題を注視するようになった。当時『中国婦女』の記者龔暁村氏の取材を受けた私は政府が就業ポストを大幅に増やし、十分な雇用の実現を経済発展の最重要目標にすべきであるという話をし、同時に今回制定されたばかりの「第九次五カ年計画」に就業人口の規模と伸長率に関する数値目標が明確にされていないと指摘した。私は次の年（一九九七年）の全国人民代表大会において、「第九次五カ年計画」の目標について、重要な補足を行い、一時帰休の女性従業員の転職支援や公共支出の拡大による就業ポストの創出、都市の一時帰休労働者の再就職の優先的斡旋など雇用目標と関係政策・措置を規定するよう提案した。

一九九七年初め、私は新華社の週刊ニュース『瞭望』に「高失業率の引き下げが今後のマクロコントロールの第一の任務である」と題する文章[※36]を発表した。都市部では建国以来、最高の失業率に直面しており、実際の失業者数は一五五〇万人に達し、そのうち表に出ていない失業労働者が九〇〇万人余りもいると考えられた。一九九七年、高インフレ率を抑えることに成功し、経済の「軟着陸」を初めて実現したとき、次に高失業率を抑え込むことが短期の任務であり、また長期の任務であると提案した。

中国の都市部には未曽有のリストラの洪水、失業の洪水が発生していた。主な背景は三つの面から来ている。

第一に、一九九七年の第十五回党大会の報告において、合併の奨励、破産のルール化、下崗分流（一時帰休扱いにし、他の就職先を探す）、減員増効（合理化による効率アップ）および再就職プロジェクトを実行し、企業の優勝劣敗のメカニズムを作り上げることが初めて提案された。企業改革の強化、技術の進歩や経済構造の調整に伴い、人員の流動および従業員の削減は避けて通れないものである。これは一部の従業員にとっては、一時的な困難をもたらすことになるが、根本的には経済発展に有効であり、労働者階級の長期的利益に合致するものである。

当時、党中央は大規模なリストラが必要であると考えていたものの、直接数千万人に及ぶとまでは予見できていなかった。実際は、一九九六年に全国の国有、集団所有制職場（主に企業）の従業員は一四八万人減少し、一九九七年の第十五回党大会が開かれた年には、三二三万人減少し、一九九八年には突然二一〇六万人の減少に跳ね上がった。第十五回党大会前後に、国有企業が一時帰休、再就職、リストラ、レイオフのスピードアップをしたことが見て取れ、党大会の国有企業改革に対する政治的指導力を反映するものではあるが、人為的に一時帰休・失業のピークを作り出したものでもある。

第二に、中国の基本的国情である。中国の人口は世界総人口の五分の一であるのに対し、労働力は世界全体の四分の一を占めている。こういった国情でありながら、中国の指導者はどうして「下崗分流、減員増効」を提唱できるのだろうか。中国政府の基本的任務あるいは最重要任務は、雇用を拡大し、あらゆる方策を講じて就業ポストを創り出すことである。

第三に、当時の国内政策の争点は、以下のような点に集中していた。すでに高失業率が出現しているのかどうか。もしそうなら深刻な結果になるのであろうか。中央政府にとって、高失業率の引き下げが経済政策の最重要任務かどうか。また、いかに効果的により多くの就業ポストを創出し、高失業率を引き下げるのか。

一九九八年二月、私は『人民のために仕事を創り出す。中国の失業問題と雇用戦略』という国情レポートを書いた[※37]。中国の基本的な状況は、中国の労働力資源が世界総量の四分の一以上を占めているにもかかわらず、資本資源（国内投資額を指す）は世界総量の四％にも満たないこと。中国経済を長期にわたって発展させる第一の目的が十数億人を食べさせることにあるとすれば、第二の目的は世界の四分の一の労働力に対し雇用機会を与えることであると私は分析した。

私は冒頭で、一九九三年より都市部の失業者数が激増し、突発的な失業の嵐が起きていると指摘した。一九九七年末、実失業者数は一一〇〇万人～一三〇〇万人、実質失業率は六・七％程度で、建国五〇年来の最高記録を更新し、現在、わが国の社会経済生活における最も突出した問題となっている。したがって、雇用機会を創出し、高失業率を下げることが今後の中国経済発展の最重要課題となっている。

私は特に次のようにも指摘した。中国の都市部の失業問題は、大衆の基本的利益を損ね、間接的に影響が及ぶ人口は五〇〇〇万人を超える。特に一〇〇〇万人を超える「上山下郷」に参加した知識青年の失業労働者は、七〇年代末、文革期の「上山下郷」から帰還した際の失業のピークの代償を先に支払い、その後九〇年代末には産業構造の調整や国有企業改革による失業の代償をまた支払わねばならないとすると、心理的痛手が大きいだけでなく、実際の生活水準も大幅に落ち込むことになる。「毛沢東はわれわれを〝下郷〟（農村に行かせる）させ、鄧小平はわれわれを〝下海〟（自分で創業する）させ、江沢民はわれわれを〝下崗〟（失業）させる」という流行語は、これら特殊な集団の切実な問題を反映しており、人々の不平不満と見なしてはならない。二〇〇〇年は中国が「四つの近代化」を実現する日ではなく、失業がピークを迎える日となることが予測された。

私はほかにもいわゆる「減員増効」説にも立ち向かった。オークンのモデルに基づき計算してみると、わが国の実質失業率は自然失業率を上回っており、一九九六年わが国の失業によって生じるGDPの損失は約二・〇%、一九九七年のそれは四・五%であった。すなわち、個別の企業は人員削減により効率がアップしたかもしれないが、マクロ経済で見ると人員を削減することによって効率も悪くなっている。このため私は政府に対し、雇用目標と失業率の指標を達成すること、すなわち失業率を四～五%に抑えて初めて雇用目標を達成したといえるのではないかと提案した。これが確実に実行できるマクロ経済目標であり、また努力すれば達成可能なマクロ経済目標であって、持続的高度経済成長を持続的雇用創造のプロセスとすることができるのである。

当該レポートは中央の指導者たちによって重視された。当時の朱鎔基国務院副総理から重要な指示があり、呉邦国副総理や労働と雇用を主管する張左己国務院副秘書長からも指示があった。それを受けて私は中国科学院国情分析研究グループを代表し、『雇用と発展 中国失業問題と雇用戦略』（遼寧人民出版社、一九九八年一二月）という本を上梓した。また当該レポートは前述の書物の要約（約一二〇〇〇字）でもあり、後に孫冶方経済科学基金会によって、第九期（二〇〇〇年度）経済科学論文賞を授与された。

その後、私はリストラの洪水や失業の洪水の分析に関する国情レポートを次々に発表した。一九九九年七月、『新世紀に入っての最大の試練 わが国は高失業段階に入った』という『国情報告』（一九九九年第四八期）を発表した。まもなく二一世紀に突入する中国が直面している最大の試練は、この数年全国の都市部において突発的かつ大規模に発生している「リストラの洪水」、「失業の洪水」であり、中国の経済発展と社会の安定に与える衝撃と影響は、一九九八年に発生した自然災害の大洪水よりも、はるかに広範囲にわたる、長く苦しいものである。しかしながら、現在に至るも、就業ポストの拡大や失業率の引き下げが中国政府の最優先の課題となっていない。雇用の拡大や失業の緩和は政府の最重要、最優先の課題とすべきである。数日後、朱鎔基総理のオフィスより電話があり、このレポートは他の指導者に送られているのかという質問を受けたが、この国情情報と政策決定への提案が指導者たちの間で共有されるよう、すでに七名の中央政治局常務委員に送付したとのことだった。二〇〇八年、李嵐清副総理にお目にかかった時、副総理は私の書いた「雇用優先」の提案が強く印象に残っていると述べられた。実は、当時同様の政策主張をしていた人には、中国社会科学院人口研究所所長の蔡昉（さいほう）氏や国務院発展研究センター市場研究所副所長の陳淮（ちんわい）氏などもいた。私はこの人たちを「政策提唱者」と呼んだ。

二〇〇〇年、私は再度雇用優先戦略を実施し、人民により多くの仕事を与えるよう提案した。経済政策であれ、社会政策であれ、その目標は「富民為本」（人民を豊かにすることを根本とする）であり、その核心は大量のさまざまなタイプ（正規、非正規）の就業ポストを積極的に創出し、経済成長によって雇用の成長を促すことである。[※38]

前例のない国有企業の改革は、最初から痛みを分かち合う改革ではなく、レイオフ、リストラの改革であった。私はその後、一九九九年国有企業の在職者は九三七万人減少し、二〇〇〇年には六八三万人、二〇〇一年には六七〇万人、二〇〇二年には六四六万人減少すると予想したが、一九九六年から二〇〇二年まで、国有あるいは集団所有制職場の従業員は、累計五五〇〇万人減少した。この数字は、フランス一国の人口がすべてレイオフされたことに等しい。[※39] のちに大部分の人たちが転職や再就職、早期退職したとはいえ、社会に与えた衝撃と代価は図り知れないものがあった。改革にはさまざまなルートがあり、ルートによってコストも収益も異なる。

二〇〇〇年一〇月、党の第十五期五中全会（共産党第十五期中央委員会第五回全体会議）における「第十次五カ年計画」策定に対する提案において、初めて積極的に雇用を拡大する方針が提示され、経済発展と社会の安定を維持する大切な裏付けとなり、マクロコントロールの重要な一項目となったのである。[※40]

二〇〇一年三月、政府は「第十次五カ年計画」において初めて雇用の拡大を経済と社会発展の重要目標に据え、雇用の拡大に有利な経済政策と社会政策を実行することになった。また初めて次のように数値目標も設定した。五年間に都市部において新しく増加する雇用と農業からの転職をそれぞれ四〇〇〇万人に設定し、都市部における登録失業率を五％前後に抑える。[※41]

二〇〇二年、第十六回党大会報告の中で、初めて次のように提示された。「雇用は人民生活の根本である。雇用の拡大はわが国の現在と将来の長い期間における重大かつ困難な任務である。国は雇用を促す長期的戦略と政策を実行する。各級の党委員会と政府は創業環境の改善や就業ポストを増やすことを重要な任務としなければならない。[※42]

一九九七年の第十五回党大会から二〇〇二年の第十六回党大会まで、中国は人為的な一時帰休と雇用の破壊から積極的な雇用と雇用の創出への重大な方向転換を行い、最も難しい改革の過程を乗り切ったのである。

八、内需を拡大し、アジアの金融危機に対応

中央政府の最も重要な経済的役割の一つはマクロ経済の安定を図ることである。

一九九二年から一九九六年までの間、中国はまず建国以来最も高いインフレに見舞われ、一九九四年消費者物価指数は二四・一％上昇した。一九九六年「軟着陸」に成功し、消費者物価指数の上昇率は八・三％に抑制された。[※43]第十五回党大会では次のように報告された。「経済の急速な成長を実現すると同時に、インフレを効果的に抑え込み、大きな変動を回避した」。また次のような指摘もされている。「適度な緊縮財政政策と通貨政策を実施し、力の入れ具合に注意しながら慎重にコントロールする」

当時、国内外の経済環境には予期せぬ急激な変化が起きていた。まずアジアの金融危機である。一九九七年七月、タイの通貨の暴落を機に、アジアに金融危機が発生し、中国を含むアジアの主要経済国に拡大した。一九九七年の消費者物価指数の上昇率は二・八％にとどまり、貨物輸入額の増加もわずか二・五％であった。

一九九八年三月、李鵬総理の最後の「政府工作報告」は次のように指摘している。昨年（一九九七年）

の経済成長率は八・八％、商品小売価格の上昇率は〇・八％であり、このような「高成長下の低インフレ」という素晴らしい情勢は長い間なかったことである。報告はわが国の経済・社会の発展過程に存在する主な問題として次のようなものを挙げている。相当数の国有企業の生産・経営が難しくなっており、一時帰休や失業者が増加し、雇用圧力が強まっている。農業の基盤が依然として脆弱であり、経済建設で盲目的な投資が行われており、重複建設が普通に見られ、国民経済全体の中味が良くなく、効率も悪い。金融の監督管理が健全とは言えず、金融秩序にもかなり混乱している面があるなど。一九九八年国民経済のマクロコントロールの主な目標は次の通りである。経済成長率は八％、商品小売価格上昇率は三％以内に抑える。適度な緊縮財政政策と通貨政策を実施する。東南アジアの金融危機に対しては、金融市場と人民元レートの安定を図る必要があり、その中から経験や教訓を汲み取り、積極的な措置を講じ、起こり得る悪い影響の防止と解消に努める。

三月一八日、新しく国務院総理に就任した朱鎔基氏は、記者の質問に答えて、次のように語った。「一つの確保」すなわち、東南アジアの目下の金融危機は、中国にとって厳しい試練である。われわれは今年の経済成長率目標八％を達成し、インフレ率が三％を下回ることおよび人民元の切り下げはしないことを確実に実行する。われわれはこれらを必ずやり遂げなければならない。なぜなら、中国の発展に関係するものであり、アジアの繁栄と安定に関係するものだからである。これら目標を達成する主な手段は国内需要を高めることである。

八％の経済成長率が達成できるかどうかが当時の一時期、経済面でのホットな話題になったことがあった。このために私は青島市で調査を行ったのだが、経済成長率目標は中央から地方に下ろされる過程で「段階的に拡大されている」ことを発見した。山東省は今年の経済成長率目標を九～一〇％に設定し、青島市は一一～一二％の経済成長率確保を目標とし、下部の県や市は一三～一四％を目標にしているという。この状況に基づき、私は『八％の経済成長率をどう見るか、経済成長率をどう扱うか』と題する国情報告を書いた。[※44]現在われわれが置かれている戦略的構造調整の重大な歴史的岐路から見れば、八％の成長を確保することが必要である。八％の成長が実現できるかが関心の的となっているが、私が言っているのは、八％の経済成長率は一体何のためかということだ。私はＧＤＰの追求から人類の進歩の追求という新しい発展観を打ち出した。前者はモノが中心であるが、後者はヒトが中心である。

私は政府の主な役割は、成長の追求から人民の生活問題の解決に転換することであると述べた。政府が経済成長率目標を提示することは必要ではあるものの、一般庶民がより関心を持つのは、身近な利益であり、欲しいものである。経済成長率と生活の問題は必ずしもつながっているものではない。政府の政策が人民の生活問題解決を促すことができて初めて、経済成長が庶民と密接な関連を持ってくるのだ。人民の関心があるのは生活問題であり、政府は人民の関心がある問題を解決すべきであり、政府の役割は人民の生活問題を適切に解決することである。

私は最後に八％の経済成長率が掛け値なしのものであり、実効性のあるものであって、決して水増しされたものではないことを願うと結び、経済成長率が初めて予測指標となった。

当該報告書は朱鎔基総理、李嵐清副総理の指示コメントを頂いた。一九九八年一一月の中央経済工作会議において、三つのことが明確に打ち出された。一つ目は、経済成長速度は予測であって、指導的なものであり、経済情勢の実際の変化に従って調整されること。二つ目は、われわれが必要なのは実際の水増しされていない速度であって、協調して発展し、中味が濃く、効果・利益のある速度であること。三つ目は、一刀両断的なやり方を排し、横方向に速度を競ってはならないこと。[※45]

中国政府の経済のマクロコントロール政策に対する調整は、試行錯誤の段階が過ぎた。八月初め、中央政府はより積極的な財政政策を講じることを決定し、多くの資金を集め、インフラへの投資に一層力を入れ始めた。これは国内の需要を拡大し、経済成長を牽引する最も有効な手段である。[※46] 後に朱鎔基総理は『一九九九年政府活動報告』の中で次のように紹介している。アジアの金融危機の影響に対応するため、われわれは年初から投資の増加と内需拡大の対策を講じた。しかし、アジアの金融危機が及ぶ範囲の広さと深さ、わが国への影響は、予測した以上に厳しいものであった。

九月、国家計画委員会白和金秘書長が主宰する内需拡大に関する専門家座談会において、私は内需拡大のためには、タイミングを捉え、高等教育を強化発展させることが、最優先の国家や人民を共に利する政策であり、中央や地方の政策決定議案に適宜加えるべきであると指摘した。大学や高等専門学校の募集人員を拡大することは、より多くの適齢人口に大学の教育投資を受けられる多くの機会を与えることである。当時、中国科学院の何祚庥（かそきゅう）院士は、今後の相当期間、わが国は高等教育を大いに発展させなければならないと指摘した。[※47] 一〇月、教育部の陳至立部長が主宰する座談会において、私はこの問題に対して意見を述べた。また私と施祖麟教授は共同で『高等教育の体制改革を深め、高等教育産業の発展を加速する』という一文[※48]を書いた。

当時国務院は、一九九八年から中央の一級財政支出における教育経費支出の割合を三年間にわたって毎年前の年より一ポイント引き上げること、すなわち一九九八年には二五億元増やし、二〇〇〇年までに計一八〇億元余り増やすことを決定した。その多くは高等教育に投入される。一九九七年の高等教育の粗就学率は九・一％であり、二〇〇二年には一五％を突破し、エリート教育が大衆化の段階に入った。二〇一六年の中国高等教育の粗就学率は四二・七％であり、[※49] 在校生総数は三七〇〇万人、世界の総数の五分の一を占める。高等教育の文化程度を持った累計人口は一・八億人に達しており、世界最大の教育資本大国となっている。

一九九八年九月、私は『大国の優位性を十分活用し、国内需要を積極的に拡大する』と題する国情報告書を書いた。[※50] 主な背景は、アジアの金融危機のわが国経済発展に対する不利な影響がますます拡大していることであった。まず、輸出額の成長率が、昨年の二一％低下から、今年八カ月の五・五％低下と大幅に低下していること。特に東南アジア、東アジアや香港などから来る外資の直接投資の成長率が幾分低下したことである。その次に、海外からの直接投資の成長率が低下していること。さらに世界的なエネルギー、鉱物資源および原材料の生産が過剰であり、国際価格が大幅に下落し、加えて密輸が横行し、わが国の一部の産業に大きな打撃を与え、これら産業の需要の伸びを阻害していることである。

私は次のように提案した。中国は今後、大国の優位性を十分活用し、マクロ経済政策を内需拡大に向ける。これはわれわれがアジアの金融危機ひいては世界経済の衰退という外からの試練に立ち向かう戦略的措置であり、中国だけがもっている大国の優位性である。これによって経済成長を刺激し、より多くの雇用機会を創出し、相応の財政収入の増加を図れば、中国は経済繁栄の局面を維持できる。イメージとしては「ブレーキを踏む」から「アクセルを踏む」への転換であり、国民経済全体の持続的で速やかで健全な発展をスタートさせる。私は共産党の第十五期三中全会（第十五期中央委員会第三回全体会議）あるいは中央経済工作会議において十分議論し、正式に認可するよう提案を行った。

ほどなく、中央政府は積極的な財政政策を実施し、全国人民代表大会常務委員会の認可と予算調整を経て、国務院が一〇〇〇億元の財政債券を増発し、インフラ建設投資の増額に使用することを正式に決定した。下半期、国有企業の固定資産投資の伸びが顕著であり、通年で一九・五％の伸びを示した。国全体の固定資産投資は一四・一％伸び、投資のかなりの伸びは、経済成長牽引の面で明らかにプラスの作用をした。その年の中国の経済成長率は七・八％で、アジアで最も高く、下降型に属していた。すなわち高成長（九・二％）からわずかにダウンしたパターンであった。その他アジアの国はV字型、すなわちプラス成長からマイナス成長へ落ち込み、マイナス成長からプラス成長に回復するパターンであった。インドネシアなどはU字型であり、数年間マイナス成長に落ち込んだ。この結果からも、中国のアジア金融危機への対応措置は、まさしく正しいものであり、効果のあるものであったことが分かる。※51

一九九九年六月三日、私は朱鎔基総理が主宰する経済情勢専門家座談会に参加し、会議後、発言原稿に補足と修正を行い、『内需を引き続き拡大するためのいくつかの重大措置に関する提案』という一文を発表した。※52 そこで示したのは「一個宗旨」（一つの基本理念）と「五個優先」（五つの優先課題）という原則である。いわゆる「一個宗旨」とは内需を拡大する際には、「富民政策」（民を豊かにする）を基本にする必要があるということだ。内需の拡大は経済成長を刺激し、経済の衰退を防ぐためだけではなく、より重要なことは「富民為本」（人民を豊かにすることを根本にする）、すなわち一二・五億人が関心を持っている「生活問題」を優先的に解決することである。例えば、一時帰休・失業・再就職、年金の支給、従業員の給与未払い、最低収入家庭の生活困窮、従業員の医療保険などの問題である。いわゆる「五個優先」とは、一つ目は、さまざまな発展目標の選択においては、雇用の確保を優先すること。二つ目は、さまざまな改革プランの推進実施においては、社会保障システムの改革を優先すること。三つめは、改革・発展・安定の三者関係の調整においては、社会の安定維持優先を原則とすること。四つ目は、公共サービスと所得の分配においては、公平性優先を原則とすること。五つ目は、内需の拡大と消費の刺激においては、都市や農村の低所得層の人びとの利益を優先すること。この「五個優先」は、内需拡大をさらに進め、社会の安定を維持しながら、発展を続けていく際の重要原則として、また新しい情勢下において、改革、発展、安定の関係を正しく調整する重要な考え方として、多くの人民が受益者であり、支持するものである。

中国が主体的に内需拡大を図り、アジア金融危機への対応に成功し、高度経済成長を維持したことを私は「中国新政」と呼んでいる。国家のリーダーの歴史的功績と誤りに対する評価は、リーダーの個人的魅力、個人の美徳、個人の行為、模範性だけでなく。人民に対する忠誠や国家に対する歴史的貢献に基づくことが最も重要であると考える。二〇〇三年二月二五日、私は『朱鎔基、政治的功績の卓越した中国新総理』と題する『国情報告』（増刊第四期）において、第三者評価を行った。全世界の経済が低迷し、貿易が伸び悩み、さまざまな危機や外部からの衝撃が絶えない状況下、世界各国（特に大国）と比べてみると、中国政府は世界で最も経済的成績が良い国であり、朱総理は世界で最も優れたリーダーである。中国の歴史が朱鎔基総理を選び、朱鎔基総理が中国の歴史を大きく変えたのだ。

九、二一世紀に向かう十大関係

私はかつて、あなたの国情研究に最も強い影響を与えている人は誰ですか、と尋ねられたことがある。私はよく考えた上で、やはり毛沢東ですと答えた。毛沢東は中国国情研究の真の創始者であり、第一人者である。私は毛沢東を師と仰ぎ、国情研究を続けている。研究は全面的に多方面から進めており、一面的な偏ったものではない。中国の実情と緊密にマッチした人民の幸福のための研究である。毛沢東の著作を勉強し、毛沢東思想を活用することが、私が国情研究を行う際のエネルギーとなっている。毛沢東の重要思想と大いなる革新性は、国情研究における研究テーマの直接の出どころであり、汲めども尽きない「思想の源」である。現代の中国が一冊の「天の書」であるとするならば、毛沢東の著作は疑いもなくこの「天の書」の「手引」であり、現代中国研究の開拓に絶えず導いてくれるのである。

一九九五年、黒竜江省教育出版社が『開放叢書　中青年学習者文庫』を刊行することになり、私は個人文集を出さないかとのお話を頂いた。これは私の意にかなったものであり、『胡鞍剛文集　二一世紀に向かう中国の十大関係』と題する一書（一九九六年、五〇五ページ、三八万字）を編纂、上梓した。該書は、中国の国情と現代社会の重大な矛盾と関係についての私の長期にわたる考察と学術研究をカバーしている。十大関係を主たるテーマにし、私の十数冊の国情シリーズ著作（共著をも含む）および三五編の文章を反映するエッセンスとダイジェストである。国情研究の最初の一〇年の集大成であり、私の中国国情と発展思想に対する全体的な見方と分析フレームを形作ったものである。

これは私が長い間自主的に勉強してきた毛沢東の『十大関係論』のやり方と考え方である。なぜなら、当該文章は毛沢東がわが国の社会主義建設七年間の実践と経験を総括し、あらゆる積極的要素を引き出し、社会主義建設事業のために役立てるという基本方針を示した上で、中国の状況に適した社会主義建設の道を一通り模索し、「ソ連モデル」の限界を大胆に突き破り、「中国の道」の探求を始めた代表作であるためである。毛沢東はのちに十大関係思想の形成過程に特に言及し、一九五八年二月一八日中央政治局拡大会議において、十大関係論の由来について紹介している。「私（毛沢東）は北京で一カ月半過ごした。毎日一つの部と話をし、三四の部の同志と話し合った結果、あの十大関係がしだいに形作られていったのだ。あの話し合いがなければ十大関係がどうしてできようか、できるわけがない」。これは毛沢東が、社会主義建設の実践を総括することを通じ、現代マルクス主義政治経済学の中国学派の代表的人物になったことを反映している。

毛沢東の社会主義建設の実践と理論に対する探求は、成功あるいは失敗を問わず、私に強い印象を与えている。毛沢東の『十大関係論』は発表されてから四〇年近くになるが、文中で述べられた重要な原則は強い生命力と影響力を持ち続けている。ただ、当時議論の対象となった十大関係や社会的背景の多くが大きく変化し、代わって重要な新しい問題や矛盾が数多く出てきており、絶えず探求し、革新していくことが求められている。

こういった考えに基づき、私はさまざまな角度より中国が二一世紀に向かう際の新十大関係を考察してみた。一つ目は、中央と地方との関係。二つ目は、発展した地域と発展が遅れた地域との関係。三つ目は、工業と農業との関係。四つ目は、都市と農村との関係。五つ目は、経済の成長と安定との関係。六つ目は、人口と発展との関係。七つ目は、環境と発展との関係。八つ目は、国有経済と非国有経済との関係。九つ目は、発展と反腐敗との関係。一〇番目は、中国と外国との関係。私は新十大関係を正しく認識し、処理することを目的に、特に序言の形で中国が二一世紀に向かう際の新十大関係の主な観点を整理した。

この十大関係は、中国が改革開放を通じて発展していく過程における一〇項目にわたる重要な矛盾であり、今後三大目標の実現、成功を保証するため、これら矛盾を正しく認識し、処理し、積極的にしっかりと調整することがわれわれのやるべきことである。三大目標とは、一つ目は、経済を離陸させ、世界の経済大国となること。二つ目は、市場経済への転換を行い、社会主義市場経済体系を建設すること。三つ目は、「天下大治」（国が大いに治まっていること）と「長治久安」（社会が長く安定していること）である。

私は特に一九五〇年代と一九九〇年代の二つの異なる時代の十大関係を比較してみた。これは発展段階や経済体制、国際環境など時代的背景が異なることを含めての比較である。新しい十大関係は改革開放以来の重大な問題や矛盾を集中的に映し出しており、これらは中国が二一世紀に入る際、避けて通ることができない必ず解決しなければならない問題である。十大矛盾をしっかりと捉えれば、中国の国情を認識し、発展のカギはどこにあるかを捉えることができる。これはまた私の初めての中国国情研究に対する集大成であり、分析の枠組みである。改革開放の中国に対して、全体的にどのような見方をすればよいのか、これがすなわち異なる時代の重大な社会的矛盾を探求することである。これには中国の問題に対しこまごまとした孤立した調査や分析を行うのではなく、比較的系統立った全面的な研究が必要である。経験的な実証研究だけでなく、発展について議論し、探求する基本的ルールが必要である。[※53]

一九五六年に発表された毛沢東の『十大関係論』はターゲットが明確であり、時代に即したものでもあった。毛沢東は率先して思想を解放し、ソ連型計画経済モデルを見直し、中国の社会主義への道を探求し始めた。これは毛沢東の自主性や自覚性、革新性を体現している。私は毛沢東に習い、改革開放期の新しい十大関係を研究している。すなわち、近代化に関する西側のモデルを見直し、学術的な視点から中国式近代化への道を探求し、中国の学者の自主性、自覚性および学術性を体現している。毛沢東に比べると、われわれにはより開放的な学習環境がある。私はアメリカのイェール大学で経済学を勉強しただけではなく、帰国後も頻繁に海外に出かけ、海外からの来客を接待することもしばしばである。こういったことがアメリカや西側の近代経済発展史や現状を理解する上で役立っているだけでなく、中国国情研究への認識を深めることにもつながっている。私の多くの文章はこの時期に発表されたか、初稿が出来上がったものである。

『中国図書評論』は私の著作に対して、次のように論評している。「胡鞍鋼氏は中国の改革と共に成長してきた青年経済学者であり、中国経済界の『国策派』の代表的人物である。学者としての胡鞍鋼氏は経済学の切り口から入り、新しい時代のいくつかの重大な関係に対して、学術的探求や研究を行い、多くの透徹した見解を示し、新しい世代の知識分子のたゆまず努力する姿勢や祖国に奉仕する真心を表している」[※54]。私の国情研究は西側メディアの関心も呼んでおり、私に五枚のレッテルを貼っている。新保守主義、新国家主義、新集権主義、新権威主義、現代平均主義。実は彼らは私の著作を詳しく読んでいるわけではない。私が外国のさまざまな人士を数多く受け入れているにもかかわらずだ。これはまた、私が中国の実事求是（事実に基づき、真理を求める）派であることを示している。これによって私は以下のことを体得した。国情の研究は独自の道を切り開かねばならないし、より重要なことは社会の主流に入り込み、政策決定者に影響を与え、社会に影響を与え、政策決定知識を使えるものにし、役立つものにし、さらにはそれを伝えていかなければならない。私は進んで関係部門の責任者に対し、中央の指導者は率先して毛沢東同志に学び、改革開放時代の新十大関係を研究するよう提案した。当時の中央宣伝部鄭必堅常務副部長との交流時にはじめてこの提案をし、受入れて頂いたことを覚えている。二回目は、当時の国務院研究室王夢奎副主任が招集し、主宰した「第九次五カ年計画」策定発展構想座談会で、私は再度この提案を行った。新しい十大関係を正しく認識し、調整して初めて立派な「第九次五カ年計画」を策定できると考えたからだ。王夢奎副主任は会議を総括する際、毛沢東の「十大関係論」を学ぶ必要性を特に提起した。

一九九五年九月二八日、江沢民国家主席（当時）は党の第十四期五中全会（中国共産党第十四期中央委員会第五回全体会議）が閉幕する際、『社会主義近代化建設における若干の重大な関係を正しく処理する』

という一文を発表し、社会主義近代化建設の推進過程において、さまざまな関係、特に全局面にわたるいくつかの重大関係を処理しなければならないと指摘した。それは次の一二項に取りまとめられている。(一)改革・発展・安定の関係　(二)スピードと効率の関係　(三)経済建設と人口、資源、環境の関係　(四)第一次産業、第二次産業、第三次産業の関係　(五)東部地域と中西部地域の関係　(六)市場メカニズムとマクロコントロールの関係　(七)公有制経済とその他経済体の関係　(八)所得分配における国、企業、個人の関係　(九)対外開放の拡大と自力更生の関係　(一〇)中央と地方の関係　(一一)国防建設と経済建設の関係　(一二)物質文明建設と精神文明建設の関係。江沢民主席はこの一二項の関係が改革と発展という新情勢下での全局にわたる重大問題と考えたのだ。実践を積み重ね、認識が絶えず深まるにつれて、新しい矛盾や問題が生じ、各方面の関係にも変化が起こり、採用する方針や政策も必然的に調整される。江沢民主席は次のように指摘している。これら重大関係を正しく処理する目的は、歴史的経験を総括した上で、客観的な法則の把握に努め、党の認識を統一し、全国人民の団結を促し、全ての積極的要素を動員し、社会主義近代化建設を加速することにある。※55 これは江沢民の「治国理政」（国を治め、政治を行う）の施政方針であり、社会主義市場経済体制の新しい道を探求する代表作となった。とりわけ経済建設と人口、資源、環境の関係を初めて分析し、資源と環境の保護をしっかりやらなければならないことを明確に示した。目前の発展を図ると同時に、子孫のことも考えておかねばならず、決して先祖の飯を食らい、子孫の生きる道を奪うようなやり方をしてはならず、資源を浪費し、先に汚染させ、後に対策を講じるといったやり方を絶対にしてはならない。わが国の国情に基づき、資源の節約や環境保護に有利な産業構造と消費の仕方を選ばなければならない。資源の開発と節約を並行して行い、さまざまな浪費現象を乗り越えなければならない。資源を総合的に利用し、汚染対策を強化しなければならない。後に私は「黒い発展」を「先祖の飯を食らい、子孫の生きる道を奪う」と定義し、持続可能な発展を「先祖の飯は食らうものの、子孫の生きる道は奪わない」と定義し、緑色の発展を「先人が木を植え、後人が涼む」と定義した。

一〇、政治経済社会および環境についての私の主張

私は国情研究をベースに、九〇年代の中国の政治、経済、社会についての主張を取りまとめ、『中国発展の前途』という著作（浙江人民出版社　一九九九年版）にまとめて掲載した。これはまず典型的なテーマを設定し、その解決策を探るという研究モデルであり、問題の動向を分析すると同時に、解決の方向を示したものである。

中国は現在、二つの激しい変化を経験しつつある。一つは社会の変化であり、農業が主導する経済社会から工業やサービス業が主導する経済社会にシフトしつつあり、農村人口を主体とする伝統社会から都市人口を主体とする現代社会に変貌しつつあること。もう一つは経済、政治の変化である。すなわち統制型の計画経済体制から現代市場経済体制への転換であり、伝統的中央集権政治体制から社会主義民主政治体制への転換である。現在中国が経験しているのは、今までの人類社会では規模が最も大きく、変化のスピードが最も速い社会、経済、政治の構造的変化である。

中国は発展と変革の時期にある。それと同時に非常に特殊で、重大な歴史的時期に突入し、相互に関連する数多くの試練に直面している。概括すると以下の通りである。

第一に、中国がかつてない構造調整の時期に入っていることである。中国に初めてデフレ現象が現れ、

かつそれがますますはっきりしてきている。農産品の価格は大幅な下落傾向にあり、主な生産手段の価格も多かれ少なかれ値下がりしている。伝統的産業（森林工業、紡織、鉄鋼、石炭、機械製造など）は全面的な調整期に入り、新興産業（電子、通信、コンピューター、環境保護、バイオテクノロジー、金融、保険など）は、急速に発展している。製造業や鉱業の従事者数は減少傾向にあり、アジア金融危機の影響がますます大きくなって来ている。このため大国の優位性を十分活用し、積極的に内需を拡大しなければならない。これは短期的な一時しのぎではなく、経済成長を促す長期的な戦略措置である。

第二に、中国がかつてない高失業期に入っていることである。一つは膨大な数の農村余剰労働力であり、一九九六年には約一・六億人に達している。もう一つは都市に突発的な失業のピークが到来し、一九九七年末の実質失業人口（失業と発表されているものと一時帰休中のものの中でまだ就業していないもの）は、一一〇〇万人～一三〇〇万人の間であり、実質失業率は六～七％である。政府は雇用目標を明確に設定し、一時帰休従業員の再雇用問題や失業青年の雇用問題および失業者の基本生活保障金の問題を優先的に解決すべき状況にある。

第三に、中国の住民の間、都市と農村の間、地域の間の所得の格差がますます拡大する時期にある。この三大格差の拡大が将来中国の発展が直面する最大の試練である。このことによって、中国が経済発展の過程で、一部の人、一部の地域からまず豊かになる政策から、全人民に基本的な公共サービスを提供し、有効な措置を講じることによって、三大格差のこれ以上の拡大傾向を抑える政策に転換しなければならないことが決定的になっている。

第四に、中国が環境破壊の深刻化と生態系債務の拡大という時期に入っていることである。生態環境は特殊な資産であり、真の意味での人民全体に属し、人民のためにある公共資産である。生態環境の破壊は、公共財産が失われることを意味し、生態環境指標の悪化は、国家の巨額な損失を意味する。われわれは史上最も脆弱で厳しい生態環境で、史上最大規模の人口を養い、史上最大規模の人類活動を担い、史上最も厳しい環境資産の損失と経済的損失を招いている。

第五に、中国がさまざまな腐敗が横行する時期に入っていることである。現在中国の腐敗は非常に深刻であり、最もはなはだしい例は、専制機構（人民に対して独裁的な権力を行使する国家機関）として、「鋼鉄の長城」とか「強固な柱石」と呼ばれる軍隊、武装警察、法の執行機関が商業活動を行い、密輸や密輸保護を行っていることである。今日、腐敗は中国最大の社会的汚染となっており、中国の改革開放が今まで勝ち取ったあらゆる成果を葬りかねないし、中国経済の離陸を妨げ、中国の近代化の進展を遅らせかねないものである。

第六に、中国が新しい社会の不安定要素が増える時期に入っていることである。各階層、集団および人々のグループの利益が急速に分化したことによって、さまざまな社会的矛盾が日々激化し、社会秩序が大きく乱れ、経済・社会のさまざまなリスクが増大し、社会の不安定要因となっている。

こういった試練に対して、二一世紀の「強国（世界の経済大国になる）、富民（人民全体が共に豊かになる）、民主（社会主義の政治民主制度を打ち立てる）、安定（国家の長期安定を実現する）」という四大目標を実現するために、われわれは一連の政治的、経済的、社会的な大きな手を打たなければならない。

㈠政治についての主張

中国の近代化は、まず国の機構の近代化、すなわち社会主義政治民主制度と法制社会を打ち立てることである。これがわれわれの最も重要な政治的主張である。

第一に、市場メカニズムを十分活用し、政府の指導的役割を積極的に発揮する。社会主義市場経済体制の要求に沿って、政府機能を基本的に以下の方向にシフトする。経済建設機能（主に競争的生産と投資分野を指す）を減らす。公共物品提供機能を強化する。社会的公共サービスの機能を強化する。社会保障機能を強化する。

第二に、中央政府と地方政府の間で、憲法に基づき縦方向の権力均衡を図り、中央政府が主導し、地方（主に省級）政府が中央の意思決定に参画する機会を増やす。

第三に、中央各機関の間で、憲法に基づき横方向の権力分配と均衡を図ると同時に、最高行政機関内でトップが責任をもつ集中意思決定メカニズムを運用する。国家安全委員会を創設し、国家の安全と利益に関係する重大危機と突発的事件の意思決定機関、危機処理機関として、各部門の行動計画を取りまとめる。

第四に、重大な意思決定上の誤りを防止するため、意思決定の科学化、民主化、透明化および専業化を図り、公共政策の安定性と連続性を担保する。これはハイレベルのシンクタンク或いは顧問委員会の設置を含み、重大な戦略的問題や政策制定の問題について深く研究を行う。政府の政策分析組織を改善する。非公式の独立政策分析組織やネットワークを樹立する。

第五に、政府組織のスリム化を図る。党や政府機関の商業活動を厳禁し、「税金に養われる政府」を徹底する。

第六に、軍の商業活動を厳禁する。「税金に養われる軍隊」を徹底し、軍の改革を促す。

㈡経済についての主張

第一に、新しい発展観を提唱し、人を基本にし、単にGDPの成長を追求することから、人類発展の目標を追求することに切り替える。

第二に、大国の優位性を十分に活用し、国内需要を積極的に拡大する。これが今後のわが国のマクロ経済発展の主な政策であり、アジアの経済危機、ひいては世界の経済的衰退に対応する戦略的措置である。これは次の五つの大きな施策を含んでいる。一つ目は、第三次産業あるいはサービス業の需要拡大を図る。二つ目は、インフラ建設をいっそう拡大する。三つ目は、都市化の進展を速め、都市のインフラと住民の住宅建設を加速する。四つ目は、農村の経済と社会の発展を促し、農村の工業化を推進し、農村市場を積極的に開拓する。五つ目は、大規模な生態系建設と環境保護を展開し、耕作地を森林に戻し、植樹を行い、水利施設を建設し、砂あらしや土砂の流出を抑え、橋を架け、道路を造る、耕作地の基本建設など大規模な国土整備工事を行う。

第三に、雇用機会を創出する。高い失業率の引き下げが、現在最優先されるべき目標である。

第四に、中国の優位性を十分活用し、貿易と投資の自由化戦略を実行し、サービス業の国内市場をいっそう開放し、金融と資本の自由化を慎重に推進し、外資の直接投資に「国民待遇」を与える。

第五に、公平かつより高い品質の持続可能な新消費様式を提唱する。政府は消費者に商品やサービス情報、安全基準を提供するなど、生産者保護から消費者保護に立ち位置を変えなければならない。市場競争を奨励し、消費者が安くて質のよい商品とサービスを得られるようにする。

㈢社会についての主張

第一に、社会発展の分野や公共サービス提供の面では「効率性に配慮しながらの公平性優先」を強調し、政府が積極的な役割を果たさなければならない。社会主義の条件下では、経済効率と社会的公平性は両立できるものである。市場メカニズムによって生産力を解放し、発展させ、公平の原則により共に豊かになる、これが社会主義優越性の重要な特徴である。

第二に、「利国利民」（国を利し、民を利する）の社会保障制度の確立である。社会保障制度，失業保険制度、医療保険制度、個人住宅ローン購買制度、労災保険制度、生命保険制度など中国の国情にあった社会セーフティーネットをできるだけ早く再建しなければならない。

第三に、全国民に対する公共サービスの均等化の実現である。具体的には基礎教育、計画出産サービス、基本衛生サービス、基本環境保護、基本インフラなど五大「公共サービス」をいう。

第四に、発展の機会の平等である。貧困地域と貧困人口に「雪中に炭を送る」（困った人を助ける）ことを行い、貧困地域の救済から貧困人口の救済にシフトしなければならない。

㈣環境についての主張

私はＧＤＰ成長一辺倒、すなわち「資本の高い投入、資源の高い消費、汚染の高い排出」を特徴とする非持続的発展様式を改め、人民生活や環境の改善を目標に、経済成長と人口、資源、環境がバランスをとる持続可能な発展様式にシフトすべきであると考え、人と自然の関係をあらためて見直すよう提言している。これは人類生存と発展の基本的な関係である。しかし、人類は今に至るも自分が生存と発展を依存するベース、すなわち自然界のことを十分分かっていない。

百年に一度の一九九八年の大洪水のように、人類が自然災害に見舞われた時の最も良い選択は、国を治める前にまず水を治めることであり、治水がすなわち国を治めることである。災害を減らす明確な目標を掲げる目的は、自然災害の損失を減らす能力を高めることである。具体的な措置としては、長江などの流域に永久的な強固な堤防を造り、百年に一度の大洪水に対処できる水利施設を建設することである。土壌の流出防止は長江の水害を治める根本的措置であり、長江上流の森林伐採を厳禁して、植樹造林にシフトし、荒山を緑化し、土壌を回復し、生態環境を改善する。有力な措置を講ずることによって、大きな川や大きな湖に総合的な洪水対策を行い、沿岸地域、都市部の洪水を防ぐ基準を高くする。社会補償機能を目的とする救済保険制度を樹立する。軍隊や武装警察が国を代表して地震災害救助のために公共サービスを提供した場合、政府は災害救助費用の中からその支出費用の実費を負担する必要がある。一九九八年、国家は正式に財政から、軍隊、武装警察の災害救助支出費用を補償した。

以上の政治についての主張、経済についての主張、社会についての主張および環境についての主張は、私が当時の中国の大きな問題について深く考えたことである。同時に、国家の指導者や多くの国内外の専門家、国際組織の観点、資料を取り入れたものである。私は公共政策の提案者として、国務院や国家計画委員会の仕事に直接参画し、人力資源部、衛生部、教育部などから五カ年計画や政策について意見を求められた際にも、主体的に提言を行い、多くの提案が中国政府の特に五カ年計画の重要な政策の源になった。

のちに当文章は『一つの中国、多くの道筋』と題する英文書籍[※56]に収録され、九〇年代中国学術界のさまざまな思潮弁論の中の重要な主張の一つとして、国際学術界の関心を集め、多くの文章に引用された。

一一、学術のイノベーションと政策決定諮問に対する貢献

最後に、この一〇年を私自身が総括し、自己評価行うとすると、二つの重要な貢献に取りまとめることができる。一つ目は、学術イノベーションの貢献であり、二つ目は、意思決定諮問の貢献である。

この時期は私が主体的に学術競争に加わった時期でもある。私は相次いで公開競争に参加し、激しい競争を勝ち抜いて研究補助金を獲得し、学術的な栄誉を手に入れ、社会的にも高く評価された。一九九三年一〇月、私が四〇歳のころ、中国科学院生態環境研究センターより、研究員採用のための競争に参加するよう要請があった。当時、中国科学院は高級人材、学科のリーダーなど「端境期」にあたり、断絶の危機に直面していた。一九九二年、中国科学院の研究員の平均年齢は五三歳と高く、中国科学院の周光召院長は、形にとらわれず、青壮年の中から特に青年の傑出した人材を選抜すると明言していた。私は申請や口頭試問などのプロセス、中国科学院の厳格な審査を経て、研究員に任用された。

続いて、私は第一期「国家傑出青年科学基金プロジェクト」の競争に参加した。これは当時の厳しい国家財政の中で、国務院の李鵬総理自らが正式に認可し、国家自然科学基金委員会が管理しているプロジェクトであり、その主旨は青年科学技術人材の成長を促し、海外に住む学者の帰国を奨励し、世界の科学技術の最前線に位置する優秀な学術的リーダーの養成を加速することにあった。国家が傑出した青年科学人材を選び、資金援助する重大なプロジェクトと見なされた。

一九九四年末から一九九五年の初めにかけて、全国の五〇〇名あまりの優秀な青年学者が競争に参加し、そのうち四九名の青年学者が、国家傑出青年科学基金の資金支援を獲得した。後に、三分の二が中国科学院の院士あるいは中国工程院の院士に当選した。審査過程は全体を通して非常に厳しく、「公開、

公平、公正」の原則で貫かれていた。私は管理科学の部分の競争に参加したのだが、最後の面接に参加したのが四名であり、私一人が資金サポートを獲得し、他の三名も後の競争において、資金サポートを獲得した。当時、中国科学院生態環境研究センターの二名が入選したのは、中国科学院の数多くの研究所の中でも珍しいことであった。

当該プロジェクト基金の中間評価の際、厳しい審査を経て、私は再度資金サポートを獲得したが、私にとっては、まさに「雪中に炭を送る」ような有り難いことであった。私が自分で選んだテーマについての自主研究であり、続けて資金サポートを得て、重点国情研究を次々と完成させ、非常に高い学術的評価を得た。二〇〇〇年には特別優秀資金サポートプロジェクトにも選ばれた。

学術競争への参加を通じて、優秀な人材は育てるものではなく、公開の競争から出てくるものであることを私は悟った。これは人材を選り分け、優秀な人材に芽を出させるために必ず通らなければならない道である。

この時期はまた、私にとって大切な学術面での収穫期であった。九〇年代、私は個人の専門著作六冊、共著八冊、主編一冊、英文共著四冊を出版した。この時期の重要な国情研究を掲載した代表作である。このことから、国情研究者は、専門著作と共著を重視すべきであることを私は深く悟った。あるカテゴリーあるいはある方面において、専門知識を提供するだけでなく、体系的知識を形作ることができ、創意のある思想だけでなく学説さえもしっかりと打ち出すことができており、この時期の代表作となった。これこそが「著書立説」（書を著し、説を立てる）ということだ。同時に、国情研究の範囲を広げ、より掘り下げて研究し、独自の研究と著述の風格を作り上げた。

この時期、私が学術研究に貢献した主なものは次の通りである。

私と王紹光、康暁光が共同執筆した『市場経済への転換途上における三大関係（経済成長とマクロの安定、中央と地方、発展した地域と遅れた地域）の研究』は、一九九六年中国科学院科学技術進歩一等賞を受賞した。私の『雇用と発展 中国の失業問題と雇用戦略（序）』（一二三〇〇〇字）は第九期孫治方経済科学論文賞を受賞した。

私は主要メンバーとして、中国科学院国情分析研究グループの課題に参画し、その中で『開拓と節約 中国の自然資源と人的資源の潜在力と対策』（石玉林主編 科学出版社 一九九二年）、『都市と農村 中国の都市と農村間の矛盾と協調的発展』（呉楚材主編、科学出版社、一九九四年）、『チャンスと挑戦 中国が二一世紀に向かう経済発展目標と基本的な発展戦略』（陳錫康主編、科学出版社、一九九五年）といった文章を書き、周立三院士が主宰する中国国情分析（一〜四号報告）において一九九七年中国科学院の科学技術進歩一等賞を獲得し、二番目の受賞者となった。

この時期は、私が意思決定諮問に対して知識面で貢献した時期である。国情研究が成し遂げた成果は、主に意思決定における知識面での貢献にある。

第一に、改革開放以来の国家の能力と経済のマクロコントロール能力に対して、重要な意義を持つ研究成果を示したこと。長年にわたって、わが国の経済発展が持続せず、不安定（波がある）であり、バランスが取れていないという三大問題に対して、持続・安定・調和的発展という指導方針を示したこと。わが国が社会主義市場経済にシフトする中で、国家の財源獲得能力の弱体化とマクロコントロール能力の不足に対して、制度を整えることにより、財源を増やし、マクロコントロール能力を強化改善するという基本的な考え方を示したこと。これらは重要な学術的価値と政策的意義があった。

第二に、改革開放以来の地域発展格差と公共政策について、先駆的な研究を行い、党中央と国務院が地域発展戦略や政策を打ち立てるために、科学研究の根拠を示しながら、政策決定面でのアドバイスを行った。中央政府は立ち遅れている地域の問題を解決することを優先し（一九九四年）、発展の遅れた地域に対する補助金を増やし、全人口の基本公共サービスの均等化を実現する必要がある（一九九五年）。党の第十四期五中全会が打ち出した「地域経済のバランスの取れた発展を堅持し、段階的に地域発展の格差を縮小する」という方針に対して、国情研究の背景を示しながら、政策的提言を行った。「人を基本とする」新しい発展観、社会発展の地域格差を縮小する（二〇〇一年）、その主旨は「人民を豊かにすることを根本とし、人民に投資する」西部大開発の新しい考え方、新しいモデル（二〇〇一年）など。「第十次五カ年計画」の地域発展戦略と政策の考え方に対し、アドバイスを行った。

第三に、わが国の雇用と公共政策の研究分野で、影響力のある研究成果を挙げ、世界の四分の一の労働力の雇用という最大の人民の生活問題を解決するために、先見性と戦略性、実行性のある考え方と背景を示し、党中央と国務院に数多くの政策面での提言を行った。高失業率の引き下げが今後マクロコントロールの第一の任務である（一九九七年）、失業問題はわが国が世紀をまたいで発展する際の最大の試練となっている（一九九八年）、さまざまな発展目標の中で「雇用を優先する」べきである（一九九九年）、非正規雇用を奨励する（二〇〇〇年）、農民工を平等に扱い、優しく大切にする（二〇〇一年）など。「雇用が人民生活の基本である」（党の第十六回全国代表大会、二〇〇二年）の基本的な国策の決定に対し、積極的な提言の役割を果たした。

国情研究は学術研究であると同時に、政策決定諮問に対する研究でもある。前者は後者の学術の源であり、後者は前者の学術を用いるところであり、実際に役立てるところである。一九九三年八月、周光召中国科学院院長（当時）は、私と話をした際、「国家が急ぐところを急ぎ、中央の考えていることを考え、科学的意思決定のために重要な参考情報を提供する」という方針をすでに打ち出していた。これが中国の国情研究に携わる際の重要な基本理念になり、また一貫して実践を堅持する基本理念でもあった。私は長い間中国の国情研究に携わり、改革開放以来国家の重大な発展戦略や政策決定諮問に対し、傑出した貢献をした青壮年の一人であり、さらには国策派の学術代表とも見なされている。[※57]

私はあるカテゴリーの専門知識を提供するだけでなく、主に比較的系統的な現代中国に関する基本知識と政策決定知識を新しくし、提供してきた。一九八九年以後、私が出版した著作のタイトルのキーワードは次の通りである。「中国」、現代中国を研究対象とする。「発展」、「発展」を主題や基軸にして、さまざまな面やカテゴリーに及ぶ。「戦略」と「政策」、「戦略」や「政策」を川を渡る際の「橋」や「船」とする。私はしだいに現代中国の発展理論、発展目標、発展戦略、発展政策に関する系統だった知識を形成していった。私は国情研究を大胆に革新し、自身の学術の道を飛び出して、学術の風格を樹立し、この新しいカテゴリーの学術的リーダーに成長したのである。

この時期、中国の政策決定は、民主化、科学化面で大きな進歩があり、われわれの政策決定コンサルティングに良好な政治的環境を整えた。学者をも含めた一般の人は、誰も次のことに注意を払っていない。一九九二年、党の第十四回全国代表大会報告の中で、政策決定の科学化、民主化を重要な任務とし、これを民主集中制実行の重要な一環と称して、社会民主政治の重要な任務とした。指導部門と指導幹部は民衆の意見に真剣に耳を傾け、専門家と研究諮問機関に役割を十分発揮させ、民主的で科学的な政策決定制度作りを加速しなければならない。[※58] 九〇年代は中国の改革開放政策の鍵となる戦略的時期であった。東欧の激変、ソ連・ユーゴスラビアの解体、社会主義運動の重大な挫折を経験したにも関わらず、中国は社会主義市場経済体制の樹立に成功し、アジア金融危機の厳しい試練を乗り切った。私とその協力者は体験者であると同時に目撃者であり、志願者でもある。国情研究と政策決定諮問に当然の貢献をしたのである。

(注)

1 中国科学社編『国情と発展』北京出版社、一九九〇年。

2 私たちの国情報告では以下のように指摘している。この四〇年余りの経済活動においては少なからぬ失敗も存在するが、最も大事な教訓は、国情から離れ、国力を超え、成果を急ぎ、大変動を繰り返してはならないということである。

3 「改革のさらなる整理整頓と深化に関する党中央の決定」(一九八九年一一月九日第十三期五中全会にて採択)。

4 中国科学報社編『国情と発展』北京出版社、一九九〇年。

5 Paolo Urio著『Reconciling State, Market and Society in China: The long March toward Prosperity』Routledge Contemporary China Series, 二〇一〇年。

6 郭慶、胡鞍鋼著『中国工業化問題初探』(中国工業化問題の初歩的探究)、中国科技出版社、一九九一年。

7 同論文は中国社会調査所に収蔵。盛斌、馮侖監修『中国国情報告』第二八章、遼寧人民出版社、一九九一年版。

8 一九八五年から二〇一六年までの間に全国就業者数は四億九八七三万人から七億七六〇三万人に増加し、「城鎮」(都市部)の失業率は四・〇二%となった。

9 二〇一七年の社会年金保険加入者は九億人以上、基本医療保険加入者は一三億五〇〇〇万人となり、世界最大の社会保障網を構築した。李克強「政府活動報告」二〇一八年三月五日。

10 中国における成人の非識字率は一九八二年の三四・五%から二〇一〇年の四・九%に低下し、世界平均(二九・一%)を上回っていた状態から世界平均(一五・五%)を大きく下回る状態になった。

11 胡鞍鋼著『中国二一世紀に向けて』(二一世紀に向かう中国)一三六-一四一ページ、中国環境科学出版社、一九九一年版。

12 胡鞍鋼著『中国二一世紀に向けて』(二一世紀に向かう中国)一ページ、中国環境科学出版社、一九九一年版。

13 一九九三年一二月に遼寧人民出版社が『中国国家能力報告』を出版し、一九九四年にはイギリスのオックスフォード大学出版社が香港で海外中国語版を出版した。英語版はChinese Economic Study (May-June 1995 / VOL. 28, NO.3) に掲載後、出版された。Wang Shaoguang and Hu Angang, The Chinese Economy in Crisis: State Capacity and Tax Reform, New York, M. E. Sharpe, 2001.

14　『江沢民文選』第一巻、二九八ページ、人民出版社、二〇〇六年版。
15　鄧小平「第三代指導集団の当面の急務」（一九八九年六月一六日）、『鄧小平文選』第三巻、三一一ページ、人民出版社、一九九三年。
16　この時の論争の詳細は董輔礽、王紹光、胡鞍鋼、張曙光、樊綱他著『集権と分権――中央と地方の関係の構築』（経済科学出版社、一九九六年一〇月版）を参照。
17　「社会主義市場経済体制構築の若干の問題に関する党中央の決定」（一九九三年一一月一四日第十四期三中全会にて採択）。
18　『朱鎔基講話実録』第二巻三〇三－三〇六ページ、人民出版社、二〇一一年九月版。
19　胡鞍鋼「分税制――評価と建議」、『中国ソフトサイエンス』一九九六年第八期掲載。
20　胡鞍鋼著『中国発展前景』（中国発展の前途）二一三ページ、浙江人民出版社、一九九九年五月版。
21　出所――北京大学法治研究センター、二〇一三年七月三日。
22　「中華人民共和国国民経済と社会発展の一〇年計画と第八次五カ年計画要綱」（一九九一年四月九日第七期全国人民代表大会第四回会議にて採択）。
23　李鵬「国民経済と社会発展の一〇年計画と第八次五カ年計画の建議に関する説明」（一九九〇年一二月二五日）、これは李鵬氏が第十三期七中全会で行った説明である。
24　江沢民「改革開放と近代化建設の歩みを加速し、中国の特色ある社会主義事業のさらなる勝利を勝ち取ろう――第十四回党大会における報告」（一九九二年一〇月一二日）。
25　『半月談』第十九期、新華社、一九九三年。
26　杜飛進「経済成長と経済安定の関係」、『人民日報』一九九五年三月一〇日掲載。
27　江沢民「社会主義近代化建設における重大関係を正しく処理せよ――第十四期五中全会閉幕時の演説（第二部分）（一九九五年九月二八日）、『江沢民文選』第一巻、四六〇－四七五ページ、人民出版社、二〇〇六年版。
28　「国民経済と社会発展の第九次五カ年計画と二〇一〇年長期目標制定に関する建議」（一九九五年九月二八日第十四期五中全会にて採択）。
29　なぜ中央政府がマクロ経済のスタビライザーになるべきなのか。その理由は以下の通りである。①経済の不安定により度々繰返される景気の大変動は、ここ四〇年余りの経済発展において中国の重要課題の一つである。改革以降、景気の変動係数は低下したが、経済発展では七回の大変動が生じた。景気の大変動により経済成長の実績が大幅に損なわれている。②経済の安定維持は中国がスムーズにテイクオフするための重点である。現代の経済成長の発展プロセスから見ると、中国の経済は八〇年代からテイクオフの段階、つまり経済高成長期に入っている。短期間ではなく長期間この成長の勢いを維持すれば、中国は世界の経済大国となるはずであるから、スムーズに経済のテイクオフを実現することには大きな意味がある。③マクロ経済環境の安定は経済の持続的な成長にとって必須条件の一つである。④マクロ経済環境の安定は経済改革の成否に決定的な影響を与える。⑤マクロ経済環境の安定は中央政府の合法性の維持にとって極めて重要である。胡鞍鋼著『中国経済変動報告』一八－二〇ページ、遼寧人民出版社、一九九四年版。

30 鄧小平「武昌、深圳、珠海、上海等における談話の要点」、『鄧小平文選』第三巻、三七四ページ、人民出版社、一九九三年。

31 中国科学院国情分析研究グループ、石玉林監修『資源の開発と節約―中国の自然資源と人的資源の潜在力と対策』一二六－三一二ページ、科学出版社、一九九二年一二月。

32 雑誌『改革』一九九四年第五期掲載。

33 胡鞍鋼「旧ユーゴスラビア分裂の教訓と啓示」、『国際経済評論』一九九六年（Z1）。

34 朱行巧氏によると、中国は旧ユーゴスラビアとはタイプが異なり、国情の相違は明らかで多岐にわたる。そのため、旧ユーゴスラビアから中国を類推するには前提が成り立たない。類推の観点からいえば、筆者は旧ソ連の国情の方が基本的に中国に似ており、旧ソ連の分裂と解体の教訓を研究すれば中国にとって現実的であり、参考となるのではないかと思う。朱行巧「旧ユーゴスラビア分裂の教訓と啓示を語る―胡鞍鋼博士との討論」、『国際経済評論』一九九六年（Z6）。

35 中国科学院地学部「西北地域の新しい発展構想と戦略の加速に関する若干の建議」一九九九年七月一四日、『国情報告』第六四期掲載、一九九九年八月六日。同テーマはアカデミー会員の孫鴻烈氏が主宰し、胡鞍鋼他が起草し、中国科学院地学部が検討を行った。

36 胡鞍剛「新しい軟着陸を求めて。高失業率の引き下げが今後のマクロコントロールの第一の任務である」『瞭望新聞週刊』一九九七年（三一）一二～一三。

37 「中国国情分析研究報告」一九九八年二月九日、第一期。

38 胡鞍鋼『雇用優先戦略の実施。人民により多くの仕事のポストを与える』『国情報告』二〇〇〇年第七八期、九月二八日。

39 胡鞍鋼『われわれは改革について再考しなければならない』『読書』二〇〇五年第一期。

40 『中共中央国民経済と社会発展第十次五カ年計画制定に関する提言』（二〇〇〇年一〇月一一日中国共産党第十五期中央委員会第五回全体会議通過）。

41 『中華人民共和国国民経済と社会発展 第十次五カ年計画綱要』（二〇〇一年三月）

42 江沢民『小康社会を全面的に建設し、中国の特色ある社会主義事業の新局面を切り開こう――中国共産党第十六回全国代表大会での演説』（二〇〇二年一一月八日）。

43　国家統計局編『二〇一七年統計概要』中国統計出版社、二〇一七年、四五ページ。
44　胡鞍鋼『八％の経済成長率をどう見るか、経済成長率をどう扱うか』『国情報告』一九九八年第四期、七月二四日。
45　江沢民『一九九九年の経済工作活動の全体的な要求』一九九八年一一月二八日、中共中央文献室編『中国共産党第十五回全国代表大会以来の重要文献選』（上）、人民出版社、二〇〇六年六月第一版、六五七ページ。
46　新華社北京、一九九八年八月二日電。
47　何祚庥、蘭士斌「高等教育は適度に発展させるのか、思い切って発展させるのか」『科学技術導報』一九九八年第八期、一四〜二〇ページ。
48　胡鞍鋼、施祖麟「われわれには教育革命が必要だ。高等教育産業発展の歩みを速め、高等教育体制の改革を加速する」『中国国情分析報告』一九九八年第五六期、一二月二二日。
49　国家統計局編『中国統計概要二〇一七』、中国統計出版社、二〇一七年、一八〇ページ。
50　胡鞍鋼「大国の優位性を十分活用し、国内需要を積極的に拡大する」『国情報告』、一九九八年、第二四期、九月二〇日。
51　『中国共産党第十五期中央委員会第三回全体会議公報』（一九九八年一〇月一四日）。
52　胡鞍鋼「引き続き内需を拡大するためのいくつかの重大措置に関する提案」『国情報告』一九九九年第三九期、六月一二日。
53　胡鞍鋼著『胡鞍鋼集――中国の二一世紀に向かう十大関係』黒竜江教育出版社、一九九五年一二月版、四ページ。
54　李亜震『小人が大事を論ず。発する言葉は重みがある。〝中国が二一世紀に向かう十大関係――胡鞍鋼集〟』『中国図書評論』一九九六年第一二期。
55　江沢民「社会主義近代化建設における若干の重大な関係を正確に処理する」（一九九五年九月二八日）。
56　Chaohua Wang (ed.), One China, Many Paths, New York: Verso, 2003.
57　国策派は自分の知識を使い、中国の今の改革と近代化の過程で起こっている現実的問題について、独立した研究を行い、国情報告など自分の研究成果で、政府の政策に影響を与えようとしている。一九九〇年代から出現した「国策派」は一般的に系統的で規範化された学術訓練を受けている。彼らは理論あるいはある種抽象的な既定目標から出発せず、中国の改革の中で起こっている「問題」から主体的に出発し、自分の学術あるいは政策主張を提示できるだけでなく、学術上の独立性も備えている。『北京青年報』、一九九五年二月二日。
58　江沢民「改革開放と近代化建設の歩みを加速し、中国の特色ある社会主義事業の更に大きな勝利を勝ち取ろう。中国共産党第十四回全国代表大会における報告」一九九二年一〇月一二日。

第五章

清華大学での最初の一〇年（2000－2010）

一、中国科学院から清華大学教授へ

私の中国科学院から清華大学への転属は「二段階」で進み、人生の重要な飛躍を遂げたのであるが、引き続き国情研究に従事するだけでなく、最も重要なことは、教育と人材育成を通じ、中国の最も優秀な新しい世代を育てたことだ。今までに、二〇人以上の公共経営博士、四〇人のポストドクターの研究者、一〇〇人以上の学術修士、公共経営修士（ＭＰＡ）および外国留学生を育成し、彼らは各分野で傑出した人材として活躍しており、まさに教え子は全国至るところで開花していると言える。

第一段階として、清華大学二一世紀発展研究院に入所し、清華大学で兼任教授となった。一九九六年、当時の清華大学二一世紀発展研究院の方恵堅院長と候世昌副委員長が私に同研究院に入るよう強く要望した。同研究院は設立当初から発展戦略と公共政策研究に従事する科学研究と教育の機関と位置付けられ、国家改革と目下の重大なマクロ的、戦略的、将来的な問題について、体系的な発展戦略と政策研究を組織的に行っていたからである。これは私にうってつけの国情研究の職務であったが、当時は中国科学院から一挙に清華大学に転属することは難しかった。そこで、校務会議による特別の措置で、私は兼任教授となり、その年全校大学生向けに「国情と発展」を正式に開講し、清華大学の人文教養課程の選択科目として、大学一年生から四年生まで、文系から理系まで、広範な学生の好評を博した。こうして、私と清華大学の縁は切っても切れないものとなったのである。

私は一九九八年から修士課程、博士課程、ポストドクターの大学院生を採用し始め、中国で最も優秀な学生である彼らに、直接社会実践と調査研究に参加し、専門の国情研究を行うよう指導し、彼らはすぐに私の重要な研究助手となって、われわれの研究の効率を大きく引き上げてくれた。これもまた私が清華大学へ入ることを決めた重要な要因であり、優秀な人材を育成できるだけでなく、機敏で優秀な国情研究チームを作ることができたからだ。

第二段階として、清華大学公共管理学院に奉職した。国家発展の必要性に基づき、人文社会科学を大いに発展させるため、二〇〇〇年一〇月、清華大学は公共経営学部と二一世紀発展研究院をベースに、国内初の公共経営学院である清華大学公共管理学院を設立した。国務院発展研究センター共産党委員会元書記陳清泰副主任が初代院長に就任し、私は第一期の教授となったが、当時、私以外には薛瀾教授やその他の教授、副教授がいた。これが私の人生のまた一つの新たな重要な旅路の始まりであり、国情研究と教育、人材育成を結合する新たな段階に入ったのである。

私は同年、中国科学院―清華大学国情研究センターを設立した。同センターは国家首脳の意思決定のためのシンクタンクの一つとして位置付けられ、国内外に重要な影響力を持つ公共政策研究センターとなった。主要な任務は、基本的な国情の研究、特定の課題の調査研究、重要な国情情報の収集整理、国情に関する意思決定のためのデータバンクの創設で、主に二一世紀の中国の中長期的な発展の戦略的課題と関連する公共政策を研究し、中央が高度に注目している問題と争点を重点的に研究すること。全国的な国情研究と国情教育を推進し、国際協力と交流を促進し、公共政策研究のハイレベルな人材を育成し、修士、博士、博士課程後の大学院生を教育することである。国家の最高の利益を守り、国家の長期発展目標を見極め、積極的に国家のマクロ政策決定に影響を与えることを目的とする。国情研究センターの最重要任務は意思決定のための知識を獲得し、革新し、伝え、国情研究報告を通じて意思決定と政策に影響を与え続けることである。

われわれが発行する「国情報告」は、主に中央指導者と各部委員会と各省市自治区の主要な指導者に国情研究の背景となる資料を提供し、中国経済社会発展についての見解と提案を提供する。中央と関係指導者から高い注目を集め、影響力は日増しに高まっており、大きな社会的効果と影響を生み出している。

私はこの時期の活動について、私が監修した『意思決定に影響した国情報告』（清華大学出版社、二〇〇二年一二月出版）にまとめた。私は中国の国情とその発展に対する認識と研究を生涯の職業と研究の方向と考えただけでなく、人生最大の目的と生きがいと捉えた。われわれの国情研究は広範な社会的実践と社会的必要性を備えており、広範な社会的影響を生み出すことが可能である。私は自己の学術人生で進むべき道を見出したが、その本当の意味は、中国の発展と共に歩み、その開放と共にあり、変革と共に前進し、繁栄と共に生きるということだ。[※1]

現在振り返ってみると、清華大学を選んだことは、私にとって非常に重要であり、私は国情研究の面でも、優秀な人材育成の面でも、一段階レベルアップし、一種の黄金期に入った。まさに習近平総書記が清華大学創立一〇五周年の祝賀状で「清華大学はわが国の高等教育の模範である。清華大学は一〇五年来、「自強不息、厚徳載物（弛まず努力し、自己を向上し、徳を高くし、物事をなす）」という校訓を受け継ぎ、中国と西洋を融合し、昔と今に通じ、透徹した論理性を重視する学風を創始し、愛国的献身、最良を追求する精神、思想と仕事の両面に秀で、全面的な人材育成を行うという特色を打ち出し、多くの学術上の大家、企業エリート、国を治める人材を養成し、国家と民族のために重要な貢献を果たして来た」と言及した通りである。

二〇一七年の全国第四回学部評価において、清華大学公共経営学部はA＋学部に評価され、私は学院の第一期教授として、また国情研究チームの指導者として、重要な貢献を果たした。

二、ハイレベルで優秀な人材の育成

「一年の計は穀を樹うるに如くはなく、十年の計は木を樹うるに如くはなく、終身の計は人を樹うるに如くはなし。一樹一獲なる者は穀なり、一樹十穫なる者は木なり、一樹百穫なる者は人なり（一年の計画を立てるなら穀物を植えるのが良く、十年の計画を立てるなら樹木を植えるのが良く、終身の大計画を立てるなら、人を育てるのが良い）[※2]」

私たちの祖先は、教育を発展させ、民に投資することは、わずかな資本で巨利を得る事業だと、世界で最も早く気づいた。人は世界で最も貴重な富の基礎である。

中国の優秀な人材の「揺籃」（清華大学）の一人の教師として、私は人材育成の重要性を理解しており、終始一貫して人材育成を私の仕事の重点とし、崇高な使命としている。「人材育成を本とし、優秀な人材を養成する」が私の教師としての職責の位置付けであり、私の教育の出発点であり、着地点でもある。教師の基本職責は、人材育成であり、教育は人材育成のためにあり、人材育成は教育の目的である。私の崇高な使命は、中国のために優秀な人材、すなわち最も優秀な人材、新しい事業を創業できる卓越した人材、将来リーダーや指導者となる人材を養成することである。

大学教授として、学生に何を講義すれば良いのか、またどのように講義すればよいのか。一九四一年、毛沢東は次のような厳しい批判を行った。学校の教育や在職幹部の教育において、哲学を教える者が中国の学生に中国革命の論理を研究するように指導せず、経済学を教える者が中国の学生に中国経済の特色を研究するように指導せず、政治学を教える者が学生に中国革命の戦略を研究するように指導せず、軍事学を教える者が学生に中国の特色に適した戦略と戦術を研究するように指導していない。すべてがこの調子だ。その結果、間違いの種が伝播し、甚だしく人を誤らせている。特に多くの留学生は、欧米や日本から帰ってきて、外国で見たこと聞いたことを鵜呑みにして話すことしか知らないと批判した。彼らは蓄音機の働きはしたが、自分が新しい事物を認識し、創造する責任を忘れてしまった。この種の弊害は共産党にも伝染した。[※3] これは現代の中国の大学教育を批判しているようなもので、多くの社会科学の課程は主に西欧の各種学派を紹介する翻訳機のようで、西欧諸国の経験と長所を強調し、メガホンのように、口を開けばギリシアを称賛し、特に米国に対しては、ひれ伏して拝んでいるかのようである。この現状に対し、私は、毛沢東に学ばなければならず、中国の現状を研究し、中国の国情を具体的に分析するだけでなく、学生に現代中国の課程を講義すべきであるとはっきりと認識するに至った。これは、私が行った十数年の国情研究と関係があり、先ず研究した後に教え、再び研究して再び教え、他国の書を教えるのではなく、自分の書を教えることだ。

私が十数年来にわたって多大な力を注いだ教育と人材育成は、いくつかのレベルに区分することができる。

第一に、全校大学生に直接授業を行うこと。彼らは皆、中国で最も激しい高考（大学統一入学試験）の競争で選別された最も優秀な学生である。清華大学は比較的早くから共通知識の教育を基礎とした本科教育を提唱している。私は教授として、一九九七年に先頭に立って全校の大学生に向けた人文教養課程「中国国情と発展」を開講し、共通課程とした。テーマは現代中国の発展の道であり、学生の中国理解と中国研究の「入門課程」であり、中国の興隆と共に成長する「一生の収穫となる課程」でもある。中国国情を真に理解し、中国の改革開放の背景を深く理解し、中国と世界の関係を理性的に認識して初めて、彼らは人生の大舞台を認識し、広大な天地を選択し、生涯を通して学習し、実践し、収穫を得ることが可能になる。

第二に、公共管理学院の大学院生に直接授業を行うこと。学校は「学術的人材と専門的人材に分けて養成する」という大学院生の位置付けを確立している。学術的な博士課程、修士課程には選択課目「中国と国際発展の最先端」を開講し、国際発展の先端理論と経験を解説、特に中国発展の実戦と理論の革新を解説している。各種ＭＰＡ（公共経営修士課程）の学生には必修科目「社会主義経済理論と実践」等を開講し、中国社会主義近代化発展の道の理論と実践を解説している。全校の大学院生には選択科目「現代中国政治経済」を開講し、主に毛沢東時代と鄧小平時代の歴史を解説している。

第三に、外国留学生に授業を行うこと。二〇〇七年から、公共管理学院はＭＩＤ学生（国際発展修士）、ＩＭＰＡ学生（アフリカ留学生）を募集している。私は「中国経済発展と政策」を開講し、主に中国の経済発展の成果と経験を解説し、数十カ国からの留学生、特にアフリカからの留学生に対し力を注ぎ、人的資本を投資している。この課目は全て英語での授業で、私にとってまた一つの新たな挑戦である。しかし講義は好評で、全校の他学部の外国留学生も聴講している。

このようにして、われわれは非常に優秀な現代中国研究の教育チームを作り上げた。最大の特徴は現代中国を対象とし、多くの学科、多くの分野にわたり、総合性、研究性、独自性のある教育を行い、清華大学大学生と各種学生の中国の知識の深化を促進することに力を入れること。すなわち中国を全面的に紹介し、中国の分析を深め、理性的に中国を認識し、将来の中国の発展のために知識を獲得し、準備し、拡張することである。

私の教育において、意識的に清華大学が提唱する「価値の形成、能力の養成、知識の伝授」の「三位一体」を核心とする教育理念を体現することに努め、教科課程には試験評価の機会を設け、学生と敵対するのではなく、学生の友人、すなわち学習の友、知識の友、成長の友となることに努めている。教育課程では、意識的に学生の好奇心と関心度を刺激して高め、講義テーマ報告の形式を十分に活用し、学生の思考、研究能力を養成し、表現力、コミュニケーション能力を訓練している。

全校学部生用の課目「国情と発展」を例に挙げると、次のような教育プロセスを採用している。一つ目はテーマ講義で、主にわれわれの国情研究の成果に基づく、国情研究の専門課程であって、政治思想教育課程でもあり、「立徳樹人（徳をなして人材を育成する）」の教育理念を体現するもので、私がこの課目を学生の一生の収穫となる課目と位置付けている理由でもある。二つ目はグループ学習で、七〜八人の小グループに分けて課外で討論とテーマ研究を行い、助教が指導する。三つ目は知識共有で、各小グループが講義時間にテーマ研究について紹介し、私がコメントし、他の学生に対しての模範を示す。四つ目は各学生の独自知識の革新で、各学生が自分でテーマを選んで研究論文を作成し、課目の学習で得た成果とするだけでなく、自分に対しても中国認識、中国研究の「文章」を残す。五つ目は学生の各プロセスでの成績に基づき、総合的な評価を行うことである。

教育と人材育成において、最も優秀な学生を育成するためには、彼らにより全面的に中国を理解させ、非常に複雑な中国を分析することを学ばせ、中国独自の社会主義近代化の道の認識と理解を深めさせなければならない。長期的に見ると、学生が将来何をするかに関わらず、「自強不息、厚徳載物（弛まず努力し、自己を向上し、徳を高くし、物事を成す）」でなければならず、文化によって人を育て、絶えず自己の総合的素養、すなわち政治的素養、思想的素養、科学的素養と専門的能力を高めることで、将来、優秀な傑出した人材、中国社会主義近代化事業の後継者や指導者となり、人類文明のために新思想、新知識を捧げることができる。[※4]

第四に、国情研究院の学生を自ら指導し、訓練すること。徐々に「教師－ポストドクターの大学院生－博士－修士」という整った研究チームをつくり、チームのメンバーが徐々に参画し、自己の研究領域や研究視座からわれわれの国情研究におのおの貢献をする。「伝授、助力、指導」が人材育成の一つのモデルになり、課題やプログラムへの参加を通して、大学院生の学術能力、組織能力、実践能力を養成している。

私は二〇一六年五月一七日、習近平同志主催の人文科学工作座談会に出席した。習同志は、学科体系の構築が低迷すると教材体系が低迷し、反対に教材体系が低迷すると学科体系の効果が出ないとし、中国は現在、中国独自の人文科学体系の構築を急がなければならないが、中国に立脚し、外国を参考とし、歴史を顧みて、現代を把握し、人類を思いやり、未来に向かって思考し、中国独自の人文科学を強力に打ち立て、指導思想、学科体系、学術体系、言語体系などの面で中国の特色、中国の風格、中国の気概を十分に体現しなければならないと指摘した。習同志はまた、中国独自の人文科学は系統的で専門的であるべきで、われわれは、全方位的で、全領域にまたがった、全要素を含む人文科学体系の構築に力を尽くすべきで、学科体系は教材体系と不可分の関係にあるとし、人文科学の有用な人材を養成するためには、良い教材が必要だと指摘した。[※5]

私はこの点を強く実感しており、賛同するだけでなく、自ら実践している。大学教授として、私の方針は「三書」である。一つ目は、文字のある書物と文字のない書物を含めて他の人の書いた書を読むこと、二つ目は、単著、共著等を含む自分の書を書き、体系的な国情研究学術成果を示し、三つ目は自分の書を教えることで、独自の現代中国研究の教材体系を講義することである。

私はずっと学生に「二つの大学」（学術の大学と社会の大学）でよく学ぶよう指導してきたし、「二つの課程」（専門の課程と社会の課程）でよく学ぶように指導している。これは人文社会科学の学生にさらに有意義である。毛沢東同志は一九六四年に「文系は社会全体を自己の工場とするべきだ。教師と学生は農民と都市の労働者に触れ、工業と農業に触れなければならない。さもないと、学生は卒業してもあまり役に立たない」と述べている。[※6] 実際のところ、中国の改革開放は広大な天地であり、大舞台であって、われわれが思い切り力を発揮できるフィールドである。「学術の象牙の塔」を出て、深く社会に入り、調査研究し、人民大衆に学ぶ。私は現在、調査研究や視察で出張する時は、いつも学生を連れていき、彼らに実践の中で学ばせ、学びの中で実践を行わせ、専門的な教育と訓練を受けさせ、国内外の同業者との学術交流・競争を強化し、将来の国際的な競争の中で、より一層競争力と影響力を持つ「中国通」になるよう指導している。

同時にまた、教育は人によって異なり、その人に応じた教育を施すべきであり、学生の特徴、興味、好み、潜在能力に基づいて、狙いを定めて個性を養成しなければならず、一つのモデルではなく、一種類のタイプの人材でもなく、多様な養成モデルと、多様な人材のタイプによるべきである。

私は人材育成の面で、「高く入って高く出る」ことを主張しており、学術研究の成果が新しい段階にステップアップすることを主張している。清華大学の基準では、全体的に素養が整い、品行と学問共に優れ、目立った特質のある優秀な学生を募集することになっており、[※7] 学生は皆難関を突破して入ってきている。「高く入って高く出る」には制度の革新が必要であり、学校の各種学生養成制度に基づいて手続きし、厳しく要求し、制度的に規範化し、実践の中で実行し、彼らを将来の優秀な人材、社会の大黒柱にしなければならない。

学生間の公平な競争、公開の競争を保障するため、競争を通して自己の学習能力と発展能力を高めることを奨励すべきである。教官は重要なポイントで学生に指導と指摘を行い、「舵取り」の役割を十分に果たすべきであり、知識を担当する「漕ぎ手」になってはならない。最終的に知識の海の向こう岸へと操縦し、独自の研究成果に結びつけなければならない。例えば、博士論文や博士課程後の研究報告などの個人的な著作に成果が反映されるように、私は彼らの著作のために序文を書き、推薦している。いわゆる「高く出る」というのは学術成果が顕著なことである。一つ目は、私と彼らが協力して書いた学術論文の引用率が高く、ダウンロードが多いこと。二つ目は、私と彼らの共著あるいは彼らの著作が中国社会科学界で影響が大きいこと。三つ目は、彼らが卒業後の職場で傑出した人材になること。

第五に、全学院、全校で各種の学術講座を開講すること。例えば、二〇〇八年は「文化大革命」開始四〇周年記念であり、終了三〇周年記念であるが、私は「文化大革命シリーズ講座」を四回開講し、常に満員で、聴講者数は延べ千人を超えた。また二〇〇七年の中国共産党第十七回全国代表大会が閉幕した当日、私は学校の講堂で、「党の十七全国代表大会」というテーマで講座を開講した。中国共産党第十六回中央政治局常務委員会とその機構設計を評価し、数千人の学生が聴講したが、その後、会場の安全性の問題で人数を制限し、二回目の講座を開講しなければならなくなった。また、全校院生の新入学生のための講座を開き、少なくとも延べ三千人が聴講した。他にも国情専門家の肩書で、全校各種学生のために中国共産主義青年団や共産党員への講義を行い、新しい視点で「中国の道」すなわち中国独自の社会主義近代化の道を解説した。私は常にトップレベルの大学の優秀な学生であればあるほど、政治的にゆるぎなく、成熟し、高度な歴史的使命感と社会的責任感を持たなければならないと強調してきたし、「人生指導」を行うことによって、彼らが志を立てて中国改革開放と民族復興の大黒柱になるよう励ましている。清華大学そのものが最良の大きな教室で、累計すると、全校で私の講義を聞いた学生は延べ数万人に達しており、恐らく私は講座の聴衆数が最も多い教授の一人であり、学生の人気が最も高い教師の一人である。

第六に、二つの大学、学術大学と社会大学での教育を効果的に行うこと。国外の大学教師とは違い、中国共産党が構築している「学習型政党」と中国政府が構築している「学習型政府」の性質を重要な背景として、党と政府の幹部は正規の継続的教育と訓練を受けなければならない。中央と地方の党学校と行政学院以外に、高等教育学校も大量の幹部教育任務を担っている。二〇〇二年から中央組織部の指導の下、国務院発展研究センターと清華大学公共管理学院は、ハーバード大学ケネディ政府学院と共同で高級公共経営教育コースを開講し、中央機関と地区の在職幹部が参加し、まず公共管理学院の授業は中国と外国の教授が行い、次にケネディ政府学院の教育は、外国教授が担当した。私は公共管理学院の教育に参加した。

私はさらに中央と国家機関局長級の幹部の自主選択クラスである清華大学マクロ経済情勢と国情分析をテーマとしたクラスで授業を行った。[※8]受講生は中央機関と国家機関からの参加者であり、彼らは業務の必要性と知識体系の整理などの目的によって、さまざまな課程、学院、教授の授業を自分で選択する。

私は他にも毎年、各省・市へ赴き地方党委員会理論センターの学習クラス、党学校、幹部のために各種のテーマ講座を行うが、開催規模は大きく、知識伝達は広範囲に及ぶ。毎回講座では、私はそれぞれの聴衆の要求と必要性に基づいて、念入りに準備し、受講生にとって価値のある大量の情報と知識を伝達する。これも私にとっては、大きなチャレンジとなっている。受講生は学生とは違い、多くは高い学歴を持ち、長期的に公共経営の実践と公共経営政策策定の実践に従事しており、その多くはそれぞれの分野での専門スタッフや専門家である。私も絶えず講義の準備、講義、質疑応答、交流の過程で、知識を学び、革新し、伝え、分かち合っている。

まとめると、古人が言ったように「師は人の模範なり」である。[※9] 清華大学の教授として、私は、学生が中心で、教育を行うのみならず、人を育て、「良い師は、その理論が完全なだけでなく、その行いにおいても慎みがある」（董仲舒）の言葉通り、学生の模範とならなければならないことを十分に理解している。私はさらに知識の外部性についても理解している。私の職責は中国の最良の学生に知識の投資を行うことであり、正式な講義であるか、講座であるかに関らず、著作で説を立てるか、自ら指導するかに関らず、常に真剣に心を尽くさなければならない。教育と人材育成は絶え間ない人力と知識の投資の過程であり、霧雨が物を潤し、知らず知らずに変化し、雨だれ石を穿つような根気強さをもって、知識の伝達、人的投資、ハイレベルで優秀な人材の養成を行わなければならない。

三、絶え間なく国情に関する知識を極める

私は「学問には平坦な道はない。学問の険しい坂道をよじのぼる労苦を厭わない者だけに、その明るい頂上にたどりつける望みがある」というマルクスの言葉が大好きだ。

私の理解では、国情研究は長期の深く掘り下げた学習、多くの学科の研究、学科の枠を超えた知識、

長期の蓄積と中国近代化の実践経験の総括と理論の革新、絶え間ない知識資本蓄積の過程であり、険しい科学の道で絶えず知識の頂点を目指して登って行く過程でもあり、その過程は結果よりもさらに重要で、努力は成果よりさらに有意義でもある。

二一世紀に入って、私はさらに広い視野から絶えず中国の国情を認識し、さらに実務的な基本国策と政策提言を行い、その多くは「国情報告」に反映されている。

(一)農民工の差別から農民工の尊重へ

私は二〇〇一年に、農民工を平等かつ友好的に取り扱うことを提言した。[※10] これは一九七八年の改革以来、中国の都市と農村の間の人口流動制限のモデルが徐々に破られ、累計で約六〇〇〇万人から一億人という世界史上最大規模の人口移動が発生したからである。私は、農民の都市への流動や農業労働力が非農業分野へ移ることが中国の工業化、都市化、近代化の基本的な道程であり、歴史発展の必然の趨勢だと認識している。農民工はすでに都市における生命力を備えた労働力の大軍であり、中国労働者階級の一部分である。農民工の大量の都市流入は、中国の経済発展と社会の構造転換に極めて大きな影響を与えている。

農民工の都市流入に対する公共政策は、大きく三つの段階を経たと考えている。第一段階は赤信号段階である。計画経済体制の下、農村人口の都市への移動を厳禁し、世界でも類を見ない都市農村戸籍制度を設けたが、これには農村へ下放された者として深い実感がある。第二段階は黄色信号段階である。農民の都市への移動制限を緩和するか条件付きで移動を許可する。農民工が食糧を持参して都市に来て労働することを許可した一九八四年の国家規定のようにである。第三段階は青信号段階である。この段階では、友好的で公平な農民工政策を実施し、完全に自由な移動と公平な競争による労働市場を徐々に構築し、「一視同仁」の原則を実行することを提言する。農民工の労働の権益と労働の安全、都市住民と同等の基本公共サービスの享受を保障し、農民工を尊重し、平等に扱うために以下を提案したい。一つ目は「労働証」を発行し、労働を適法化し、各種制限や差別的な就業政策と規定を撤廃し、就業競争を奨励する。二つ目は「暫定居住証」を発行し、都市住民の基本公共サービスの享受を可能とする。すなわち、子女基礎教育、公共衛生、医療サービスなどである。三つ目は、最終的に戸籍制度を廃止し、住民登録制を構築し、都市の新市民とする。四つ目は、公民の選挙権と被選挙権を享受し、都市コミュニティーの公共事務への平等な参加を可能とすることである。

実際、言うは易く行うは難しの言葉通り、第十八回共産党全国代表大会以降、中国政府はやっと一億人の非都市戸籍人口の都市戸籍登録計画実施を加速し、都市定住条件を緩和、「人、地、金」の付帯政策を踏み込んで実施し、居住証制度を全面的に実行に移している。[※11] 二〇一六年国家「第十三次五カ年計画」は初めて戸籍人口都市化を経済社会発展の主要な指標の一つとして規定し、毎年一ポイント向上するよう要求、毎年少なくとも一三〇〇万余りの非都市戸籍人口が都市戸籍に転じる予定である。二〇一八年「政府活動報告」では、初めて都市の失業率を予期性目標として、農民工など非都市戸籍人口を含め、より全面的で正確に就業状況を反映できるようにした。[※12]

㈡農民の解放から農民の減少と農民の富裕化へ

私は二〇〇二年六月二四日、朱鎔基総理主催の経済専門家座談会に出席した。私は、中国は都市と農村の間に、大きな発展の差があるだけでなく、平均収入や公共サービスの面でも大きなレベルの差があり、全世界でも発展格差の最も大きな国の一つであり、しかも二種類の異なる体制、いわゆる「一国二制度」という一つの国に二種類の異なる制度が存在し、異なる身分制度、教育制度、就業制度、公共サービス制度、公共財政制度があると考えている。そこで私は、「一国二制度」の制度的障害を解消し、都市化を加速し、農民を解放し、農民に投資し、その移動を推進し、数を減らし、農民を豊かにすることを提唱した。中国は制度革命が必要で、長期にわたる都市と農村の隔絶、対立、分離の不公平と不公正な局面を根本から解決する必要がある。中国は第三次「農民解放」制度革命が必要であり、その核心は農民を解放し、農民に投資し、農民の移動を推進し、その減少を促進し、農民を豊かにすることであると主張した。※13

二〇〇〇年から二〇一七年まで、中国の農村総人口は八億八〇〇〇万人から五億七七〇〇万人に減少し、二億三一〇〇万人減少、総人口に占める割合は六三・八%から四一・五%に下落し、二二・三ポイント低下した。同時期に、中国農業労働人口は三億六〇〇〇万人から二億一〇〇〇万人へと一億五〇〇〇万人が減少、非農業産業へ移動し、全国就業に占める割合は五〇・〇%から二七・〇%に下落、二三・〇ポイント低下した。農村住民の平均収入は二二五三元から一万四四四五元に増加し、一〇・八倍に増えた。農民が豊かになるのを見て、私は心から喜びを感じる。確かに農民のゆとりなしに中国のゆとりある社会はないのだ。

現在振り返ってみると、農業、農民、農村を深く理解していた当時の指導者が制定した発展政策は比較的中国の国情に適合しており、中国の発展を大幅に促進した。絶対多数の人口が受益者となる改革こそが、真の社会主義改革と呼べるからである。同様に、農業、農民、農村を深く研究していた当時の学者こそが、真に知識が人民、特に農民を幸福にしたと言うに値する働きをした。これは確かに、私の北大荒で農業に従事した七年間と必然的な関係がある。私がその後、何度も北大荒に調査研究に赴いた時、農場の巨大な変化を目撃して驚愕し、さらに喜びを感じ「北大荒の路（一九四七〜二〇四七）落伍者から先導者へ」（『農場経済管理』、二〇一〇年第一〇期）、「再び北大荒の路を語る」（『農場経済管理』、二〇一一年第一〇期）、「北大荒精神と北大荒の夢」（『農場経済管理』、二〇一三年第九期）を執筆した。

㈢デジタルデバイドからデジタルボーナスへ

二〇〇〇年、私と周紹傑は、インターネット経済は二一世紀のグローバルな発展の中で、最も迅速で、最も影響が大きく、応用範囲が最も広い技術革新と技術伝播に基づく新経済であると指摘した。中国と先進国に巨大な知識と情報の格差が存在するとしても、最新で、重大で、基礎的な新技術の面で、われわれと先進国は基本的に同じスタートラインに立っており、この領域はわれわれがよく言う「飛躍的」発展を実現できる可能性が最も高い分野である。インターネット経済の発展を加速することを二一世紀に向けた新しい重大な戦略にすべきで、「第十次五カ年計画」と「長期計画」の重大な発展戦略の一つにし、経済グローバル化とインターネット革命の歴史的契機を十分に活用して、新世紀に中国と先進国の発展格差をより一層縮小し、この面において飛躍的発展を実現することにより、中国の各地域の発展格差を縮小することを目的とするべきである。※14

二〇〇〇年の共産党第十五期中央委員会第五回全体会議で、初めて国民経済と社会情報化の強力な推進が打ち出され、近代化建設の全局面の戦略措置を網羅し、情報化で工業化を促進、後発の優位性を発揮し、社会生産力の飛躍的発展を実現するとした。

二〇〇二年一月、私と周紹傑は次のように指摘した。中国は三つの「デジタルデバイド」に直面している。発展途上国の一員として、今回の情報革命の「デジタル後進国」となっており、「デジタルデバイド」の別の一端に身を置き、世界のインターネット普及レベルとの間の巨大な格差に直面しているだけでなく、巨大な内部格差、すなわち地域間の「デジタルデバイド」と都市農村間の「デジタルデバイド」に直面しており、それが情報化時代のわが国の発展にとって新たな試練となっている。[※15]

二〇〇二年の中国共産党第十六回全国代表大会の報告は、次のように明確に指摘した。情報化は中国が工業化と近代化の実現を加速するための必然の選択である。情報化が工業化を引っ張り、工業化が情報化を促進することを保ちつつ、科学技術力が高く、経済効率が良く、資源消耗が低く、環境汚染が少なく、人的資源の優位性が十分に発揮される新型の工業化の道を歩むべきである。

過去十数年で、中国は積極的に「新経済」を切り開き、戦略的に「デジタル革命」を「デジタルチャンス」に変え、先進国との間および国内の都市と農村の間の「デジタルデバイド」を成功裏に縮小し、絶え間なく「デジタルボーナス」を獲得した。二〇一七年に至って、中国はすでに世界的デジタル大国となった。全国の携帯電話のユーザーは一億四二〇〇万戸に達し、携帯電話の普及率は一〇二・五契約／百人にまで上っている。ブロードバンドインターネット接続ユーザー三億四九〇〇万戸、うち光ファイバーブロードバンド接続ユーザー二億九四〇〇万戸、モバイルブロードバンドユーザー一一億三二〇〇万戸、インターネット普及率五五・八%、オンライン販売額七兆一八〇〇億元、うちオンライン商品販売額五兆四八〇〇億元、社会消費材販売額に占める割合は一五・〇%である。[※16]

中国共産党第十九回全国代表大会報告によると、中国はネット強国建設を提唱し、デジタル中国建設戦略を実施しており、強力に「インターネット+」を推進し、新型スマートシティの建設を加速し、産業のデジタル化転換を加速し、中国は世界のデジタル化経済の新潮流を先導している。

㈣三大差別の拡大から縮小へ

私が監修した『中国戦略構想』（浙江人民出版社、二〇〇二年一月版）では、中国の国情の基本的特徴を三つにまとめた。

第一に、一つの中国、二つの制度。中国の農村人口は総人口の約三分の二を占めるが、農村人口に直接投入される政府の財政支出の割合は七分の一から十分の一しかない。この種の制度と公共財政分配の不公平は、都市と農村の間の巨大なギャップを生み出す重要な要因の一つとなっている。

第二に、一つの中国、四つの世界。これは中国の発展の不均衡の各地域における反映である。世界銀行の方法に基づいて四つの異なる収入層に区分し、一人当たりのＧＤＰ（実質購買力平価ＰＰＰ）に応じて比較すると、「第一世界」は世界でも高収入層に入る地域で、上海、北京、深圳の三都市が含まれ、全国総人口の約二・二％を占める。「第二世界」は世界の上の中レベルに入る収入層の地域で、天津、広東、浙江、江蘇などの沿海地域が含まれ、全国総人口の約二二％を占める。「第三世界」は世界の下の中レベルに入る収入層の地域で、全国総人口の約二六％を占める。「第四世界」は世界の低収入層に入る地域で、主に中西部の貧困地区に分布し、全国総人口の約半分を占める。中国は世界で地域発展格差が最も大きい国で、一つの省の中でも、その内部格差は十分巨大である。

第三に、一つの中国、四つの社会。ここで言う「四つの社会」の一つ目は農業社会である。今のところ中国の農業労働力が全国就業総人口に占める割合は依然として五〇％で、一八七〇年代の米国、フランス、ドイツの農業人口比率に相当する。中国の農業労働生産性は極めて低く、食糧とその他農産品の商品率（商品が製品総量に占める比率）は極めて低く、これも農民の収入レベルが長期にわたって低いレベルにあることの重要な原因である。二つ目は工業社会（建築業を含む）で、その労働人口が全国総就業人口に占める割合は二三%である。三つ目はサービス業社会で、その就業割合は二二%である。四つ目は知識社会で、教育、衛生、文化、科学技術、金融保険、政府部門等を含み、その就業人口が全国総就業人口に占める割合は五%である。[※17]

上述の三大特徴は中国の基本的国情の特徴である多様性、差異性、不均衡性、存在する巨大な都市と農村の格差、地域格差、社会格差を十分に反映している。これはわれわれが思考した後に提唱した中国長期発展戦略構想の基本的な根拠であり出発点である。このため、私は以下のような中国二一世紀の長期発展方向と主要任務を提示した。都市化を加速し、最も根本的な措置として、都市と農村の住民の二種類の身分制度を解消する。西部大開発戦略を実施し、中西部地域の発展を加速し、地域発展の格差を縮小する。工業化、サービス化と知識化の発展を加速し、低レベル収入から中レベル収入へ、さらには高レベル収入まで引き上げる。未発達から中レベルの発達へ、さらには比較的発達したレベルまで引き上げる。伝統農業社会から工業とサービス業の社会へ、さらには知識社会まで引き上げる。中国はいくつかの分野では飛躍的発展を実現し、他の先進国が数百年の時間をかけて達成したことを比較的短い時間で段階的に達成する可能性がある。[※18]

一一月の中国共産党第十六回全国代表大会報告の中国の国情に対する基本的な判断は、都市と農村の二元的経済構造はまだ変わっておらず、地域格差の拡大傾向に変化はなく、貧困人口はまだ相当な数に上っており、総人口は引き続き増加し、老年人口の比率は上昇し、就業と社会保障の圧力は増大している、ということである。また、生態環境、自然資源と経済社会発展の矛盾は日増しに突出してきている。このため同報告は、二〇二〇年までに都市人口の比率を大幅に高め、工業と農業の格差、都市と農村の格差、地域格差の拡大の傾向を徐々に転換させることを初めて提唱した。[※19]

その後の実際状況は、一つ目として、第一次産業の就業比率は二〇〇〇年の五〇％から二〇一六年の三一・〇％まで継続的に下落し、農業労働生産性を大きく高めた。第二次産業と第一次産業の労働生産性の相対的格差の縮小を促進し、二〇〇〇年の六・八七倍から二〇一六年の四・四五倍にまで縮小した。

二つ目には、都市と農村の平均収入の相対的格差は継続して上昇し、二〇〇九年にピークに達して三・三三倍になり、その後低下し始め、二〇一七年に二・七一倍まで低下した。

三つ目は、全国各地の一人当たりのGDPの相対的格差の係数に改善が見られ、二〇〇四年に歴史的な最高値（七五・一％）に達したが、その後大幅な下降に転じ、二〇一五年には四三・九％まで低下し、新中国の歴史上、最低値を記録した。

これは中国共産党第十六回全国代表大会の報告が提唱した三大格差拡大の段階的是正の目標を相次いで前倒しして達成したことを意味している。また、中国が先に経験した二〇年余りの「先富論段階」で、成長型三大格差が拡大し、全ての産業、地域、人が前人未到の高度成長を遂げたが、その後で経験した一〇年余りの成長型三大格差縮小の新しい状況が、中国の市場経済は人民を豊かにできることを証明し、さらに中国の社会主義は全人民を共に豊かにすることができることを証明した。

㈤「一つの手」から「二つの手」へ

世界的背景を見ると、一九八〇年代から一九九〇年代に、社会主義国家が次々に市場化の改革を行った。一九九六年の世界銀行の年度報告「計画から市場へ」の基本的考え方は、一つの手（公有制をベースにした計画の手）からもう一つの手（私有制をベースにした市場の手）への移行ということであったが、中国は大きく異なり、一つの手（計画の手）から二つの手（混合経済をベースとした市場の手と計画の手）

への移行であり、社会主義市場経済体制の創出に成功した。

社会主義市場経済体制へ転換する過程で、最も重要なことは、どのように政府と市場の関係を正確に認識し処理するかである。二〇〇〇年に、私と王紹光が共著『政府と市場』（中国計画出版社、二〇〇〇年）の中で市場経済に転換中の政府と市場の関係を主に探った。議論の焦点は政府の働きをなくすことではなく、政府が市場経済転換への過程でどのような役割を果たすべきかにあり、政府はどのような領域に関与すべきで、政府の機能はどのように変化すべきかにあった。

われわれは創造性を持って次のように提唱した。政府の働きと介入範囲は縮小すべきで、「管理しない領域はない」から「管理する領域を限定する」へ、「過度の介入（立ち位置の欠如）」から「適度な介入（立ち位置を定める）」へ、公共サービスの「介入の欠如（行き届いていない）」から「介入の強化（行き届いている）」へと介入手段を転換しなければならず、計画、行政を主とする手段から経済、法律を主とする手段へ、直接管理から間接管理へ、介入を「人治」から「法治」へ転換し、介入手段自体も法律の監督と制約を受けるようにし、介入の有効性を高め、市場メカニズムを十分に利用し、各種の試練に積極的に対応し、介入の透明性を高め、介入過程での「不正利得」を減らす。これらの必要性を提唱した。

中国の国情の条件下で、政府の主要な機能をどのように定義するのか。外国の教科書に答えを見つけることはできない。同書では、中国の国情と社会主義市場経済システムの客観的要求に基づき、中国政府の主要機能を次のようにまとめている。第一に、一般の市場経済国家が備えている五項目の基本機能である。すなわち、①主権と領土の安全を保障する　②法律を制定し、社会の基本秩序を維持する　③財産権を画定し、財産権を保護する　④契約の履行を監督する　⑤貨幣価値を維持する機能——である。次に、市場が機能しない領域での政府の役割を六項目挙げた。すなわち、①公共物品を提供する　②マクロ経済の安定を維持する　③経済外部性を内在化させる　④独占を制限する　⑤収入の分配を調整する　⑥富の分配を調整する、といった機能である。最後に、中国の国情の条件の下、政府がさらに備えるべき九項目の特殊機能を挙げた。すなわち、市場の成長を促進し、公平で競争的な統一市場を建設する。公共投資を重視し、インフラ建設を促進する。産業政策を実施し、産業構造の高度化を促進、比較優位の原理を十分に発揮させる。地域発展不均衡を解決し、少数民族地域の発展を促進する。人口増加を管理し、人的資源を開発する。天然資源を保護し、生態環境建設を行い、大きな河、大きな湖、沿海地域の整備を行う。防災、減災、災害支援を行う、国有資産の管理と国有資産経営の監督を行う。反貧困プロジェクトを実行し、徐々に中国の経済的、人的、知識的貧困を解消する、といった機能である。

二〇〇〇年一一月の中国共産党中央政治局常務委員会で、李嵐清国務院副総理は全国省部長級主要指導幹部の財政税務をテーマとする研討会で、社会主義市場経済体制に適合した公共財政を建設し、公共財政の建設に伴い、政府の活動範囲を徐々に制度化していく。当面の急務は財政支出の「不足」と「過剰」の問題と政策実行における任意性の問題を解決することであると明確に指摘した。

二〇〇一年一〇月、李嵐清氏は四川省へ調査に赴いた際に、政府は機能を転換し、先頭に立って革新しなければならない。行き届いた仕事を行い、不足や過剰あるいは間違った仕事をしてはならず、たゆまぬ努力をもって、市場経済秩序を維持整理し、法制を整備し、職責を明確にし、共同で管理し、末端と根本を同時に管理しなければならないと明確に示した。[※20]

二〇〇六年三月、「第十一次五カ年計画綱要」第四六章建設分類指導の実施規則の中で、初めて政府の機能が一一領域に画定された。すなわち、義務教育、公共衛生、社会保障、社会支援、就業促進、貧困解消、防災減災、公共安全、公共文化、基礎科学と先端技術および社会公益性技術研究、国防などの公共サービス領域である。各レベルの政府が確実に職能を履行し、全力で完遂することを求めた。

四、「人に投資する」から「人を基本とする」の新発展観へ

私は常に、一つの良いアイデアもしくは良い思想は長い時間をかけてやっと政治的な共通認識になり、そして社会の共通認識になり、「精神を物質に変える」働きをすると考えているが、「人に投資する」から「人を基本とする」までの道程も長年の絶え間ない認識を高める過程を経てきた。

一九九一年、私は人的資源を大いに開発し、重い人口負担を人的資源という財産に変えるという観点を提唱した。人民への投資は最大の収益が得られる効率の良い投資であり、少ない資本で大きな利益が得られる事業だと考えたのだ。人間は世界で最も尊い財産であり、豊富な人的資源は中国が近代化を実現する最大の武器である。今から次の世紀の初頭までは、中国が強力に人的資源を開発し、人的資源を存分に利用する最良の時期である。自然資源が不足するほど、強力に人的資源を開発しなければならない。建設資金が不足するほど、人的資源投資を強化しなければならない。経済発展レベルが低いほど、教育と科学技術を発展させなければならない。中国の治国方針は「教育立国」と「科学立国」である。[※21]

一九九九年七月八日、国家計画委員会の曽培炎主任は「第十五次五カ年計画」専門家座談会を主催し、基本的な考え方を討論した。私は、基本的な考え方は「人を基本とする」の根本方針であるべきで、「物（GDP）を基本とする」のではなく、五カ年計画の出発点とスタンスは、人民を基本とし、人民を豊かにすることを基本とすることだと明確に提唱した。私はさらに、「全国人口基本公共サービス均等化」の政策を提言し、「雪中に炭を送る（困っている人を援助する）」を公共政策とすることを提唱した。こ

れは過去九回の五カ年計画の経済成長を基本とする伝統的な発展の考え方と異なるものである。曽主任は会議終了時、専門家の提言を高く評価し、いくつかの考えは「第十五次五カ年計画」に盛り込むことが可能だとの考えを示した。

曽培炎主任は私の提言を非常に重視し、さらにマクロ経済研究院の専門家に「人を基本とする」の提起の仕方と出所の研究を依頼したが、第十五次五カ年計画の指導方針には盛り込まれず、第一章「国民経済と社会発展の指導方針」で「人民の生活レベルを根本的出発点とすることを動かさない」という方針提起に採用された。

二〇〇三年一月、私と胡琳琳氏は「衛生分野に投資し、経済の発展と全面的小康目標の実現を促す——中国マクロ経済と衛生健康」の国情報告の執筆を完了し、次のように指摘した。「党の第十六回全国代表大会の報告では次のように明確に提議されている。今後の二〇年の中国発展の主要任務は、十数億の人々を益するより高いレベルの小康社会を全面的に建設することにある。これは『人を基本とする』新型社会主義近代化の発展目標でもある。中でも人民の衛生健康生活の保障は、たとえ十数億の人民がより健康で、長生きで、幸福で、質の高い生活を送ることができるようになったとしても、小康社会を全面的に建設する核心的目標の一つであることには変わりない。さらに、農村で「人々が衛生的で健康な生活を享受する」最低標準を実現しなければならないことに言及し、次のように提案した。政府が公衆衛生サービスに力を入れ、予防検疫、母子の保健、水とトイレの改善などの基本的公衆衛生サービスは代表的な公共サービスであり、政府が提供すべきである。衛生状態の改善をマクロ経済政策の枠組みに組み入れることにより、経済成長を促進できるだけでなく、経済の安定を保持し、人民の衛生状態と健康のレベルを高めることができる。[※22]しかし、中国がＳＡＲＳという公共衛生の危機に突然見舞われるとは思いもよらなかったことであった。

六月一六日、『「人を基本とする」健康への投資』の国情報告を執筆し[※23]、一七日に温家宝総理が主催する「公共衛生建設の強化、経済と社会の協調発展の促進」に関する座談会に参加して発言した。私は「人を基本とする」の新発展観を紹介し、成長の最終目的は、人間を中心とし、人の需要を満たす経済発展と社会発展であり、成長が人に奉仕するのであって、人が成長に奉仕するのではないとの認識を示し、成長の最終目的を説明した。私はさらに、建国以来の前半の三〇年は、人口増加速度が明らかに経済成長速度を上回り、改革開放以来の二〇年は人口増加速度が明らかに経済成長速度を下回り、一方では人口増加速度は低下し、一方では経済成長速度が大幅に上昇し、依然として中国の人口増加と経済成長の間に不均衡があることを説明した。これは改革開放以来の「成長優先」戦略の追求と大きな関係がある。SARS事件の後、われわれは、経済成長だけで社会的発展がなく、収入の増加だけで健康の増進がないのでは、「片足を引きずって歩くような（不完全な）」発展観になり、片方の足が長く片方の足が短い状態になるので、社会発展を成長の中心目標と最重点課題にするという共通認識を形成すべきである。特に次のようにも言及した。二〇〇〇年にGDPを四倍にする経済成長目標を前倒しで達成したが、「人々が最低限の衛生的で健康的な生活をする」という社会発展目標を実現できておらず、一億人余りが清潔な水を飲むことができず、四億人余りの農村人口が飲料用の水道水がなく、農村地域の糞便無害化処理率はわずか二八・五％にすぎず、妊婦死亡率と婦女発病率の目標は実現できていないなど。さらに、党の第十六回全国代表大会が提唱した小康社会の全面建設の発展目標の核心は「人」の発展を促すことにあり、人民の福祉の改善と衛生健康は人民福祉の核心的要素であって、「全面小康」目標の重要な構成要素となるべきであると再度説明した。

同年九月初、私は招きに応じ、国務院弁公室で講義を行った。健康と発展をテーマに、さらに体系的に「人を基本とする」の新発展観、すなわち私の著作『ＳＡＲＳを透視――健康と発展』（清華大学出版社、二〇〇三年八月版）に記した新発展観について詳述した。いわゆる新発展観は鄧小平が好んで使った言葉「発展は揺るぎない道理」に対応するもので、発展の目的はＧＤＰではなく「人」にあり、この「人」は大文字の人で、一三億人の中国人民なのだ。

一〇月、中国共産党第十六期中央委員会第三次全体会議の「社会主義経済体制をより良いものにする際の若干の問題についての決定」は「人を基本とする」を堅持し、全面的で、協調的で、持続可能な発展観を打ち立て、経済社会と人の全面的発展を促進すると正式に打ち出した。同時に「五つの一体化」の発展方針を明らかにした。都市と農村の発展の一体化、地域発展の一体化、経済社会発展の一体化、人と自然の協調的発展の一体化、国内発展と対外開放の一体化を明確にし[※24]、これが胡錦涛氏を総書記とする党中央の国政運営の科学的発展観となった。

二〇〇四年一月、私は『中国――新発展観』（浙江人民出版社）を出版し、特に中国共産党第十六回中央委員会全体会議の決定を吸収し、一歩進んで二一世紀の新発展観と小康社会の全面的建設を論じた。

五、持続可能な発展からグリーンな発展へ

環境と開発に関する世界委員会が一九八七年に発表した「地球の未来を守るために」は、持続可能な発展を「将来の世代のニーズを満たす能力を損なうことなく、今日の世代のニーズを満たす」と定義した。一九八九年のわれわれの『生存と発展』では持続可能な発展を「今日の世代のニーズを満たすと同

時に、将来の世代のニーズを満たす生存のベースと発展能力を損なわず、人類の間および人と自然の間の調和を促進すること」と定義した。その中の最後の一文は、われわれは持続的にその内容を発展させ、広めていこうというものであり、人類の間の調和は中国の「大同世界」の理想を反映し、人と自然の間の調和は中国の「天人合一」の理想を反映しており、これは「持続発展」戦略の「中国バージョン」である。

一九九二年六月、ブラジルのリオデジャネイロで環境と開発に関する国際連合会議が開催され「アジェンダ21」が採択され、「世界的な持続可能な発展を実現するための行動計画」となった。当時国務院総理だった李鵬氏が会議に出席した。七月、国務院環境保護委員会は「中国二一世紀アジェンダ」を策定することを決定した。

一九九四年三月、中国政府は『中国二一世紀アジェンダ 中国二一世紀人口、環境と発展白書』を制定した。この白書は環境と発展だけでなく、人口にも言及し「人口増加の抑制と人口の質向上」を打ち出した。全二〇章、七八の計画分野からなり、内容は主に四つの部分に分けられ、持続可能な発展に関する全体戦略と政策、持続発展可能な社会、持続発展可能な経済、資源の合理的利用と環境保護という内容である。

なぜ中国政府はこのアジェンダを制定し実施しなければならないか。当時の国家科学委員会副主任の鄧楠氏は、持続可能な発展の道を歩むことが、中国政府が中国の国情に基づいて行う必然の選択であって、中国は人口が多く、自然資源が相対的に不足しており、経済基礎が非常に薄弱な発展途上の国であり、経済が急速に成長すると同時に、人口、資源、環境の圧力も急速に増加し、われわれは二桁の経済成長のために大きな代価を払っていると指摘した。このアジェンダを制定することは、中国政府の一九九二年の環境と開発に関する国際連合会議に対する反応であるだけでなく、さらに重要なことは、中国の自身の経験、教訓、必要に基づく慎重な選択であることだ。[※25]このアジェンダは、中国のスピード優先の戦略から持続可能な発展戦略への転換を象徴している。

江沢民氏は一九九五年、党の第十四期中央委員会第五回全体会議の講話で、初めて「経済建設と人口、資源、環境の関係」を論じ、資源と環境の保護をしっかりと行わなければならず、当面の発展を進めるだけでなく、子孫のためにも配慮し、先祖の残した遺産を食いつぶして子孫の道を断ってはならず、資源の浪費により、先に汚染し後で対策するという道を歩んではならないと指摘した。[※26]

一九九九年の夏、私は国家環境保護総局の謝振華局長の招きに応じ、全国省級環境保護局局長研究討論クラスで講義をし、「資源節約型」と「環境配慮型」の国民経済システム構築の構想を提示し、各方面の注目を集めた。

その後、私と王亜華は「環境破壊から環境建設へ――グローバル化の中での中国の資源と環境政策」の国情報告を執筆した。[※27]われわれは、中国の国情に基づき、比較的高いレベルの平均所得の実現を待って、環境汚染対策をすることは不可能であるし、またその必要もないと提唱した。われわれは世界で最も厳格な環境保護政策を実施すべきであり、技術の進歩、市場メカニズム、グローバル化の三つの力の助けを借りて、大規模な環境建設を行い、民族の未来の生存に危機を及ぼす巨額の環境債務を償うべきである。中国は発展途上の大国として、グローバル化を十分に活用し、再び世界に向かって率先して発展途上国でも人口、資源、環境と協調した経済発展ができることを示すべきである。

われわれはまた、初めて市場メカニズムと技術的進歩を活用して中国の国情に合った「資源節約型」と「環境配慮型」の国民経済システムを構築することを提言した。同時に貿易自由化と投資自由化の方向を堅持し、「比較優位戦略」を積極的に推進し、「二つの資源、二つの市場」を十分に活用し、より広い範囲から中国の資源環境問題を解決することを提案した。

われわれは一九九八年の洪水を転機として、わが国の生態環境が建国以来第一回目の建設ピークを迎えており、大規模な環境破壊時代から大規模な環境建設時代への転換、自然資源の支出超過と請求の時代から二種類の資源を合理的に活用する時代への転換、環境汚染の時代から環境保護の時代への転換を開始したという認識を示した。

中国が構造調整の格好の機会を効果的に活用し、グローバル化の歴史の機会を把握して、環境破壊から環境建設への歴史的転換を真に実現し、長い歴史、特に建国以後に累積した巨額の環境破壊を償い、子孫に清潔で美しい生存空間を残すことは、主に政府の政治的意思（中央政策、第十次五カ年計画等）と実施能力（財政能力、行政能力、法制能力等）にかかっている。われわれはさらに先見的、戦略的観点から、グローバル環境協力に積極的に参加し、グローバルな環境の責任を負担し、積極的に多国間の国際環境条約とグローバル環境協力に参加することを提唱した。国際社会に向かって、発展途上国の間で率先して石炭消費量を削減し、二酸化炭素と二酸化硫黄の排出量を管理、削減し、フロンの生産量と消費量を大幅に削減し、ノンフロンの冷蔵庫、冷凍ショーケース、空調設備を強制的に生産販売するなど、積極的に国際環境標準（ＩＳＯ９０００のような）等を推進することを公に約束することである。

二〇〇〇年、党の第十五期中央委員会第五回全体会議の「第十次五カ年計画」制定についての提言は、初めて環境建設強化、環境悪化抑制を提唱した。すなわち、植樹緑化事業を強力に進め、東北、華北、西北防護林システムの建設推進、長江上流、黄河上中流等の天然林保護プロジェクトの確実な実施、国土森林面積の拡張、防砂管理の強化、小河川流域の整備の加速、土壌流出の削減、草原建設の強化、過度の放牧の防止、草原退化と砂漠化の抑制、自然保護区と環境モデル区の建設の強化、陸地と海洋生物の多様性の保護、環境保護と修復の強化、都市の大気汚染、水質汚染、廃棄物汚染、騒音汚染の総合的管理の強化などを行い、大中都市の環境を顕著に改善することである。[28]

二〇〇五年の「第十一次五カ年計画」制定時、私と王亜華の中国の国情に対する基本的な判断は、資源環境が中国近代化の最大のネックとなるというもので、グリーン発展戦略は中国の必須の道であり、中国は比較的高水準の所得の実現を待ってグリーン発展戦略を実施するのではなく、中国経済発展モデルを伝統的な化石燃料消費型からグリーン発展へ、環境開発から環境建設へ、環境破壊から環境保護へ転換することが必要であり、未来のグリーン発展の全体目標は資源節約型で環境配慮型の社会の構築、人と自然の協調共存にあると提唱した。

当時の「第十一次五カ年計画」は「グリーン発展戦略」の提案を採用しなかったが、「第六篇　資源節約型、環境配慮型社会の構築」を核心目標と戦略計画として採用した。第六篇は、第二二章　発展循環経済、第二三章　自然環境の保護修復、第二四章　環境保護強化、第二五章　資源管理強化、第二六章　海洋と気候資源の合理的活用の五章で構成されている。

二〇一〇年八月、「第十二次五カ年計画」の制定時、私と鄢一龍は「第十二次五カ年計画」期間中に堅持すべき六大発展原則として、グリーン発展、革新発展、協調発展、シェアリング発展、安全発展、ウィンウィン発展の六つの理念を提唱した。「第十二次五カ年計画綱要」第六篇の主題は「グリーン発展による資源節約型、環境配慮型社会の建設」となり、グリーンで低炭素な発展理念の樹立を打ち出した。

私は二〇一二年に『中国のグリーン・ニューディール』（中国人民大学出版社、二〇一二年四月版。英語版、スプリンガー出版社、二〇一四年。日本語版、日本僑報社、二〇一四年）を出版。グリーン発展を主題とし、グリーン工業革命を主要なアウトラインとし、グリーン発展理論を基礎とし、中国グリーン発展の実践を証左とし、中国の偉大なグリーン革新を描写し、人類が向かうグリーン文明の輝ける未来を展望し、中国グリーン近代化目標の青写真を設計した。

中国のグリーン発展理論は、中国古代の「天人合一」の知恵、マルクス主義の自然弁証法、持続可能な発展理論という三つの源を持つ。

世界的な視野から見ると、産業革命以降少なくとも三種類の発展モデルがあった。一つは化石燃料消費型発展で、典型的な「祖先の遺産を食いつぶし、子孫の道を断つ」モデルである。二つ目は、持続可能な発展で、典型的な「祖先の遺産を食いつぶし、子孫の道を断つようなことは決してしない」モデルである。[※29]三つめはグリーン発展で、典型的な「先人の植樹で、後世の人が涼をとる」モデルである。

中国発展の道程から見ると、先ず化石燃料消費型発展から始まり、持続可能な発展を経て、グリーン発展の道に入る。持続可能な発展をも超越した中国独自の科学発展の道である。特に党の第十八回全国代表大会以降、中国は環境文明建設時代を切り開き、党の第十九回全国代表大会は人と自然の協調共生の環境文明観を堅持し、環境文明建設を中華民族発展の千年の大計にすることを打ち出した。

六、厳しい産児制限から全面的な「二人っ子」政策へ

二一世紀に入ってから、全国の合計特殊出生率は、一・五～一・六の超低水準に落ち込み、世界でも最低となった。その結果、高齢化が進んだだけでなく、少子化も深刻になってきた。女性の出生率が低すぎることは、わが国の人口と経済社会の協調的発展にマイナスであり、中華民族の長期にわたる発展に

とってもマイナスである。人口を厳しくコントロールする計画出産政策の調整が必至であることが学会の共通認識となった。

二〇〇六年、私は『人民論壇』に出産政策を適切に調整するよう呼びかける文章を発表した。人口政策は人口構造を調整することを主とし、数のコントロールを従とすべきであると私は考えた。また私は、北京大学中国経済研究センターの曽毅教授が提案した「二孩晩育軟着陸」[※30]を段階的に実施すべきであるという考え方に賛同した。「二孩晩育軟着陸」の実施は、わが国の将来の人口構造と男女比率を調整し、高齢者一人を支える現役世代数が急激に下がるのを抑え、高齢化がもたらす老齢年金の不足や労働力の優位性喪失問題を緩和するのに役立つであろう。

振り返ってみると、一九八〇年代初めからの中国の人口問題は二世代にわたる調整を経てきたものである。人口問題自体の特徴と調整政策が基づく考え方は、次の二点である。まず一世代厳しくコントロールし、後の一世代は自主的にコントロールする。まず人口数をコントロールし、後に人口構造を調整する。したがって、今後の人口政策は、しだいに人口構造の調整を主とし、数のコントロールを従とする政策に改め、一歩ずつ年齢や都市と農村の人口構造を調整していく必要がある。

特に注意を要するのは、出産政策の調整には、少なくとも一世代の時間と入念なデザインが必要であり、「国家人口と計画生育委員会」のサポートと監督の下、経験を総括しながら、一歩一歩進めなければならず、国内外にあまり大きなショックを与えないよう事を急いではならない[※31]。

この主張は関係者の間で注目され、筆者との意見交換のためにわざわざ人をよこすところもあった。私はこの提案の背後にある人口問題の状況変化や出産政策調整に関する考え方について意見を述べたが、やはり受け入れられなかった。

二〇〇七年、私は関係部門が開催した内部セミナーに中国の中長期人口総合発展戦略（二〇〇〇－二〇五〇年）を提出した。中国は全体的に見れば、「人口ボーナス」の収穫期にあるものの、二〇一五年以降下がり続けていること。その内容は、中国は現在「人口教育ボーナス期」に入りつつあり、人口大国から人的資源大国への転換を基本的に成し遂げたこと。中国は今後三〇～四〇年の間は「人口債務期」に入り、少子化と高齢化の厳しい試練に直面すること。また、中国の人口戦略は、人口数と人口構造の目標との間でバランスを取らなければならないが、社会の経済発展レベルが低い段階では、人口が多いことは悪いことであり、人口が多ければ多いだけ発展の重荷となり、資源環境圧力も強くなる。経済社会の発展が進んだ段階では、大部分の人は高い人的資本を有し、都市部に移り住んでいる。この場合、人が多いことは良いことであり、逆に少ないことが悪いことかもしれない。総合的な人口戦略の下では、人口を減らそうとばかりするのは、必ずしも良いことではない。中国の中長期人口政策目標は次の通りである。第一期（二〇〇六－二〇一〇年）、人口の増加は緩やかであり、人口の質は中進国の中のやや高いレベルに達していること。第二期（二〇一一－二〇二〇年）、人口は適度に増加し、その質は先進国に近いレベルに達していること。第三期（二〇二一－二〇五〇年）、人口数は安定化に向かい、人口構造は適正化に向かう。その質は先進国のレベルに達している。[※32]

二〇〇九年、私は計画出産政策を緩やかに調整するよう再度提案し、その中で、特に一九八〇年党中央の「わが国の人口増加抑制に関する全共産党員、共青団団員への公開レター」の中に記載されていた次のような承諾事項について言及した。「三〇年後、現在喫緊の課題となっている人口増加の問題が緩和できた場合、異なる人口政策を採用することができる」、これは過去三〇年間推進して来た一人っ子政策は、特別な時期の特殊な政策であり、この時代の人は、基本的な国策を実行するために重要な貢献をし、「小さな家庭のことは二の次にして、国家のことを第一に考える」という犠牲を払った。三〇年後、われわれは党中央の戦略的な考え方と人民に対する政治的な約束に基づき、適宜柔軟に一歩一歩出産制限政策を調整し、さらに一世代をかけて、「一組の夫婦が一人の子どもを養う」から「一組の夫婦が二人の子どもを養う」におだやかに移行しなければならない。それによって、わが国の実際の出生率を若干高め、人口置換水準、すなわち女性全体の出生率を二・一程度に安定させ、後の数世代が「小さな家庭も顧みる」こともできるし、「国のことも顧みる」ことができるようにしなければならない。

中国の将来の人口発展目標を定める場合、その戦略は人口体系内の数、構造、質および分布を全体的に考慮すべきであり、また人口と経済・社会発展および生態系を同時に考慮した総合的戦略が必要であると私は考えた。長期的な観点からすると、中国は人口の安定という目標を達成する必要があり、具体的には次のような目標である。児童数を安定させる目標。児童人口は、減れば減るほど良く、かつそれが速いほど良いというものではなく、一定のレベルを維持する必要がある。労働力人口を安定させる目標。二〇二〇年以降の大幅な減少を防止する、特に一五歳～二九歳の青年労働力人口の大幅な減少を防止する。総人口を維持する目標。二〇三〇年以降の総人口の大幅な減少を防止すること。また各種人口数を安定させるとともに、絶えず人口の質の向上を図らなければならない。

私は次のようにも指摘した。一九八〇年以来の人口政策は惰性で動いている感が強く、引き続き固定化されてしまう恐れがあり、調整するにしても不確定性が大きいこと。長期的なコストと利益の角度から見ると、早めに調整すれば、それだけ主導的になれる。しかし、遅くなればそうはいかない。調整しないとまったく受身になってしまう。この文章は新華社の『経済参考報』（二〇〇九年一一月一六日）に掲載され[※33]、社会の大きな関心を呼んだ。

党の第十八回全国代表大会以来、中国は厳しい人口コントロール政策から、全面的な「二人っ子」政策に大胆に舵を切った。

二〇一三年一一月、党の第十八期三中全会（第十八期中央委員会第三回全体会議）の「若干の重大問題を全面的かつ深く改革することに関する決定」は、初めて明確に次のように提議した。夫婦どちらかが一人っ子の夫婦が、二人の子どもを持てる政策を実施し、出産政策をより良いものにし、人口のバランスの取れた長期的発展を促す。この政策は社会全体に好意的に迎えられ、国際社会よりも高い評価を得た。

二〇一七年一〇月、党の第十九回全国代表大会は、次のように明確に指摘した。出産政策と関係社会政策を組み合わせ、人口の発展戦略の研究を強化する。このために、関係部門は人口政策をより良いものにする政策を提案し、人口のバランスの取れた発展と家庭の円満な幸福を促進する。二人っ子政策を引き続き全面的に実施し、政策を効果のあるものにし、子育て全般における医療保険サービスの充実や健康長寿プロジェクトの実施を図る。

七、「北京コンセンサス」から中国の道へ

二〇〇〇年、私は初めて非常に大きなテーマを提示した。すなわち、新世紀にどのようにしてより早くアメリカに追い付くかというテーマである。[※34] これは人口が世界で最も多い発展途上国が、世界で最も発展した最強の国に追い付くことであり、二一世紀において、中国が人類の発展に影響を与える注目すべき大事件である。しかし、私が提出した基本的な問題は、次のようなものである。二一世紀に中国は

アメリカに追い付けるのか。それが可能なら、アメリカに追い付くことは一体どういうことなのか。またいかにして追い付くのか。アメリカに追い付く重点分野あるいは優先分野は一体どこなのか、私自身も自問自答していたのである。

当時、私は二〇一五年ごろ中国のGDPがアメリカを追い抜き、中国人の一人当たりのGDPは、一九九五年のアメリカの一〇分の一から二〇一五年には五分の一になるだろうと見ていた。二〇二〇年から二〇三〇年、中国の人類開発指数（HDI）はアメリカのHDIの九〇％以上になるであろうし、平均余命は七一歳から七五～七七歳（一九九七年アメリカは七六・七歳）に伸び、成人の識字率は八三％から九五％以上（現在アメリカは九九・〇％）になり、一五歳以上の人口の正規の学校教育を受けた年数は現在の六年から一〇年になると。（現在、先進国のそれは一〇年）

知識によって発展を促進することが二一世紀における中国の新しいキャッチアップ戦略であり、その発展目標は「人を基本とする」、「人間を中心とする」であり、知識の発展に重点を置き、人に投資し、知識に投資すること。その主旨は優先的に二つの大きな格差を縮小することにある。一つは、中国と先進国（例えば、アメリカ）との間の知識格差の縮小であり、もう一つは、公民全体の知識の吸収、知識の伝播、知識の活用能力を高めることを主眼とする都市と農村の間、地域間の知識格差の縮小である。

二〇〇三年、私はジョン・ソーントン（John L. Thornton, 前ゴールドマンサックス社長兼COO、清華大学経済管理学部教授）の招待に応じ、同氏の主催する清華EMBA（Executive Master of Business Administration）の「グローバルリーダーシップ」のカリキュラムで「知識と発展 二一世紀中国の新しいキャッチアップ戦略」と題する講義を行い、中国の三代にわたる発展戦略、すなわち、毛沢東の工業化を通じたキャッチアップ戦略、鄧小平の改革開放を通じたキャッチアップ戦略、さらには二一世紀になって展開されている知識発展による新しいキャッチアップ戦略などを主に紹介した。私は知識や技術の国家や企業にとっての重要性を特に強調しながら、知識でもって経済発展をリードすることを中国の新しいキャッチアップ戦略にすることの大きな意義をマクロ面で説明した。一方、ソーントン教授は、知識経済の大環境の中で、イノベーションの企業にとっての重要性をミクロ面から指摘した。教室では、現在の中国の知識経済発展政策や企業における知識型人材の管理などの問題について、活発な議論が交わされた。最後にソーントン氏が次のように総括した。優秀なリーダーにとって、企業の共通の価値観を創造し、グループの創造力と核心的結束力を生み出すことは、企業の成功にとって必要不可欠である[※35]。ジョン・ソーントン氏は筆者と同世代であり、経歴は違えども、同じように天下に志がある人である。同氏は「清華に行って世界を動かす」という理想があり、中国の将来のために世界クラスのリーダー人材を育成すると決意している。同氏は一一二〇万米ドルの年俸を捨て、たった一ドルの年俸で清華大学の招聘に応じた。彼は次のように考えたのだ。「中国の台頭は、現在私の人生で起きている最も重要なことであるし、将来もそうあり続けるであろう。中国とその他の国、特にアメリカとの関係はどうなるのであろうか。そこで私は一生中米関係を発展させて行こうと決心したのだ」。また「これは私の使命だ」とも語っていた。ソーントン氏は後にブルッキングス研究所の会長（Chairman of the Board）に就任し、研究所内に中国関係の情報を収集・分析し、伝えていくことを目的に、ジョン・ソーントン中国研究センターを設立した。筆者とは旧知の仲となり、筆者の英文の著作『China in 2020』に序文を書いてくれた。

当時、ラモ氏（Joshua Cooper Ramo）がソーントン氏に協力して、このカリキュラムを主催しており、筆者の講座にも参加した。ラモ氏は長い間アメリカの「タイム」で記者を務めていた。思いもよらなかったことであるが、二〇〇四年、ラモ氏はイギリスの外交政策研究センターのウェブサイトで『北京コンセンサス』（The Beijing Consensus）という一文[※36]を発表し、中国独特の発展モデル「北京コンセンサス」を提示し、以下の三点を特に強調した。①改革・イノベーションと絶え間ない実験に対する約束、②GDPは社会の進歩を図る唯一のものさしではなく、経済の持続性と富の平等な分配がより重要であること、③政策の自決権と金融主権、強権に対する途上国の牽制——その中には私が講義で述べたいくつかの核心的な観点が引用されていた。

一つ目は、中国イノベーション論である。イノベーションの価値を再評価し、中国の経済発展を推進するエンジン、進歩を続ける手段と位置付けた。二つ目は、中国「緑猫論」である。鄧小平氏の「白いネコでも黒いネコでも、ネズミを捕るネコはいいネコだ」という観点は、中国に大きな影響を与えているとはいえ、中国政府は色もやはり重要であり、しかも「緑色の猫」が必要であると考えている。すなわち、環境保護を重視し、科学的発展観を提唱し、全面的、協調的、持続的な発展を実現することである。

二〇〇五年、私は『〝中国の道〟に対する基本認識』という著作を発表した。中国の発展モデルは本質的にキャッチアップモデルである。すなわち、中国は工業化と近代化の新参者であり落伍者であって、基本的な目標と任務は、まず先行する先進工業国に追い付くことであると私は考えた。

中国はその時々に応じて、異なるキャッチアップ戦略を選択し、実行してきた。それは発展目標の違い、蓄積と消費の処理関係の違い、産業の発展モデル選択の違い、工業化技術路線の違い、国内と国際市場の関係の違い、人と自然の関係の違い、所得分配関係の違い、都市と農村の違い、経済体制の違いなどである。建国以来の発展の歴史から見ると、大体二五年から三〇年に一度重大な転換が起きている。

私は発展戦略を三つの代に分けて考えている。第一代は、主に毛沢東式のキャッチアップ戦略であり、時期は一九五〇年から一九七八年までである。第二代は、鄧小平と江沢民式のキャッチアップ戦略であり、時期は一九七八年から二〇〇二年までである。現在第三代の発展戦略に入っている。実際は、各代の発展戦略には共通点もあるし、異なる点もあって、厳密な意味での代によって全く異なる発展戦略とも言いきれない。共通点は発展戦略の継続性を表し、異なる点は発展戦略の革新性を表している。それぞれの発展戦略は、すべて過去から受け継いできたものであって、相互につながっており、また時と共に進み、絶えず新しくなってきたものである。これらは、また中国のリーダーたちが近代化やグローバル化に立ち向かった結果でもある。各時代の発展戦略には、すべて歴史的合理性や歴史的限界性があり、歴史的な制約性と選択可能性の両方を併せ持っている。

中国は改革を先に行い、後に転換を行う。経済改革と経済転換の違いは、改革の焦点が現行制度の調整と改善にあるのに対し、転換は制度のベースを変える過程である。中国と東ヨーロッパの違いは、前者が経済改革であるのに対し、後者は経済転換である。中国の制度変遷過程もまた先に改革、後に転換のパターンである。

経済体制の転換は、大まかに三つの段階に分けられる。第一段階は経済改革の段階（一九七八－一九九二年）である。主に計画経済体制から離脱し、両制度が併存する形とした。一九七八年から一九八四年は主に農村改革の時期であり、一九八五年から一九九二年は都市改革の時期である。第二段階は経済の転換段階（一九九二－二〇〇三年）であり、社会主義市場経済建設を掲げ、系統的、総合的、主体的な制度革新を開始した。第三段階（二〇〇三－二〇二〇年）は、社会主義市場経済体制をより良いものにし、転換を基本的に完成させる段階であり、主な任務は次の通りである。公有制を主体とし、多様な所有制経済が共に発展する基本経済制度をより良いものにする。都市と農村の二元的経済構造を段階的に改善するのに有利な体制を打ち立てる。地域経済の協調的発展を促進するメカニズムを形成する。秩序ある競争が行われる開放された現代市場体系を打ち立てる。マクロコントロール体系や行政管理体制と経済法律制度をより良いものにする。雇用や所得分配、社会保障制度を健全なものにする。経済社会の持続的発展を促すメカニズムを打ち立てる。

中国経済改革の特徴は、以下のいくつかの面に現れている。第一に、中国の改革は、強制的な制度変更モデルである。第二に、中国の改革は、絶えず学習し、実践する過程である。第三に、中国の改革は、改革、発展、安定の三者の関係を正しく処理する。第四に、中国の改革は、人民が広く参画する経済自由革命である。そのほか、中国の改革は、対内開放と対外開放の相互作用の過程である。経済が継続して成長する過程であり、改革が経済成長と社会の転換の原動力となっている。社会主義を堅持し、発展させる改革の過程であり、社会主義を放棄し、資本主義に転向する改革ではない。

私は特に次のような指摘も行った。中国の実際の開放度は、中国、インド、ロシアなど新興市場経済国一〇カ国の中でも、最高であり、世界の国々の中でも市場開放度が最も高い国の一つであろう。中国市場は世界市場の重要な構成部分となっており、さらに競争が最も激しい巨大市場になっている。

私は次のようにも考えている。中国モデルは中国の実践から来ており、実践に応用されている。また発展途上国に由来しており、発展途上国に適用できる。

私は中国の道の特徴と経験についても総括を行った。規模の巨大さ。発展と転換が最も速い。社会変化の範囲が最大であり、影響が多方面に及ぶ。発展が極めてアンバランスである。影響が深くはっきりしている制度変更と社会変革の実践である。

私はまた中国の道の成功体験を次のように総括した。まず良好な社会政治経済環境があったこと。改革開放以来の時期は、建国後マクロ経済が最も安定しており、経済成長率の変動幅が最も小さく、最大値と最小値の差がほとんどない基本的に無変動の経済成長期に属していた。

中国は強い学習能力を有している。中国は一つの学習モデルである。一つ目は、歴史に学んで、歴史の中から中国発展の経験と教訓をくみ取る。二つ目は、他国に学ぶ。三つ目は、自分の教訓を学び、前人の失敗を後人の成功の母とする。四つ目は、学習中に新しいものを作りだす――ことである。

中国は競争モデルである。第一に、国家間の競争である。いかなる国の挑戦でも、強力な国際的圧力となる。国家間の競争は、国家のリーダーから一般人民まで改革への強い願望を引き起こす。第二に、国内の政治競争である。さまざまな発展は、政治的な統治や秩序に挑戦してくる。その根源は、発展の統治自体への挑戦に由来するものであり、国家のリーダーや政治家に絶え間ない学習を強いる。第三に、市場競争（国際市場での競争を含む）であり、企業家や就業者に学習や競争を強いる。第四に、社会競争である。

中国はイノベーションモデルである。中国の発展モデルは、ソ連式社会主義の東方モデルであろうが、資本主義の西方モデルであろうが、外国の発展モデルをそのまま写し取ったり、模倣したものではない。中国の国情と歴史はかなり独特である。中国にとっては、国情に合い、自身の発展段階に適した特徴のある発展モデルを探さざるを得ないのである。これが中国の発展モデルが成功するか否かを理解するキーポイントである。外来の近代化要素が自国の条件に適合し、適用できる場合は成功するし、逆の場合は失敗するであろう。

中国の発展モデルは、斬新であり、また絶えず革新される新しいものである。現在われわれはそれを認識し始めたばかりであるが、本当に認識し、理解したとは言い切れず、さらに本気で考え、総括することが必要である。

総じて言えば、中国の発展の道は、絶え間ない探索の道であり、学習の道、イノベーションの道であって、完結することのない道でもある。

その後も私は中国の道の研究を続けてきた。私は中国の道を「中国の特色ある社会主義近代化への道」と定義した。これには三つの基本的要素が含まれる。

第一に、絶えず近代化要素を増やしていくことである。最大限に生産を拡大し、富を創造する。最大限に現代知識、科学技術、教育や情報といった要素を活用する。本質的には、中国は近代化の新参者であり、落伍者であって、近代化の過程は、絶えず先進国を追いかけることである。経済、教育、科学技術、情報通信技術（ＩＣＴ）などすべてにわたって追いかけることである。

第二に、絶えず社会主義的要素を増やしていくことである。共に発展し、共に分かち合い、共に豊かになる。社会主義制度と政治の優位性を発揮しなければならない。これが毛沢東が残した最も重要な歴史的遺産である。毛沢東の多くの革新は成功しなかったが、絶えず社会主義的要素を増やしてこそ、十数億の人民を束ね、社会のさまざまな力を結集し、政治的に国家の統一を実現し、長きにわたって平和な世の中をつくることができるのである。

第三に、絶えず中国文化の要素を増やしていくことである。これは中国の特色ある理想社会の建設に大きな新しい考え方を提供してくれる。例えば、小康社会（ややゆとりのある社会）、和諧社会（調和の取れた社会）、学習型社会、安居楽業社会（安定し楽しい社会）など。私は中国の特色ある社会主義近代化社会の理念を「八個の社会、一本の道」という言葉に取りまとめた。その目的はあらゆる人材に能力を発揮させること（人尽其才）である。ほかにも、この文化の重要な側面は、世界規模でかつてない影響を与えていることである。例えば、平和や発展、協力などである。[※37] 全面的に中国の制度の優位性を知ろうと思えば、やはり国際的な比較を行わなければならない。これは十分意義のあることである。二〇〇八年にアメリカで発生し世界に波及した金融危機が最も良い例であり、多くの中国の学者が長い間抱いていたアメリカの制度に対する盲信を打ち砕いた。二〇一〇年七月、私はイギリスのオックスフォード大学が主催した学術セミナーに参加し、主旨発表を行った。G20の二〇〇九年主要マクロ経済指標のデータを使い、中国は危機の中で、自分のことばかり考えているわけにもいかなかったが、なぜ中国だけ成績が抜きん出ているのかについて紹介した。もし中国の成長率が九・四％以下であったら、世界の経済成長率はマイナス〇・一％からマイナス二％以下に落ち込んでいたであろう。中国は目を見張るような驚異的な答案を提出しただけでなく、世界をも救ったのである。筆者の結論は、中国の国際金融危機への対応方法を説明し、「二本の手の方が一本の手より絶対に良い」という簡単な道理を再度証明して見せた。これは五〇〇名の世界各国からの参加者に深い印象を与えた。その時のイギリス出張では、イギリスの外務省、王立国際問題研究所、英中協会などの機関を訪問し、イギリスの政府職員や研究者たちと交流を行った。その後、われわれは特に学術論文を発表し、それによって、金融危機に対応する中国独自の体制メカニズムの優位性を認識した。[※38]

二〇一一年、胡鞍鋼、王紹光、周建明、韓毓海が協力し、韓毓海の執筆による『人間正道』という本を完成させた（中国人民大学出版社、二〇一一年）。われわれは中国の道と中国共産党を共に論じた。本書は世界的視野と人類発展の全体的道筋から、中国共産党が開拓した中国の道の先進性を論じ、社会主義民主政治、社会主義市場経済、人民社会建設、社会主義新文化の四つの角度から、中国の道の豊かな内容をはっきりとまとめ、雄渾な叙事詩的筆致で中国共産党の九〇年の輝かしい道程を賛美し、国内外の思想界や理論の世界が関心を抱き論争を繰り広げている一連の重大問題について、正面から回答した。われわれは「（中国の）道への自信、（中国の）体制への自信、（中国の）文化への自信」を初めて提示し、中国の学者の学術面での自覚や自信を表明した。

八、国家五カ年計画諮問研究[※39]

世界には一九三の主権国家があり、地域を加えると二四〇余りの経済体がある。経済のグローバル化を背景に、国家間の競争は、本質的には国家の統治能力の競争であって、国家の統治能力の競争は、本質的には国家の制度の競争である。競争のルールは、進まなければ後退であり、歩みが遅くなることもまた後退である。私はこれを自明の理と呼んでいる[※40]。

西側諸国では、西側体制を採用している発展途上国を含め、二党制あるいは多党制、大統領制あるいは議会制にかかわらず、例外なく長期的発展目標に欠けており、社会全体の国民の利益を考えず、終始一貫した政策手段に欠けている。これとは逆に、中国は六十数年の実践を通じ、最初はソ連の五カ年計画（例 第一次五カ年計画）を模倣し、後には計画経済体制の改革を行い、中国の特色のある五カ年計画を創り出し、政府の「見える手」の役割を発揮させ、国家の統治能力を大いに高めた。これがまさに中国発展の奇跡を生み出した制度的革新であり、世界から羨望のまなざしで見られている[※41]。

国家発展五カ年計画は、今後五年間の国民経済と社会発展の壮大な青写真であり、全国各民族人民の共同の行動綱領であって、中国の特色ある社会主義近代化建設の手段である。五カ年計画は中国の特色ある国家の統治手段であって、中国国家統治の重要な特徴を集中的に表しており、中国の国家統治における成果の背後にある核心的理念と制度のロジックを反映している。

経済体制改革の背景から見ると、一九九二年、党の十四大（中国共産党第十四回全国代表大会）の報告で、社会主義市場経済体制を打ち立てる目標が提示された。すなわち、社会主義国家のマクロコントロールの下、市場に資源配置に対する基本的な役割を発揮させ、計画と市場の二つの手段の長所をより良く発揮させる。国家計画はマクロコントロールの重要手段の一つである。計画についての観念を新しくし、計画の策定方法を改善し、国民経済と社会発展の戦略目標を重点的かつ合理的に確定させる。経済発展予測や総量のコントロール、重大構造や生産力の配置計画を的確に行い、必要な資金やモノを集中し、重点的に建設を行い、経済のレバレッジを総合的に活用し、経済をより良く、より速く発展させる。これが計画と市場の二つの手段を結合したモデルである。その後、国家五カ年計画の重大な変化[※42]を経て、中国特有の「見える手」と「見えない手」を同時に使うメカニズムを形作った。「見えない手」が基本的役割を果たし、「見える手」は「見えない手」をサポートする。

私は国情研究と国策研究を緊密に結び付け、短期、中期、長期および遠期に分けて研究を進めている。短期の研究は、五年の期間であり、国家の五カ年計画に関する諮問に応じる研究である。

「第九次五カ年計画」から、私は背景研究や政策決定諮問に参画し始め、ある意味では国情研究と国策研究を緊密に結び付けているといえる。「第九次五カ年計画」策定前後、筆者の国情研究は、主に地域発展の格差とその調整戦略に焦点を当てており、主体的に参画し、積極的な影響を与えた。

「第十次五カ年計画」の策定に当たって、朱鎔基総理から以下のような明確なご指示があった。「第十次五カ年計画」の大綱を策定する際は、できるだけ社会の参画を求め、計画の策定過程を、民主を発揚し、多くの人々の知恵を結集し、関係方面のコンセンサスを得る過程とすること。これによって、私は国情の専門家として、引き続き参画し、ますます大きな影響力を発揮するようになった。一九九九年四月から八月までの間、筆者と鄒平（すうへい）（国務院研究室社会発展司研究院）[※43]は、何度も国家計画委員会と関係司局の要請に応じ、「第十次五カ年計画」の策定の考え方や公共政策に対し、重要な参考意見を提示した。特に「人を基本とする」という新しい発展観と「人民に投資する」という基本的な考え方である。

二〇〇五年、「国務院工作規則」が改定され、次のように明確に規定された。各部門が国務院に上程し、討議に付する重大政策決定事項は、基本的、戦略的発展計画を根拠に、専門家または研究、諮問、仲介機関の論証・評価もしくは法律的分析を経なければならない。国務院が重大な政策決定を行う場合、座談会の方式で、民主党派、民間団体、専門家学者などの意見や提案を聴取しなければならない。

二〇〇四年八月、筆者と王亜華は「新世紀における国情の特徴」という課題について、国家発展改革委員会発展企画司の楊偉民局長に報告を行った。その後、われわれは『国情と発展　五大資本の動向の変化（一九八〇－二〇〇三年）』（清華大学出版社二〇〇五年八月版）を出版した。われわれは初めて「五大資本」（物質資本、国際資本、人的資本、自然資本、知識資本）という分析フレームを採用し、中国の国情の特徴について、定量分析と動態分析を行った。総合的国力、経済面の国情、開放面の国情、人的資源の国情、自然資本・環境面の国情、知識資源の国情に分けて考察を行い、各分野が直面しているチャンスと挑戦を分析し、五大資本の動態変化を定量計算し、五大資本を維持し、高めていくことを主旨に、主要な課題に対応する四大戦略（経済グローバル化戦略、人的資源開発戦略、知識発展戦略、グリーン発展戦略）を提出した。

八月三一日、筆者と王亜華、鄢一龍は『第十次五カ年計画実施状況評価報告』を著し、初めて目標一致評価法を用いて、「第十次五カ年計画」に対して、実施後の評価を行った。

一〇月八日、われわれは関係部門に『第十次五カ年計画期間中（二〇〇一－二〇〇四年）の基本的評価』を提出した。このレポートは初めて独立機関が中国の「第十次五カ年計画」に対して第三者評価を行ったものである。「第十一次五カ年計画大綱」に初めて次のように付記されたことは思いもよらないことであった。本計画実施の中間段階で、実施状況について、中間評価を行い、中間評価報告書を全国人民代表大会常務委員会に提出し、審議を受けること。

同年一〇月二五日、国務院の認可を経て、「第十一次五カ年計画」計画専門家委員会が正式に成立した。甘子玉「元国家計画委員会常務副主任、全国人民代表大会華僑委員会元主任委員」が主任となり、呉敬璉（国務院発展研究センター常務幹事、全国政治協商会議委員）が副主任となった。委員会は三七名で構成され、筆者も構成員の一人として、計画草案の検討に参画した。

私は「第九次五カ年計画」から「第十次五カ年計画」まで、主に地域の発展と持続可能な発展について、諮問研究を行った。後に、国家発展計画専門家委員会のメンバーの一人として、清華大学国情研究院の精鋭チームを率い、「第十一次五カ年計画」から「第十二次五カ年計画」、さらには「第十三次五カ年計画」に至るまで、専門的に知識を集約し、プロフェッショナル意識を持って、公共政策諮問対応を行い、評価研究を進め、五カ年計画の分野で豊富な実践経験を持つと共に、大量の研究成果を積み上げた。

大学のシンクタンクとして、国家の五カ年計画策定に参画する過程で、三つの役割を演じた。一つ目は、コンセプトの立案者である。すなわち、計画に関する自分の対策や戦略構想を提出した。この種のコンセプトの企画は、問題主導、理念主導が多くの部分を占めていた。二つ目は、計画の提案者である。すなわち、主体的に提案を行うとともに、政策決定者から意見を求められた際に、国情報告書を提出するなどの提案を行った。私は国家計画専門家委員会委員として企画編制の専門家諮問会議に参加し、専門著作を出版し、より系統的な研究を行った。三つ目は、計画の説明者である。五カ年計画が発表された後、一連の宣伝、説明活動を展開した。この活動は国内外に、より深く五カ年計画の内容を理解してもらうことで、計画の確実な実施と定着に重要な役割を果たした。[※44]

シンクタンクとして、われわれは主に以下のルートを通じ、政策決定に影響を与えた。一つ目は、シンクタンクの人員が専門家委員会のメンバーになり、直接政策諮問に参画し、政策を提言する。二つ目は、事前の政策研究段階で、調査研究を行い、調査研究レポートを作成し、政策決定者に参考として提供する。三つ目は、政策が策定された後の意見聴取の段階で、専門家として、科学性や実効性を審議する。[※45]

ここで、私はわれわれがいかに国家の中長期発展計画のデザインに参画し、中国の将来の発展の青写真に知力でもって貢献したかを簡単に説明したい。

党の第十六期五中全会（中国共産党第十六期中央委員会第五回全体会議）における「第十一次五カ年計画」策定に関する提案の中の核心理念は、「人を基本とする科学的発展観を堅持する」ことである。[※46] 党の第十七期五中全会（中国共産党第十七期中央委員会第五回全体会議）における「第十二次五カ年計画」策定に関する提案の核心理念は、やはり「人を基本とする科学的発展観を堅持する」ことである。[※47]

人を基本とする科学的発展観によって「第十一次五カ年計画」と「第十二次五カ年計画」の策定、編制および実施の全過程を指導した結果、人民全体の福祉を増進し、人間の全面的発展の壮大な青写真と道筋を示すことができたのである。

われわれは直接参画の実践と体験を通じて、中国の五カ年計画に対して総括を行った。[※48] 国家発展五カ年計画は、経済、政治、社会、文化、生態の「五味一体」の社会主義近代化建設であり、これからの五年間の国民経済と社会発展の全体的戦略を示しており、その基本的な考え方とポイントとなる方法は、国の指導者の戦略戦術思想と公共政策の分析方法の二つが有機的に結合したものである。国家発展五カ年計画の戦略分析の理論的フレームは、背景分析↓メインテーマおよびメインラインの確定↓戦略ポジショニングとデザイン↓戦略実施である。まず、五カ年計画の背景分析であるが、計画の評価と診断を通じて、わが国の基本的国情から出発し、国際国内情勢に対し、総合的な科学的判断を行う。同時に、過去のいくつかの時期における国家発展上の重大な矛盾と重大な関係のその時点での特徴を分析し、その主要な矛盾と矛盾のポイントを把握する。その次に、次の五年間の国家発展のメインテーマとメインラインを確定する。その次に、具体的な戦略のポジショニングを明確にし、指導方針を確定、戦略目標を設定し、数値で指標化する。最後に、戦略実施の重大任務、政策とプロジェクトを確定する。国家発展五カ年計画は中国の特色ある社会主義近代化路線の独特な方法であり、中国の科学的発展方向、戦略、目標、政策の集大成である。五カ年計画の政策決定メカニズムから見ると、すでに衆知を結集した科学的政策決定メカニズムができ上がっており、政策決定方式は絶えず民主化、科学化、制度化されてきており、中国の二つの「大脳」（内脳と外脳[49]）の制度的優位性を表している。

九、二〇二〇年の中国を引き続き研究

一九九七年九月、党の十五大（中国共産党第十五回全国代表大会）報告で初めて「二つの百年」という奮闘目標が提示された。すなわち、建党百周年までに、国民経済をさらに発展させ、各種制度をより良

いものに整える。二一世紀中葉の建国百周年までに、基本的に近代化を実現し、富強で民主的、文明的な社会主義国家を築き上げる。[50]

私も二〇二〇年の中国をどのように研究したらよいかをずっと考えてきた。一九九八年、私と曹遠征（国家体制改革委員会体制改革研究院研究員）、趙英（中国社会科学院工業経済研究所副研究員）が討論を行い、二〇二〇年に向けての中国の発展目標を初めて考えてみた。[※51] 一つ目は、中国の国際競争力を急速に高め、世界のトップ一〇に入ることによって、熾烈な競争を繰り広げ、急激に変化している世界の枠組みの中で、優位な地位を占めること。[※52] 二つ目は、強大な総合的国力をバックに、世界をリードする強国になること。これには次の事項が含まれている。購買力平価に基づくGDPで世界のトップとなる。[※53] 輸出入貿易総額で世界のトップとなる。[※54] 軍事力で世界のトップクラスとなる。科学技術力も世界のトップクラスとなり、成熟した技術大国になり、若干の重要科学分野で一定のポジションを確保する。三つ目は、一五億人をかなり高い社会発展水準にまで引き上げ、基本的に社会主義の「共に豊かになる」という目標を達成する。購買力平価で計算した一人当たりのGDPを、アメリカの一〇分の一にも満たない水準から、四分の一から三分の一の水準にまで引き上げる。[※55] 平均余命を現在の七〇歳から七五歳に引き上げ、その時点の先進国レベルに近づける。[※56] 成人の文盲率を現在の一五％から五％以下に引き下げる。[※57] 一五歳以上の人口の教育を受けた平均年数を現在の六年から一〇年に引き上げる。[58] 女性の就業率は高い水準を維持する。[※59] 人間開発指数を現在の〇・六から〇・八の高水準に引き上げる[60]――ことである。

上述の三大目標は密接で不可分であり、相互に作用しあう関係にある。「強国」は「富民」（豊かな国民）のベースであり、「富民」は「強国」の目的である。国際競争力を高めていくことは、「強国」と「富民」の基本的な保障である。

われわれは特に次のことをも指摘した。二一世紀の重大な変化の中で、客観情勢は、中国が国際舞台で主役を演じることや国際的な重大事項に主体的に参画すること、特に国際規則の制定と協調に積極的に参画することを求めている。これが二〇二〇年の中国に関する初めての研究であった。

二〇二〇年の中国に関する第二回目の研究は、二〇〇二年のことである。党の十六大（中国共産党第十六回全国代表大会）が初めて全面的に小康社会を建設するという奮闘目標を打ち出し、構造を適正化し、効率をアップすることにより、国内総生産を二〇二〇年に二〇〇〇年の四倍にし、総合国力と国際競争力を飛躍的に高めるよう明確に求めた。これに応じて、私は中国の発展目標を「成長、強国、富民、国際競争力のアップ」の四大目標に取りまとめた。[※61] これには次のような内容を含んでいる。第一に、経済規模を今後二〇年間（二〇〇一～二〇二〇年）に四倍にする目標。第二に、中国の総合国力をこれからの二〇年間で、アメリカの三分の一から二分の一にし、強大な国力の基礎の上に、世界を主導する能力を持つ世界的な強国になるという目標。第三に、人民の生活水準を顕著に改善し、現在の世界の下の中クラスの所得国から、中あるいは中のやや高めのクラスの所得国にし、教育を受けた平均年数と平均余命を全体的に高め、人間開発指数も現在の世界の中の上のレベルから比較的高いレベルにアップさせ、絶対的貧困人口を根絶し、全員が教育を受け、全員が衛生的な生活をし、共に豊かになるという小康社会を建設する。私は、中国の社会主義近代化の本質は、「人を基本とする」であり、社会の全面的な進歩を推し進め、人間の全面的な発展を促し、大多数の人民の根本的利益を最大化することであり、その最重要標識は、人間開発指数の伸びである、と再度指摘した。第四に、国際競争力を高める目標。その中で、経済成長を加速し、経済総量と総合国力を伸ばすことが強国への目標であり、人民生活を高め、共に豊かになり、貧困をなくすことが富民への目標である。今後二〇年間に小康社会を全面的に建設するためのメインテーマは、全人民が共に豊かになる方向に着実に前進することである。

二〇二〇年の中国に関する第三回目の研究は、二〇〇六年のことである。その年の一〇月、中共十六期六中全会（中国共産党第十六期中央委員会第六回全体会議）終了後、私は、党の十七大（中国共産党第十七回全国代表大会）報告の背景研究の一つとして、「全面的に小康社会を建設する意味と目標の研究」という重点課題を研究するよう、国家計画委員会より委託を受けた。同年一一月中旬、私はこの委託報告を書き上げた。これは多くの背景研究報告の中で、比較的早く関係部門に提出した課題報告であり、参考価値のある研究成果の一つとなった。報告書は十七大報告のメインテーマである中国の特色ある社会主義の発展を深く探求しただけでなく、二〇二〇年に全面的に小康社会を建設し、和諧社会を打ち立てる意味と目標および指標体系を系統立って研究し、詳しくデザインしたことにより、非常に参考価値のあるものとなった。党の十七大の終了後、この報告書は『二〇二〇年の中国　全面的に小康社会を建設する』という書名で、その年の一一月、清華大学出版社から正式に出版された。

二〇二〇年の中国に関する第四回目の研究は、二〇一二年のことである。私は『二〇二〇年の中国　全面的に小康社会を建設する』（清華大学出版社、二〇一二年九月版）を出版していたが、その主な背景は、中共十六期六中全会が二〇一二年下半期に党の十八大（中国共産党第十八回全国代表大会）を招集することを決定し、党の十八大報告の起草が重要な任務となった。党の十八大のメインテーマが二〇二〇年に全面的に小康社会を建設するとなり、これがまさに筆者の本の核心的部分であった。当該書籍は、二一世紀前半における中国社会主義近代化の全体的布石は、経済建設、政治建設、文化建設、社会建設、生態文明建設および国防建設の「六味一体」であると明確に示し、また科学的発展観の「五大発展」、すなわち、イノベーションによる発展、グリーン発展、協調的発展、成果を分かちあえる発展、ウィンウィンな発展をも提示した。この「五大発展」は相互に関連し、お互いに促しあい、支えあって、科学的発展を一層具体化するものである。二〇二〇年に小康社会を全面的に建設するという核心的目標に対して、専門的なデザインを行った。「全面的に建設する」と「小康社会」に込められた深い意味に正しく回答すること、これがすなわち、より広い範囲で、より高いレベルの質の良い公平な小康社会を建設することである。

二〇二〇年の中国に関する第五回目の研究は、私が率いる国情研究院チームが『〝十三五〟大戦略』(浙江人民出版社、二〇一五年六月版)を出版した時である。

一〇、中国の経済成長が量から質へ

二〇〇一年、私は次のように指摘した。将来、中国の経済成長は、全要素生産率(TFP)をいかに高めるかによって決まる。なぜなら労働力と資本の成長が中国経済の成長に及ぼす影響には限界があるからだ。経済成長に影響する最も重要なポイントはTFPを高めることである。中国経済の成長モデルは、量から質に転換していくであろう。すなわち経済成長の質を高めることがメインとなる。質の向上には、一人当たりの所得レベルを高めるだけでなく、次のような内容が含まれている。より公平な教育と就業機会、より高いレベルでの男女平等、より良い健康と栄養、持続可能な自然環境、より公正な司法と法律制度、より豊かな文化生活、より有効な社会管理などである。[※62]

二〇〇二年、中国経済のキーポイントは高成長をするかどうかにあるのではなく、どのような高成長をするかにあると私は再度指摘した。すなわち、質の良い高成長モデルへのシフトである。具体的には、効率の悪いものから、効率の良いものへ、不公平なものから、公平なものへ、低雇用から高雇用へ、持続不可能なものから、持続可能なものへ、である。現在、わが国の経済情勢は、建国以来、相対的に安定して、成長が続いており、経済効率は明らかに良くなり、生態環境面でも改善が見え始めた良好な時期にある。一方、経済的繁栄と社会的矛盾が併存している。中長期的に見ると、供給が需要を上回っていることが国内市場の基本的な状況であり、デフレがインフレに取って代わって、中国マクロ経済の健全な運営に影響を与えている最大の難事である。わが国では、現在、有史以来最大規模の経済構造調整が進んでおり、また有史以来最大規模の「リストラの洪水」などが発生している。これに対して、私は次のような提案を行った。将来の経済成長は、全要素生産率（ＴＦＰ）をいかに高めるかにかかっていること。中央の財政力をさらに高め、積極的財政政策を継続して行うこと。「一国両制」の体制的障害を取り除き、都市化の推進を速め、農民を解放し、農民に投資し、農民を移転させ、農民を減らし、農民を豊かにすること。

国家の五カ年計画政策決定諮問に直接参画する以外に、われわれは国の中長期の個別の発展プロジェクトにも参画した。

国務院の決定に基づき、国家の中長期科学技術計画の策定作業が全面的にスタートし、二〇〇三年六月二三日～二五日、私は国家の中長期科学技術計画戦略研究セミナーに招かれて出席し、「これから二〇年の中国大戦略と経済社会発展の挑戦」というテーマについて講演を行った。温家宝総理が会議で講話を行い、われわれが行っている戦略の研究は、一般的なものではなく、国家の科学技術発展戦略に関する研究であり、全局面にわたる長期的な将来を見据えた戦略の研究である。世界や未来にむけて、開放的な研究を行い、国際的視野を持たねばならない。今回の計画は、国民経済の建設、社会の発展、国家の安全などの面での必要性を巡って策定されるものであり、今後一五年から二〇年のわが国の科学技術発展に布石を打つものである。

七月四日、私は率先して『国情報告』を提出し、中国経済は模倣による成長からイノベーション型成長にシフトするよう提案した。過去二〇年間、中国経済の発展モデルは、基本的に資本主導型、資源消耗型、環境汚染型、生態破壊型であり、これを続けていくことはもはやできず、今後二〇年の間に、資本主導型から技術・知識主導型に、伝統的工業化から新型工業化に、資源消耗型から資源節約型にシフトしなければならない。また環境汚染型、生態破壊型から環境に優しい生態保護型にシフトしなければならない。

私はこれから二〇年の中国科学技術の発展方針を「人間を基本にし、イノベーションを強化し、全面的に開放し、飛躍的に発展する」と簡明に取りまとめた。人を基本とするとは、科学的発展の基本的目的であり、イノベーションの強化は、科学技術発展の基本手段である。全面的に開放するとは、科学技術発展の基本政策であり、飛躍的発展とは、科学技術発展の基本的ルートである。

二〇二〇年科学技術の主要目標は以下の通りである。①中国経済の持続的成長と経済的繁栄を確保する。②中国の総合的国力の絶え間ない増強を確保する。③社会の全面的発展と進歩を確保する。④全人民の人的資本と知的資本を高め、人民の生活の質と健康を改善する。⑤国家の安全を確保する。⑥中国の生存環境の持続可能性および資源保障と有効利用を確保する。

二〇二〇年科学技術発展の具体的目標は、第一に、科学技術の経済成長に対する寄与度をはっきりと高める。第二に、世界の科学技術強国になり、主要科学技術発展指標で世界のトップレベルになる。大量の科学者、技術者、専門家を養成し、中国を世界の科学技術人的資源の最強国とする。中国をR＆D

支出の世界第二位にする。国際論文数を現在の世界第六位から世界第三位にし、論文の質も高める。自国住民の発明特許申請件数を二〇〇〇年の第七位からトップ三にする。中国のハイテク輸出額を世界第二位あるいは世界第三位とすること。私は、明確な国家の科学技術発展目標を示すのは、必要十分であるだけでなく、人心を励まし、中国の科学技術界や全国人民を奮い立たせるものであると考えた。

七月二二日、私は二本目の国情報告を率先して提出した。私は、将来中国が発展していくキーポイントは、イノベーションにあると考えた。中国と核心技術創出国との技術的格差は大きいものの、世界の各種技術、特に先進国の技術と資本を導入し、吸収し、採用していくことを通じて、経済成長を速め、「キャッチアップ」することができる。中国と先進国との所得格差と技術格差は絶えず縮小しており、この「キャッチアップ」効果が次第に薄れてくるであろう。格差を一層縮小するには、中国は「模倣型の経済成長」モデルから「イノベーション型の経済成長」モデルにシフトしなければならず、日本やアジアの四小龍のように、「非核心技術イノベーション国家」から、しだいに「核心技術イノベーション国家」にシフトしていかねばならない。言い換えれば、中国は世界で経済強国、総合力強国にならなければならず、競争戦略を最重要国家戦略として、世界の熾烈な市場競争、技術競争、人材競争において、絶えず競争優位性を確保していかねばならない。

科学技術政策の目標と役割は、中国の知識と技術の蓄積過程にあり、技術の導入であろうと、自主イノベーションであろうと、国は奨励とサポートを行うべきである。経済学の角度から見れば、知識と技術の蓄積過程は、内生的に全要素生産率（ＴＦＰ）を高めることであり、ＴＦＰを高めることが中国が高い経済成長を長期にわたって続けていく根本的な力である。

これが最初に中央と国務院の指導者に提出した二〇二〇年の科学技術発展方針に関する二つの国情報

告である。二〇〇六年に正式に発布された「国家中長期科学技術発展計画綱要（二〇〇六－二〇二〇年）」の提示した基本的な考え方、指導方針、主要目標と数値指標は、後の中国科学技術の発展傾向と基本的に合致し、中には私や綱要の目標値を超えているものさえあり、中国は科学技術イノベーションの爆発期に入り、イノベーションが主導する発展の最大の原動力となった。実際の結果は次の通りである。科学技術の進歩の経済成長に対する寄与度は、二〇〇五年の四三・二％から二〇一七年には五七・五％に高まり、二〇二〇年には六〇％以上に達し、二〇〇五年より約一七ポイント高くなると予測されている。わが国の研究開発人員のフルタイム当量（ＦＴＥ）は二〇〇五年の一三六・五万ＦＴＥから二〇一六年の三八五万ＦＴＥに増加した。わが国のＲ＆Ｄ支出は、二〇〇五年の三〇〇三億元から二〇一七年の一兆七五〇〇億元に増加し、世界第二位を占め、ＧＤＰに占める比率は一・三三％から二・一二％に高まった。しかし、二〇二〇年の二・五％以上の目標達成にはまだ多くの困難があると考えられる。自国住民の発明特許の年度授権件数は世界一となっている。二〇一七年、わが国は「特許協力条約」（ＰＣＴ）に合わせて五・一万件出願し、世界第二位となっている。国際科学論文に引用された数も世界第二位となっており、その中で二〇一六年高頻度に引用された国際論文数は世界の第三位となっている。このほか、二〇〇五年中国のハイテク輸出額は世界のトップであり、二〇一四年世界総量の二六・〇％を占めている。二〇一五年わが国のハイテク産業の増価値は世界の二九％を占めて、世界のトップとなり、「国家の中長期科学技術発展計画綱要」の一部数値目標を上回っている。

(注)

1　胡鞍鋼監修『意思決定に影響した国情報告』、清華大学出版社、二〇〇二年十二月出版、一一ページ。

2 『管氏・権修』。
3 『毛沢東選集』第二巻、人民出版社、一九九一年版、七九八ページ。
4 「清華大学規定」第十二条規定　学校は国家戦略の必要性と世界の学術の前線に向かって、自主的に科学研究、社会サービス、文化伝承革新活動を行い、産学研共同で革新と成果の転化を推進し、文化によって人を育て、人類文明のために新思想、新知識、新技術を捧げる。
5 「人民日報」二〇一六年五月一九日。
6 毛沢東、一九六四年八月二九日。
7 「清華大学規定」第一〇条　学校は人材養成目標と国家が定めた教育規模に基づき、自主的に学生募集のレベル、構成、計画、モデルを確定し、科学的に多様化された人材を選抜するシステムを構築し、全面的に素養が整っており、品行と学問共に優れており、目立った特質のある優秀な学生を募集する。
8 二〇一〇年、中央組織部は一部（一五）の国家部委員会で幹部教育制度改革を試行した。局長級指導幹部教育は中央党学校と国家行政学院による集中教育から自主選択教育へと変更され、第一回目の北京地区は北京大学、清華大学、中国人民大学、北京師範大学および国防大学を正式に司局級指導幹部教育体系に編入した。各学院各校はおのおの特長、長所を有し、五六のテーマクラスと一七四の講座を提供し、受講生はメニューに基づき自主選択が可能である。毎年四〇～六〇時間の教育を受け入れ、学習時間は比較的柔軟で、勤務日、休息日、祝祭日、半日課、全日課いずれも受講が可能である。
9 西漢揚雄「法言」首篇「学行」。詳細解説は劉齊「光明日報」、二〇一八年五月一七日、第〇二版、評論を参照。
10 胡鞍鋼「平等、友好、農民工を尊重」「国情報告」二〇〇一年第七二期、八月二〇日。
11 李克強「政府活動報告」二〇一八年三月五日。
12 李克強「政府活動報告」二〇一八年三月五日。
13 胡鞍鋼「当面の中国経済と社会発展情勢分析と若干の提案」、「国情報告」二〇〇二年第五七期。
14 胡鞍鋼、周紹傑「インターネット経済の発展を加速することは二一世紀中国最大の発展戦略である」「国情報告」、二〇〇〇年第一九期、三月三〇日。
15 胡鞍鋼、周紹傑「中国は如何にして日増しに拡大する『デジタルデバイド』に対応すべきか」「国情報告」、二〇〇二年第三期、一月九日。
16 「中華人民共和国二〇一七年国民経済と社会発展統計広報」二〇一八年二月二八日。
17 胡鞍鋼著『中国戦略構想』浙江人民出版社、二〇〇二年一月版、三ページ。

18 胡鞍鋼監修『知識と発展 二一世紀新キャッチアップ戦略』北京大学出版社、二〇〇一年版、三ページ。

19 江沢民「全面建設小康社会 中国特色社会主義事業新局面を切り開く――中国共産党第十六回全国代表大会での報告」、二〇〇二年一一月八日。

20 「人民日報」二〇〇一年一〇月三〇日。

21 胡鞍鋼著『中国二一世紀に向けて』中国環境科学出版社、一九九一年。

22 胡鞍鋼、胡琳琳「衛生領域に投資し、経済の発展と全面小康目標の実現を促進する――中国マクロ経済と衛生健康」「国情報告」二〇〇三年第九期、一月二八日。

23 胡鞍鋼「『人を基本とする』健康への投資」「国情報告」特別号、二〇〇三年第三〇期、六月一六日。

24 新華社北京二〇〇三年十月一四日電。

25 鄧楠「『中国二一世紀アジェンダ』について」「中国軟科学」一九九四年第一〇期。

26 江沢民「社会主義近代化建設中の若干の重大関係を正確に処理する――党の第十四期中央委員会第五回全体会議閉幕時の講話(第二部分)(一九九五年九月二八日)

27 胡鞍鋼、王亜華「環境破壊から環境建設へ グローバル化の状況下での中国の資源と環境政策」、一九九九年第百九期、一二月一一日。

28 「中共中央による国民経済と社会発展 第十次五カ年計画制定についての提言」(二〇〇〇年一〇月一一日中国共産党第十五期中央委員会第五回全体会議通過)。

29 一九九五年江沢民氏は、資源と環境をしっかり保護しなければならず、当面の発展を手配するだけでなく、子孫のためにも配慮し、先祖の残した遺産を食いつぶして子孫の道を断ってはならず、資源の浪費により、先に汚染し後で修復するという道を歩んではならないと指摘した。江沢民「社会主義近代化建設中の若干の重大関係を正確に処理する――党の第十四期中央委員会第五回全体会議閉幕時の講話(第二部分)(一九九五年九月二八日)。

30 [訳注]「二人っ子政策」に移る過渡期の政策として、間隔年数を設定して二人目の出産を認め、その間隔年数を徐々に引き下げていき、最後に撤廃することによって、軟着陸を図ろうという考え方。

31 胡鞍鋼「中国の人口の国情をどう見るか」『人民論壇』二〇〇六年第八期。

32 胡鞍鋼「中国中長期人口総合発展戦略(二〇〇〇-二〇五〇年)『国情報告』二〇〇七年第三期。

33 胡鞍鋼「産児制限政策を緩やかに調整し、将来の中国人口規模を安定させる」『経済参考報』二〇〇九年一一月二六日。

34 胡鞍鋼「二一世紀の展望 中国は如何にしてアメリカに追いつくか」二〇〇〇年、第八〇期、一〇月六日。

35　ジョン・ソーントン『グローバルリーダーシップ』清華大学出版社、二〇〇四年。
36　Joshua Cooper Ramo,"The Beijing Consensus", Foreign Policy Center, 2004.
37　胡鞍鋼「さまざまな思潮の激流の中の中国の道」『人民論壇』二〇一一年第一期。
38　胡鞍鋼、王大鵬「中国の金融危機への対応の評価と体制メカニズムの比較」［J］経済社会体制比較、二〇一一年。
39　胡鞍鋼、姜佳瑩、鄢一龍「国家五カ年計画策定におけるシンクタンクの役割の研究　清華大学国情研究院の国家五カ年計画編制への参画を例として」「経済社会体制比較」二〇一六年第六期。
40　胡鞍鋼、唐嘯、楊竺松、鄢一龍著『中国国家統治の近代化』中国人民大学出版社、二〇一四年版、一九七ページ。
41　なぜ中国の行為がこのように実際的なのか。答えは非常に簡単である。中国の指導者は西側の指導者と異なり、長期的利益により関心があり、時間は自分の側にあることをよく分かっているからだ。中国経済はこれから一〇年さらに強くなる。長期的に見れば、中国は必ず台頭し、世界をリードする経済体、強国となるであろう。「長期的利益への関心が中国をこのように実務的にしている」。ドイツ『安全時報』二〇一八年三月二八日。
42　［訳注］計画経済の時代には、計画はすべてノルマ的なものであった。これが市場経済の実情と合わなくなったため、二〇〇六年の第十一次五カ年計画から、目標に改められた。
43　［訳注］「司」は日本の官庁の「局」に相当する部署である。
44　胡鞍鋼、姜佳瑩、鄢一龍「国家五カ年計画策定におけるシンクタンクの役割の研究　清華大学国情研究院の国家五カ年計画編制への参画を例として」「経済社会体制比較」二〇一六年第六期、六二－七一ページ。
45　胡鞍鋼、姜佳瑩、鄢一龍「国家五カ年計画策定におけるシンクタンクの役割の研究　清華大学国情研究院の国家五カ年計画編制への参画を例として」「経済社会体制比較」二〇一六年第六期、六二－七一ページ。
46　全会一致で次のように指摘した。断固として科学的発展観でもって、経済社会発展の全局面をリードし、人を基本とすることを堅持し、発展に対する考え方の転換を図り、発展モデルを革新し、発展の質を高め、経済社会の発展を全面的に協調し、持続可能な発展の軌道に確実に乗せる。『中共中央国民経済社会発展　第十一次五カ年計画策定に関する提案』（二〇〇五年一〇月一一日、中国共産党第十六期中央委員会第五回全体会議通過）
47　全会は一致して次のように指摘した。現在の中国において、発展を堅持することは、不変の道理の本質的要求である。すなわち、科学的発展の堅持、人を基本にした全面的な協調的持続可能な発展、全局面への配慮、人民生活の保障と改善などに重きを置き、社会的公平正義を促進する。『中共中央国民経済と社会発展　第十二次五カ年計画策定に関する提案』（二〇一〇年一〇月一八日中国共産党第十七期中央委員会第五回全体会議通過）

48　呉丹、胡鞍鋼、鄢一龍「国家発展五カ年計画の戦略的分析と実践の認識　〝第十二次五カ年計画〟を例として」『清華大学学報　哲学社会科学版』二〇一六年第一期。
49　[訳注]　内脳とは組織内部の専門家や顧問を、外脳とは組織外のシンクタンクなどを指す。
50　江沢民「鄧小平理論の偉大なる旗を高く掲げ、中国の特色ある社会主義事業の建設を二一世紀に推し進める。中国共産党第十五回全国代表大会における報告」（一九九七年九月一二日）
51　胡鞍鋼、曹遠征、趙英「中国二一世紀の国家利益および国家発展目標」『国情報告』一九九八年第一五期、九月七日。
52　「世界経済論壇」の計算によると、一九九四年の中国の国際競争力は第三四位であり、一九九七年には第二六位に上昇し、発展途上国では首位であった。香港が世界の首位であった。
53　世界銀行一九九七年の予測によると、一九九五年から二〇二〇年の中国のGDP年平均成長率は六・六％であり、GDP総額はアメリカを追い抜く。World Bank, 1997.
54　世界銀行の予測によると、現在中国（香港、マカオ地域を含まず）の貿易総額が世界のそれに占める比率は四％であり、二〇二〇年には一〇％になって、世界第二位となると予測されている。World Bank, 1997.
55　世界銀行の一九九七年の予測では、二〇二〇年の中国人の一人当たりのGDPはアメリカ人の半分以下である。World Bank, 1997.
56　一九九四年高所得先進国の平均予測寿命は七七歳であり、上中等所得国家は六九歳であり、世界平均は六七歳である。World Bank, 1996.
57　現在先進国の成人文盲率はすべて五％以下である。
58　現在先進的工業国の人口平均文化程度は一〇年である。
59　先進工業国の平均は四四％。
60　国連開発計画（UNDP）の予測によると、中国人間開発指数（HDI）は二五年後〇・八の高水準に達することができる。一方、インドは一〇〇年を要する。UNDP, 1996. Human Development Report 1996, Oxford University Press.
61　胡鞍鋼「中国の大戦略構築〝富民強国〟の壮大な目標」『国情報告』二〇〇二年、特集号、一一月一二日。
62　胡鞍鋼「将来の中国経済成長はTFPによって決まる」『中国経済時報』二〇〇一年五月一六日。

第六章

清華大学第二の一〇年（2011－現在）

一、国情研究院創設から国家最高レベルシンクタンクの試みへ

大学のシンクタンクとして、中国の国情を継続的に追跡していくということは、中国の国情を出発点として新しい思想と観点を創造し続け、五カ年計画やその策定に関して意見を提案し続けることである。すぐに受け入れられて理解されるかどうかが重要なのではない。われわれには、長期的に努力を続ける力が必要である。

大学のシンクタンクは、党中央や国務院との間でますます密接な相互連動の関係が形成されなければならず、われわれは、学術界と政策決定機関を結ぶ、情報・知識・思想の懸け橋の役目を意識的に担っている。同時に、中国の政策決定機関が次第に民主化・科学化・制度化してきたことも反映して、党中央や国務院は全党・全国の英知を吸収できるようになっている。私自身の二〇年余りの国情・国策研究の過程もこの一点を証明している。これはまさしく「東方の巨人」の「二大頭脳」である。中心を担うのは、党中央・国務院の「内なる頭脳」であり、最高レベルシンクタンクは「外部の頭脳」であり、ガバナンスをサポートする政策決定の補助作用を担っている。

二〇一一年四月、私は清華大学創立百周年の祝賀会に参加した。胡錦涛総書記が重要講話を発表し、大学は「政策研究に深く関わり、積極的にシンクタンクやブレーンの役割を発揮し、党と国家の科学的

かつ民主的な政策決定に力を尽くすべきである」という新しい要求を特別に示した。[※1] このため、私は学校の党委員会書記の胡和平教授に、「清華大学新百年」の歴史的使命と壮大な青写真の必要性に基づいて、党中央の政策決定を着実なものにするために、国情研究センターを礎として、清華大学国情研究院を設立することを提言した。同年一二月二九日、清華大学校務会は、清華大学国情研究院の設立と、初代院長として私を招聘することを正式に認可した。私は再度、清華大学のために中国らしい特色のある大学シンクタンクを創設し、清華大学の新たな百年の成果へ布石を打った。

私は国情研究院に対して明確なポジションを示した。世界一流のシンクタンクを創設し、新学科（すなわち当代中国学）基地を開拓し、国家の政策決定諮問機関となり、清華大学「新百年」の新興学科の発展に寄与し、世界に冠たる大学建設に努めるということだ。大学のシンクタンクとして、われわれは、国家の将来の目標の「展望者」であり、国家戦略の「立案者」であり、国家シンクタンクの「担当者」であり、国家ガバナンスの「監督者」であり、高いところに立脚するほど、より遠くを見通し、より深く考え、より正しい答えを導き出せるのである。[※2]

二〇一三年四月、習近平総書記は中国らしい特色あるシンクタンク建設に対して重要指示を出した。それは、これまで中央の指導者が初めてシンクタンク建設について述べた中で最も明確かつ内容が豊富な重要指示であった。習近平総書記の指示は、以下の四つの重要内容を含む。

一、シンクタンクを国家のソフトパワーを構成する重要要素とする。これは過去になかった表現であり、シンクタンクの発展を国家戦略のレベルまで高めている。

二、わが国のシンクタンクの発展は相対的に遅れていることを指摘し、さらに大きな役割を発揮するために、現状の格差を認めつつ、併せて発展への期待は高まっており、成長の幅も大きいことを示す。
三、「中国らしい特色のある新型シンクタンク」の建設目標を示す。これは今後一定の期間におけるわが国のシンクタンク発展の基本方針である。
四、中国らしい特色のある新型シンクタンクの組織形式と管理方式を探る。その足掛かりは、中央の科学的な政策決定に質の高いサポートを提供することである。※3

五月三〇日、私は教育部の開催した「高等教育機関の哲学・社会科学を発展・繁栄させ、中国の特色ある新型シンクタンクの建設を推進する」をめぐるシンポジウムに参加した。会議は劉延東副総理が座長を務め、講演した。彼女はまず、中国らしい特色のある新型シンクタンクの建設に関して、習近平総書記が指示を出したことを伝えた。さらに、シンクタンク建設にまつわる鄧小平、江沢民、胡錦涛各氏の論述を紹介した。党の十八大精神（第十八回党大会でうたわれたスローガン）と中央の指導者の要求を確実に実行するためには、学科が完備されて人材が豊富であるという高等教育機関の優位な点を活かし、高等教育機関の人文科学を発展させ、中国らしい特色のある新型シンクタンク建設に貢献しなければならない、と指摘した。

劉延東氏はこう強調した。高等教育機関は、重要な問題に照準を合わせ、国家戦略を支え、実務的かつ将来性のある教育を目指さねばならない。先見性・戦略性があり、そこに焦点を当てて将来に役立つ研究成果を挙げる必要がある。党と政府の科学的な政策決定に対して質の高い知的サポートを提供し、改革発展の政策決定の提言者となり、政策効果の評価者であり、社会世論の指導者となるよう努めなければならない。新体制機構を創設し、プラットフォーム建設を強め、共同してイノベーションを強化し、内部からの原動力を増強する必要がある。鮮明な特色を持ち、合理的な仕組みで、多様性のあるシンクタンクを創設するために、新しい枠組みの構築を推し進めなければならない。対外交流を進め、全世界規模の問題を国際的に共同研究し、中国の発言権を高め、世界平和の発展と人類文明の進歩に中国の知力を役立てるべきである。※4

私も、シンポジウムの席で「中国らしい特色のある一流の高等教育機関シンクタンクの建設」と題して発言した。高レベルの高等教育機関シンクタンク建設は、党と政府の政策決定が民主的で科学的なものであるための重要な担保であり、現代の大学が担う社会的な職能でもある、と私は考える。清華大学の国情研究院は、中国の特色ある一流のシンクタンク建設という目標に向けて、新たな第一歩を踏み出しており、少なからぬ経験と実績を重ねている。中国らしい特色のある新型高等教育機関シンクタンク建設には、「三つのポジション」があると考える。つまり、中国らしさ・大学ブランド・世界一流レベルの確立である。さらに、「二つの結合」では、基礎研究と政策研究の結合、政策決定の諮問機関と教育界の人的な結合を重んじる。また、「四つの建設」では、文化・団体・プラットフォーム・メカニズムの建設を目指す。

この後、私は正式に『中国らしい特色のある新型シンクタンク――胡鞍鋼の観点』（北京大学出版社、二〇一四年一月）を上梓した。

党中央の同意を経て、二〇一六年から清華大学の国情研究院は、二五カ所ある最高レベルシンクタンク試験拠点の一つとして指定を受けた。

二〇一四年七月八日、習近平総書記が主催する経済情勢専門家シンポジウムでは、専門家、学者からの目下の情勢と経済活動に対する意見と提案の聞き取りを行った。参加した専門家は、王戦（上海社会

科学院院長）・劉世錦（国務院発展センター副主任）・李揚（中国社会科学院副院長）・林毅夫（北京大学教授）・胡鞍鋼（清華大学教授）・樊綱（中国経済体制改革研究会）である。

各専門家の発言の後、習近平総書記は次のように指摘した。党の第十八回大会、第十八期中央委員会第三回全体会議は、中国らしい特色のある新型シンクタンクの建設を進め、健全な政策決定諮問制度の設立を求めた。今日の経済情勢専門家シンポジウムは、この政策決定の段取りが着実に実行されるよう具体化するものである。各方面の専門家の意見と制度化へ向けての取り組みを広く聞き取ることは、党の政策担当能力や、国家の危機管理能力の向上に対して重要な意義をもっている。多くの専門家研究者には、実際に即して現場に入り、民衆の声を聞いて実情をよく把握した上で、深く研究を進めて優れた成果を出してほしい。そうすることで、党中央が科学的かつ民主的な政策決定を推進するための建設的な意見を述べることができるのである。

当時は、われわれが経済情勢についての所見を発表し、異なる意見さえあったように見えたが、後に、実はこれは習総書記がわれわれに課した最初の「面接試験」であったことに気付いた。シンポジウムに参加した六名の専門家はそれぞれ最高レベルシンクタンクの代表的な中心人物であった。一九九八年から私が編集責任を負う『国情報告』は、中央の指導者や省の部長級の責任者に贈呈し始め、長期的な国情知識の投資を行っていたが、これが習総書記と対面した最初であった。習氏は去り際に再び各専門家と交流し、私と握手した時には、私の書いたものにかなり目を通しているとおっしゃった。

その日の夜、新華社は『習近平総書記は経済情勢専門家シンポジウムを開いて強調 経済発展の法則を再認識して順守、わが国の経済の健全で持続的な発展を推進』と報道した。総書記は指摘する。発展は、経済法則の科学的な発展と自然法則の持続可能な発展を守らなければならない。党と政府の各レベルでよく政治経済学を学び、経済発展の法則をよく自覚して順守し、改革開放を絶え間なく推進し、経済社会の発展を牽引し、その質と効果が高まるように能力とレベルを引き上げなければならない。

二〇一五年一月、中共中央事務局・国務院事務局は『中国の特色ある新型シンクタンク建設に関する意見書』を発行した。明らかに、中国らしい特色のある新型シンクタンクは党と政府の科学的・民主的・合法的な政策決定の重要な柱であり、国家の危機管理の体系と能力の近代化に関する重要な内容であり、国家のソフトパワーの重要な構成要素である。文書は二六条に及ぶ。国家的急務として、鮮明な特色を持ち、制度は画期的で、発展を牽引する専門的な最高レベルシンクタンクを五〇ないし一〇〇ほど重点的に建設する方針を打ち出した。中央の政策研究室・財務弁公室・外事弁公室・国務院研究室・国務院発展研究センターなどの機関は、シンクタンクとの意思疎通を強化し、シンクタンクの研究成果を重要視しつつ活用しなければならない。私自身、この文書にまつわる意見交換シンポジウムに多数参加し、いかに中国らしい特色のある新型シンクタンクを建設することができるかをめぐって提言を重ねた。

五月八日、中国共産党中央宣伝部部長の劉奇葆氏は、国情研究院で最高レベルシンクタンク試験的建設の調査を行い、国情研究院に対して「国情研究の第一人者で、学術的開拓者である」として高い評価を下した。私の報告に基づき、国情研究院を国情研究のスタンダードとし、国家の発展計画が専門であるとした。国情研究院に「特色のある道を切り開くことにより、良いスタートを切る」ように求めた。

最高レベルシンクタンク研究団体をいかに設立するか。国情研究院は「少数精鋭」を基本にして、十分に先進的な選りすぐりの研究チームをつくった。「円滑な運営で高い効果をあげ、互いに激励し合う」体制を取り、質の高い研究成果を出し、『国情報告』の知名度を上げ、特色があり、創造力あふれ、中国という大舞台で活躍できる著名な大学シンクタンクを創り上げた。

専門的な基礎が確かで、他分野の学科とも交流し、研究協力を進めて高い効果を挙げることができるメンバーを集める必要がある。シンクタンクの専門研究員は、博士課程の学位取得者が一〇〇％で、九〇％以上が学位取得後に研究歴があり、学科の背景として、経済学・管理学・政治学などの社会科学分野を修め、専任で公共の政策研究や政策決定の諮問機関につとめ、公共の管理・政策学の教育に従事している者ばかりである。研究チームの一員として、専門的な知識があり、職業的なだけではなく、国情国策研究に携わること一〇年以上の豊富な実践経験を有する点を考慮してメンバーを選抜し、後継者になりうる年齢層を含んだ合理的構成になった。

独自の特色を持ち、広く認知され、共に追求していくシンクタンク文化を創造する。

そのためには次のことが必要である。「知識は民のためのものであり、知識は国に報いるためのものである」という使命を高く奉じること。「国家の急ぐところを急ぎ、考えるところを考える」という趣旨を行うこと。「中国の発展と共に歩み、中国の開放に付き添い、中国の変革と共に進み、中国の隆盛と共に栄える」という理念を受け継ぐこと。「政策決定の知識を獲得し、創造し、伝播させ、影響を与える」道に従うこと。「中国に着眼し、中国に仕え、世界に目を向け、世界に貢献する」という出発点と帰着点に基づくこと。こうした理念はシンクタンク文化の真髄であり、事業を進める価値を形作り、国情研究院の同僚を高く評価して認め合い、お互いに切磋琢磨しながら人材を育てることにつながり、内在する原動力となる。教育と人材育成を基本とし、国情研究に携わることを誇りにし、国家の意思決定に寄与することを喜びとする。

高度政策決定の知識を創造することは、『国情報告』の知名度を確立することになる。こうした報告書は、党と国家の重大な発展の必要性と発展戦略を反映している。先見性があり、戦略的で、長期的な研究を自主的に進めることは、持続的で、追求型の、系統立った研究をすることであり、専門的・知的・職業的な国情研究と国策研究である。最も重要なのは、政策決定者のために中国発展の政策決定の情報と知識を提供することである。二〇一七年党建読物出版社と中国社会科学文献出版社の厳正な審を経て、『国情報告（一九九八－二〇一一）』（一四巻二七冊、二〇一二年）、『国情報告（二〇一二）』（第一五巻一冊、二〇一四年）、『国情報告（二〇一三）』（第一六巻一冊、二〇一五年）のシリーズを出版した。国家出版基金の重点賛助項目に選ばれ、新聞出版総局の国家重点図書出版計画に選定され、党と政府の機関、大学と関連研究機関の図書館に所蔵された。

大学のシンクタンクは、「三つの懸け橋」の役目を果たす必要がある。一、学界と政界との間の仲立ち。政界に「思想」「戦略的思考」「諮問報告」を提供し、具体的な政策討論を行う。二、政界と一般大衆の橋渡し。社会を牽引し、政策を解説し、政界に社会の要求を反映させる。三、中国と世界の懸け橋。中国を代表し、中国の立場を説明し、理解を助ける。

二〇一七年二月、私は『いかにして現代中国を認識するか——国情研究とシンクタンク建設を語る』（中信出版社）を出版し、もう一度大学のシンクタンク設立の経験を総括し、仲間と成果を分かち合った。

これに対して、この書籍の編集者である季紅氏が次のような推薦文を寄せた。本書は独特の視点で創造的な手法を用い、中国全体をとらえ、その理解を深め、客観的に分析し、中国にまつわる分析や論述を正確に読み解く上で、非常に読み応えがある。これは、分厚いボリュームの大著であるが、内容には、作者の多くの経験や体験から導き出された方法があふれており、まごうことなき「乾物」（水増しがなく、実用性が高いもの）である。さらに素晴らしいのは、作者はわれわれに「魚」を与えるだけではなく、同時に「漁」の方法も示している。われわれに「何が」そうなるかを知らせるだけでなく、「なぜ」「どのようにして」そうなるかも教えてくれる。胡鞍鋼はどうやって学問をし、どんな読書をし、どのような研究方法を用いているか。この本を読めば、胡鞍鋼の時間がどこに費やされたかが分かる。

現在の中国シンクタンクブームをどう見るか。シンクタンクをどう評価するか。中国社会科学評価研究院のデータによると、現在わが国の各種シンクタンクは五千以上に達し、シンクタンク評価の報告は一〇余りに上る。もちろんこうした報告の中には、清華大学の国情研究院に対する評価も含まれる。われわれの態度は、第三者の評価を尊重することで一貫している。われわれの長所を示すものも、不備や短所を指摘するものもあるが、格付けに左右される必要はない。肝心なのは、政策決定諮問のレベルと質をさらに高めることである。二〇一六年五月一七日、習近平総書記が人文科学シンポジウムの席で批判したさまざまな現象、すなわち「あるシンクタンクでは数を重視して質を軽視する問題がある。あるシンクタンクには、形式重視の伝播、内容軽視のイノベーションといった問題がある。さらには器だけ立派にし、著名人を招き、フォーラムを開催することに終始するだけのものもある」などは改めなければならない。

これに対して、私はシンクタンク諮問報告に対してこう強調したい。一つは、自主性である。われわれの国情研究院のメンバーは、自主的に研究を進めており、他の研究者の手を借りることはない。二つ目は、創造性である。研究成果の創造性とデータは、他人の研究結果を引用するものではない。三つ目は、質の高さである。政策決定に向けて価値ある情報や知識を提供できるかが重要である。四つ目は、清華国情フォーラムの開催である。高いレベルの専門家を招いて、国情研究院や公共管理学院の教師と学生に意見交換と経験交流の場を設け、中国の道・制度・理論・思想などの内容をめぐって国情研究領域の中国学を打ち立て、世界に向けて中国の声を届け、中国のストーリーを語り、中国の風格を示すものである。

われわれは、シンクタンクの持続的イノベーション能力に注目している。すなわち学術イノベーション力、思想イノベーション力を持ち、併せて戦略イノベーション力、政策イノベーション力をも備え、これをベースに国内外の交流とメディアを通じて、社会的影響力を持つようにすることである。われわれは特別な風格を備えた人気の高い大学シンクタンクを作ろうとしており、これこそが国情研究シンクタンクなのである。

二、五大発展理念から「人民中心」へ

大学のシンクタンクとして、最も核心的なイノベーションと任務は、「中国思想」「中国理念」を革新することである。私はこれを「精神の原子爆弾」と呼んでおり、それは物質的な意味における原子爆弾に変化することもありうる。これは、毛沢東の『人の正しい思想はどこから来るのか』の影響を深く受け、「実事求是」(事実に基づいて真実を求める)と思想を解放する過程を堅持することであり、党中央の観念の刷新、思想の刷新と相互作用する過程でもある。

二〇一〇年八月、われわれは「第十二次五カ年計画」の策定研究に「六大発展」の基本的考え方を提唱した。六大発展とは、環境保全型発展、イノベーション発展、協調的発展、共に分け合う発展、安全発展、ウィンウィン発展である。[※5]

二〇一二年四月、私は『中国のグリーン・ニューディール』(中国人民出版社)を上梓した。

二〇一二年九月、『二〇二〇中国――全面的に小康社会を建設する』（清華大学出版社）を出版し、再度「科学的発展観、五大発展を堅持する」を提出した。すなわち、イノベーション発展、環境保全型発展、協調的発展、共に分け合う発展、ウィンウィン発展である。[※6]

そのうち環境保全型発展とは、「自然を尊重し、自然に順応し、自然を保護し、自然から恩恵を受け、自然を利用し、自然に報いる」というスローガンに集約される。それは人と自然との調和である。

私を最も驚かせたのは、二〇一二年一一月に出された党の十八大報告およびその修正コメントの中に、「自然を尊重し、自然に順応し、自然を保護する」という文言が盛り込まれていたことである。もっとも当時はまだ五大発展理念について系統立てて論述していたわけではなかったが、二〇一五年に私はこの書籍を政策立案者に参考までに進呈したところ、好評を得た。

二〇一三年、われわれは国家発展改革委員会よりの委託により、国家の「第十二次五カ年計画」策定に対して中間評価を行った。評価結果によると、われわれは「五大発展」を通して、中国経済を転換させてレベルアップさせることを「第十三次五カ年計画」の基本路線とすることを明確に提言した。[※7]

二〇一五年四月、私は『二〇二〇年中国――全面的に小康社会を建設する』の書籍を指導者各位に進呈した。六月二日、中央弁公室は中央の指導者よりとして、私の『二〇二〇年中国――全面的に小康社会を建設する』（清華大学出版社、二〇一二年）に対する謝意を電話で伝えてきた。

同年八月一四日、私は第十八回党大会の代表として、中国共産党北京市委員会組織の学習討論「中国共産党中央の〝第十三次五カ年計画〟策定に関する建議」（意見募集稿）に参加した。

同年一〇月、党の第十八期中央委員会第五回全体会議を通過した『中国共産党中央の国民経済と社会発展のための第十三次五カ年計画策定に関する建議』は、イノベーション、協調、環境保全、開放、共に分かち合うの五大発展理念を強力に打ち立てる必要があることを明確に示した。このため、習近平氏は全体会議の席で五大発展理念について特に言及した。[※8]

私の基本的な評価は、次のようなものである。党の第十八期中央委員会第五回全体会議が「五大発展」の新理念を初めて打ち出したのは、「第十三次五カ年計画」策定の最も大きな革新であり、以下のいくつかの面にはっきりと表現されている。第一に、「五大発展」は世界最大規模の改革開放発展の実践から来ている。第二、五大発展は過去の五カ年計画の確信と真髄を総括する。第三、五大発展の提出は、五カ年計画策定中の重大な突破口となり、予定通り全面的に小康社会を建設する五大ルートとなる。第四、五大発展は、総合的に科学的発展観の構成要素である。第五、中国の発展理念は世界に対して大きな影響を与える。五大発展は、中国版経済発展の最新理論の成果であると同時に、現代世界の経済学発展の最も優れた実践例でもある。[※9]

このため、私は国情研究院を動員して五大発展理念について改めて研究を行い、『中国新発展理念 五大発展』（浙江人民出版社、二〇一六年四月版）を著した。[※10] この本は、党中央が提出した新発展理念をめぐっての特別研究であるとともに、われわれの学習経験と研究成果でもある。

第十八回党大会以来、習近平氏を総書記とする党中央は、革新的な新中国の発展理念や理論をさらに一歩推し進め、「人を基本とする」から「人の総合的な発展を促進する」へ、さらに「人民中心」の発展思想にまで高めた。

このため、われわれは人民中心の発展理念をさらに研究し、人民中心の発展計画を示した。特に、人の生命の周期と人の全面的な発展、国家の五カ年計画との結び付きにまで至った。

二〇一七年三月、中国語の改訂版と日本語版が同時に出版され、日本でも大きな反響があった。同年一一月、私は招聘に応じて、日本の衆議院議員会館、日本記者クラブで『習近平政権の新理念』を紹介し、インタビューを受けた。

二〇一八年二月、世界的に有名な出版集団スプリンガーにより『習近平の発展理念』英語版が出版され、中国で習近平の発展理念を紹介する初めての書籍となった。当該書籍は公開ダウンロード方式で一気に全世界に広まり、習近平思想の予期せぬほどの伝播効果を挙げた。

三、二〇二〇年の中国から二〇三〇の年中国へ

われわれは、五カ年計画のような短期の国策を研究するだけではない。さらに重要なのは中長期的な戦略の研究である。例えば、中期研究というのは、一〇年先の研究であり、二〇二〇年の中国の研究である。長期研究というのは、二〇年先の研究であり、二〇三〇年の中国の研究である。最後に遠期研究というのは、三〇年から四〇年先の研究であり、二〇五〇年の中国の研究である。

二〇一〇年の年末から、私は中国の長期的発展の必要性に基づき、また中国の発展がグローバルに与える巨大な影響をも考慮し、二〇三〇年の中国の研究を単独でテーマとした。私は鄢一龍氏、魏星氏と共に『二〇三〇年の中国――共に豊かさに向かって』（中国人民大学出版社、二〇一〇年九月）を出版した。[※11]

国情研究と世情研究を初めて融合させ、中国発展の趨勢と世界発展の趨勢を組織的に分析し、中国と世界の関係と相互の影響について深く探求した。われわれにとって、確かにかなり難しい研究であり、学術的な挑戦であった。

この本は「二〇三〇年の中国」がテーマである。共に豊かになることと大同世界を核心的観点に据え、

われわれの中国観や世界観、未来観を総合的に記述し、大胆に「中国の声」を発し、「中国の観点」をはっきりと表出した。

この書はもっぱら、現在の世界の主流と真の原動力を論じている。最も重要な研究の結論は、次のようなものである。二〇三〇年の世界は二〇〇余りの国と地域からなり、八〇億以上の人々が大同世界（儒教に示されている理想社会）に入ろうとしている。それは、これまでに経験したことのない大発展である。また全世界には、かつてなかった南北国家の同一化が発生している。それは未曾有の南北大逆転であり、主要な発展指数は二〇年から三〇年前の「南（発展途上国）三の割合に対して北（先進国）が七割」の状況が、現在の「五分五分」の状況となり、さらに二〇年から三〇年後には、「南が七割、北が三割」となる。中国は世界の枠組みの大変革に大きな役割を果たす「先導者」である。

この本の主なポイントは以下の三つの分野にわたる。

第一、中国が二〇三〇年に共同富裕社会を共に構築することをテーマとする、長期的な戦略構想が先見性をもって示された。

第二、全世界が二〇三〇年に「大同世界」を共に構築するという新しい理念と目標を創出した。これは、中国の学者が人類共同の利益に基づいた世界観を全世界に向けて表明したものであり、西洋で長く唱えられていた「文明衝突論」「戦争衝突論」「大国衝突論」を否定するものではない。「平和・発展・協力こそが世界の時代のテーマである」という考えに賛同するものであり、文明の融合を支持し、文化交流が世界の真の主流であり、世界はともに発展し、繁栄し、富裕になるという人類の前途を肯定するものである。

第三、グローバルな視点に立って、中国が世界の発展・融和・大逆転・大変革を先導し、後押しする歴史的役割を果たすことを正しく把握し、平和で調和が取れ、共に豊かな環境にやさしい新世界を積極的に共に構築する。

『二〇三〇中国』の後書きにおいて、私はこう述べた。これは、国情研究、戦略分析、中国の進む路線、国際比較の集大成である。国情と世情、中国と世界、現実と未来の最新研究の成果を十分反映しており、最も素晴らしい思想（特に毛沢東・鄧小平などの戦略思想）や、最新の創造、最も遠大な見地・最新の情報が詰まっている。

四、二〇三五年の中国から二〇五〇年の中国へ

清華大学国情研究院の大学シンクタンクとして、われわれの理念は、「危急の際に国家のために力を尽くし、国家のために考え、国家に先んじて考える」というものである。それは国家の発展の展望者であり、高所に立つほど、より遠くを見渡せ、より深く考えられる。われわれは二〇三〇中国の研究後、先見性をもって二〇五〇中国研究に着手した。

二〇一七年、中国最大の政治的な出来事は、第十九回党大会が開かれたことである。二〇一六年より、私は相前後して『国情研究』と学術論文を発表し、さらに専門的かつ全面的な視点から、二〇五〇年に向かって中国がどのように発展していくのかを分析し、二〇五〇年に社会主義近代化を全面的に実現するための総目標と戦略ステップを提示した。

二〇一七年五月、私は鄢一龍・唐嘯・劉生龍と共に『二〇五〇年の中国――習近平政権が描く超大国一〇〇年の設計図』（浙江人民出版社、二〇一七年九月第一版）を完成させた。この書は中国の壮大な青写

真と進路の「シンクタンク版」第一号となり、中央の政策決定の参考に供された。

これより前、二〇五〇年の中国の専門的な研究がまだなかったのは、この研究そのものが非常に挑戦的な課題に富んでいたからである。将来中国はどのように発展していくのかの分析は、相互補完的な二種類の方法を採用して進めた。一つは、戦略的に予見を行い、発展の大局を考察し、方向性を示し、目標を定め、手順を確立することである。もう一つは、専門的な予測を行い、戦略的な予見のために定量分析を行う。予測のない予見は、ただの漠然とした予見であり、予見のない予測は、数字の羅列にすぎない。戦略の予見は治国の道であり、未来の予測は治国の術である。これに対して私は再び大胆な試みを行った。

『二〇五〇中国』の書における革新のポイントは以下の点を含んでいる。

第一に、中国の社会主義近代化への道の要素と優位性をさらに踏み込んで分析した。例えば、四大要素（近代化要素、社会主義要素、中国文化要素、エコ生態系要素）や、四大優位性（後発優位性、社会主義優位性、中国文化優位性、エコ生態系優位性）のようなものである。六〇年余りにわたる社会主義近代化の歴史的過程を分析総括した上で、十大変革に整理し、量的な変化が部分的な質的変化に及び、量的な変化が質的変化を起こすことを示した。

第二に、中国の社会主義近代化発展の目的と基本的な論理を総括して、「経済建設中心」から「人民中心」へ、「物質的な近代化」から「人の近代化」へ、「揺るぎない発展」から「人の総合的な発展」へと変化と飛躍を遂げ、「人民中心」の発展思想と六大発展理念（イノベーション発展、協調発展、環境保全型発展、わかち合い発展、共有発展、安全発展）を具体的に示した。

第三に、社会主義初級段階のよりどころをより深く認識するには、二つの段階に分けて考える必要がある。二〇世紀後半までの一区切りと、二一世紀前半までの一区切りであり、相互に関係する発展段階に分けることで、中国社会主義近代化の歴史的なロジックと未来の趨勢を反映した。

第四に、二〇五〇年までに中国が全面的に社会主義近代化を実現するという総目標を初めて打ち出した。すなわち、富強で民主的、文明的で調和が取れ、クリーン（美しい）な社会主義現代国家の建設である。

第五に、二〇五〇年を目標に実現を目指した社会主義近代化の「六位一体」（経済・政治・文化・社会・生態系・国防軍の建設）の総合的な布石について提言した。

第六、中国の近代化が世界に与える影響および人類の発展への貢献をめぐって、評価と展望を示し、世界の人々と共存共栄の「大同世界」を作り上げることを表わした。

二〇一七年一〇月、第十九回党大会が開かれ、習近平氏は報告の中で、わが国の社会主義近代化について「二つの段階」の戦略配置を示した。第一段階は、二〇二〇年から二〇三五年までで、全面的な小康社会の建設をベースに、さらに一五年奮闘し、社会主義近代化を基本的に実現する。第二段階として、二〇三五年から今世紀中頃くらいまでに、基本的に実現した近代化の基礎の下、さらに一五年奮闘し、わが国が、民主的かつ文明的で調和の取れた美しい社会主義近代化の強国となるようにする。

この報告を受け、われわれは第二次研究に入り、系統だった分析を行い、報告の核心的観点と戦略的配置について十分吸収した。特に、二〇二〇年から今世紀中頃までの二段階に分けるという戦略については、二〇三五年までに一五年前倒しで基本的に社会主義近代化を成し遂げられるかどうか、また二〇五〇年までに富強で民主的文明的な調和の取れた美しい社会主義近代化強国を打ち立てることができるかといった重大な戦略目標に対し、大胆な将来予測と定量傾向分析を行い、さらには第二の百年奮闘目標および近代化の全体の戦略的布石を理解し、深く考察した。

学術版の『二〇五〇中国』と見なしてよいのであるが、二〇一八年二月、浙江人民出版社から胡鞍鋼などの共著『二〇五〇年の中国――習近平政権が描く超大国一〇〇年の設計図』（増改訂版）が正式に出版された。

第一、二〇三五年に社会主義近代化を基本的に実現するための総目標とサブ目標を詳細に展望した。中国は近代化目標を前倒しで実現する条件と基礎をすでに備えている。われわれは、中レベルの発展を遂げた国家の一人当たりのＧＤＰ（購買力評価ＰＰＰ、二〇一一年国際ドル）をアメリカの半分以上にまで押し上げ、二〇三五年までに中国人の一人当たりのＧＤＰはアメリカ人の五一～五七％の間に引き上げる。経済力は大幅に上昇し、近代化した経済体系を基本的に建設し、科学技術のレベルも大いに高まり、世界的な革新型国家の筆頭に並び立つであろう。このほか、わが国の現代産業の構造・文化産業の発展・全国各地域の人間開発指数（ＨＤＩ）の動向、環境や生態系に配慮した建設などについて詳細な研究を行った。

第二、二〇五〇年のわが国の社会主義近代化の全面的実現についての総目標について、五つの主要目標に分けて量的な分析を行った。すなわち、豊かで強い国家、民主的な国家、文明的な国家、さらに調和の取れた国家、より美しい国家を建設するという観点である。

第三、第十九回党大会の報告に基づき、社会主義現代強国の全面的な建設に対して、経済・政治・文化・社会・生態系と文明・国防の「六位一体」の態勢で深く検討し、政策的な提言を行った。

第四、中国らしい特色ある社会主義近代化が世界に対して及ぼす影響と効果について、先見性のある分析を行った。そこには、四大趨勢（大発展・大融和・大逆転・大変革）も含まれ、人類の発展に対する五大貢献（経済発展の貢献・科学技術イノベーションの貢献・環境保全への貢献・文化文明の貢献・知識発展の貢献）については、世界の人民が共栄する「大同世界」の建設をさらに前面に打ち出した。

第五、第三の百年の目標（一九七八年の改革開放政策開始から一〇〇年目の二〇七八年までの奮闘目標）をさらに展望した。すなわち、二〇七八年までに、総合的に高度に発達した民主的で文明的で調和の取れた美しい社会主義近代化強国を建設し、中国共産党が担う歴史的な四つの使命に高い評価を与えた。

三〇年後、私は二〇五〇年の目標達成の瞬間を自身の経験として味わうことは難しいかもしれない。このため、私は特に意識して年齢構成のバランスを考えた研究グループを作り、研究の継続のために必要な仕組みを整えた。時間とともにさらに深まり、絶えず進化した研究は、第二の百年の目標（一九四九年の新中国成立から一〇〇年目の二〇四九年までの奮闘目標）を実現するための方策と知識を提供することができる。

五、国家制度構築から国家ガバナンスの近代化へ

中国の国情を研究するには、政治家の視点が不可欠であり、経済だけから単純に分析することはできない。政治と経済の相互の関係から情勢を判断する必要があり、政治的な頭脳が必要となる。次に政治を研究するには、必ずしも政治に携わる必要はなく、一定の距離を保ち、互いに独立していれば、政治的な立場からも国情を研究することができる。中国の政治を研究することは、比較的敏感な話題であるが、政治家との対話を通じて、明確な政治的立場、政治的理念、政治的信念を持つことができれば、中国の政治家から尊重され、また歴代の政治的指導者のように「賢人を敬う」姿勢を体現することにつな

がるのである。これは確かに独特な国情国策の研究である。

九〇年代後半からすでに、われわれは中国の国家制度構築の研究を組織し、中国近代化発展過程における長期的な分析に入っていた。これは、分散してはいるが、しっかりした骨格のある学術研究のネットワークである。私以外の主なメンバーには、王紹光（香港中文大学政治行政学部教授）・周建民（上海社会科学院アジア太平洋研究所所長）・曹錦清（華東理工大学社会学部教授）・朱雲漢（台湾大学政治学部教授）などがいる。[※12] これは、多くの学科にまたがり、厚みのある理論的ベースを持ったネットワークであり、現代中国研究の学者と専門家が結び付いた素晴らしいネットワークである。

二〇〇三年、私は『第二次転型――国家制度の構築』（清華大学出版社）を出版した。これは中国の近代化の過程における国家制度構築についての長期的な展望と深い分析を反映している。

われわれは一つの国家が近代化するのには、少なくとも二つの主要なことがあると考える。一つは、経済の近代化である。例えば、農業、工業、科学技術、国防の近代化である。もう一つは、制度の近代化であり、国家の基本制度の近代化を実現し、「良質な政治」を行い、国家利益の最大化と全人民の福利の最大化を図ることである。国家制度の構築は、現代国家の基本的制度と国家の「インフラ」であり、国家の近代化経済構築との間に強い関係性と相互補完性がある。国家の基本的な制度構築の目的は、「良質な政治」と「長期的な安定」のために、制度面の条件、環境・機能などを創造することにある。これは五つの国家の根本的利益と目標を含んでいる。すなわち、国家の安全と領土の保全、経済の発展と安定、社会的公正と人類の安全、公明正大な政治と社会の安定、バランスのとれた生態系と環境保護である。われわれは、国家の基本制度を八大メカニズムに取りまとめた。すなわち、強制、吸収、共通認識、監督管理、協調、表現、整合、再分配のメカニズムであり、中国が逐次、社会主義民主政治を実現するために、盤石な制度の基礎を固めるためのものである。本書は、社会主義民主制度の構築のために四大政治改革を実施する必要があることを説いている。すなわち、党の改革、全国人民代表大会の改革、政府の改革、司法体系の改革である。党と国家の体制を改革することは、中国の制度構築の核心であり、中国の近代化（経済の近代化と制度の近代化）の根本的な大計でもあり、党の中心的な任務の中でも最も重大な任務であるといえよう。

二〇〇九年、われわれは、『第二次転型――国家制度の構築』（改訂版、清華大学出版社、二〇〇九年）を再出版した。私と王紹光氏の論文四篇を新たに加え、われわれの国家制度構築のテーマに関する最新の研究成果を盛り込んだものである。

私は、改訂版の前書きで、国家の近代化を二つの近代化に概括した。一つは、人々がよく言うところの四つの近代化であり、もう一つは、国家制度の近代化である。前者は、国家のハードパワーを増加させることであり、後者はソフトパワーを強化することを示す。二つは相互に国家構築を補い、一方を退けることなく、ともに作用し合いながら、お互いに条件や原動力、原因結果となる。改革開放からすでに三〇年経つが、中国の国家制度構築と政治改革はわれわれが想像していたよりもはるかに広範囲に及び、状況は深刻かつ複雑で、困難が多い。これはなかなか完結しない革命である。しかしわれわれは、漸進主義的な「やりながら学び、学びながらやる」方式で、絶えず実践し、総括し、創造し、中国が前進するよう発展の後押しをし続けなければならない。

ここから分かるように、国情研究は特に国家制度構築の研究は、一度で認識でき、完成できるものではない。必然の王国から自由の王国へ、無自覚な認識から自覚的な認識へ絶えず変わっていかねばならない。

二〇一三年、党の第十八期中央委員会第三回全体会議は「若干の重大問題を全面的に深く改革することに関する決定」を作成し、初めて全面的な改革の深化についての総合目標を提示した。すなわち「中国の特色ある社会主義制度を発展させ、国家体系とガバナンス能力の近代化を推進する」というものである。習近平総書記は、この二つのスローガンは本来一体であり、われわれの目指す方向は、まさに中国らしい特色のある社会主義の道であると指摘した。

二〇一四年、われわれは『中国ガバナンスの近代化』（中国人民大学出版社、二〇一四年九月版）を出版した。党の第十八期中央全委員会第三回会体会議が出した全面的な改革深化の総合目標をめぐって、毛沢東から習近平氏をはじめとする党中央指導者がいかにして中国の社会主義国家の基本制度を構築し、強固にし、完全にし、発展させたのかを述べており、中国が将来いかに国家ガバナンスの体系と能力の近代化を実現させるかを探求している。同書中では、政府と市場、国有経済と民営経済、中央と地方など、三つの重大関係変遷の歴史的なロジックと未来の発展について、一歩進んだ分析を行っている。

(注)

1 胡錦涛『清華大学創立百周年の祝賀会における講話』二〇〇一年四月24日、新華社北京電。
2 胡鞍鋼『国家の未来と学者の責任』二〇一三年一月一八日。
3 李偉『さらに高い出発点から中国らしい特色のある新型シンクタンクを建設する』中国経済新聞網、二〇一三年九月六日。
4 二〇一三年五月三〇日、新華社北京電。
5 胡鞍鋼、鄢一龍『国家「第十二次五カ年計画」策定の背景、考え方、目標』『国情報告』二〇一〇年八月八日。
6 胡鞍鋼『二〇二〇中国――全面的に小康社会を建設する』清華大学出版社、二〇一二年。
7 胡鞍鋼、鄢一龍、楊竺松『「第十三次五カ年計画」策定に関する基本的考え方の提言』『経済研究参考』二〇一三（五五）、七一－七八。

8　習近平『第十八期中央委員会第五回全体会議第二次全体会議における講話（抜粋）』（二〇一五年一〇月二九日）、『求是』二〇一六年第一期。

9　胡鞍鋼『五大発展の新理念はいかに「第十三次五カ年計画」に取り入れられたか』『人民論壇』二〇一五年一一月一七日。

10　作者は、胡鞍鋼、鄢一龍、唐嘯、魯鈺峰、張新、姜佳瑩。

11　清華大学国情研究センター、胡鞍鋼、鄢一龍、魏星による執筆『二〇三〇中国 共同富裕に向けて』北京、中国人民出版社、二〇一一年一〇月。

12　王希（アメリカ・ペンシルベニア州インディアナ大学歴史学部教授）、王輝（アメリカ・ランド研究所政策大学院博士）、丁元竹（国家発展と改革委員会マクロ経済研究院研究員）、崔之元（清華大学公共管理学院教授）、項中新（財政部予算担当）、史天健（アメリカ・デューク大学政治学部教授）、高柏（アメリカ・デューク大学社会学部教授）、鄭永年（シンガポール国立大学東アジア研究所高級研究員）など。

第七章　国情と世界情勢

一、天の時、地の利、人の和

一九八〇年代初め、鄧小平は早くも、英国のパーガモン・プレスが出版した『鄧小平文集』の序文で「中華民族の一員の資格で世界の公民となり光栄に思う」と述べていた。この言葉は私に深い印象を残し、世界的な視点を持って世界情勢を理解する国情の専門家になるという自らの進むべき道を定めることになった。

中国の国情を研究するには、世界情勢も研究しなければならない。中国は世界の中国であり、世界は中国の世界でもある。両者は互いに関連し、相互に作用する。これは、私が国情を研究する最も特筆すべきことで、最も価値のある点でもあり、直接、間接的に中央の政策に影響を与えている。

私は中国と世界の関係をどのように研究してきたのか。中国と世界の関係はどのように変化してきたのか。

早くも九一年、鄧小平の「三歩走（三段階に分けて発展する）戦略構想」の影響を受けて、私は「中国の中長期発展目標は三〇年から四〇年の時間をかけて実現すべきであり、来世紀初頭に至れば、わが国の経済力、政治力、国防力は大幅に増強される。われわれは世界の三極に対してプラスの作用をするまでに発展し、アジアのことに関しては行動の自由権と決定的な発言権が相当の水準を有し、比較的大き

な総合国力を有するグローバルな強国になる」と打ち出した。[※1]

九五年に私は「天の時、地の利、人の和」という分析の枠組みを提起した。私は、中国が台頭することについての世界の背景やアジア地域の背景を分析する際、意識的に中国の古代の政治的な知恵を借りる。五月にシンガポールの新聞『聯合早報』の招きに応じて、「中国――経済テイクオフ、大国勃興とその影響」をテーマにした公開講座を開いた。私は米国の経済学者ポール・ベーロシュが世界の製造業の生産総額に占める各国の割合のデータ（一七五〇－一九八〇年）を、世界の主要大国の栄枯盛衰に反映させたことを利用した。英米などの大国と異なり、中国の経済発展は弱体化の時期（一七五〇－一九五〇年）から再び強大化の時期（一九五〇－二〇五〇年）へとU字形の曲線をたどったのである。私は、中国が一九八〇年以降、経済がテイクオフ（自立成長可能な状態）の段階に入り、世界の製造業の生産総額に占める割合が急激に上昇し、弱小から強大へ、衰退から繁栄へと大国の発展過程をたどったのは、世界の古代文明国や現代国家の発展の特例であるとみている。

中国経済のテイクオフと大国の台頭は天の時、地の利、人の和を有していた。いわゆる天の時とは、近代史から見て中国の指導者と十数億の人民が得難い発展のチャンスに巡り合ったということだ。いわゆる地の利とは、中国が今、比較的安定し、長期にわたる平和な周辺環境にあり、とくに東アジアは世界経済の中でも成長率が最も高く、市場規模も最大の地域であるということだ。いわゆる人の和とは、中国が比較的長期にわたって社会も政治も安定した局面を保っているということだ。われわれは五〇年から七〇年かけて一五億の人口を現代的な社会に組み入れると想定しているが、これは二一世紀の世界の枠組みに影響を与えて変化させ、二一世紀には重要で積極的な役割を発揮するという点で世界的な意義がある。中国は、世界人口の大多数を占める発展途上国の発展と近代化に啓示的な作用をもたらすべきだと考えている。これが私の中国観と世界観の重要な見解である。

一九九六年、私はオーストラリア国立大学へ研究に赴き、比較優位を示す係数を初めて用い、八〇－九四年における中国の比較優位の変化と国際比較を計算した。これに基づき、中国の二一世紀に向けた発展戦略を以下の通り提案した。すなわち、比較優位戦略と貿易自由化戦略を選択すべきであること、先進的で実用的な外国の技術を積極的に導入すること、国際資本を大量に取り入れること、国内市場をさらに開放すること、名目関税率を大幅に引き下げること、各種の非関税貿易障壁を撤廃すること、わが国の経済発展の段階に応じて国内の各市場を徐々に開放すること、海外企業が中国市場に参入する際の人為的な制限を撤廃すること、国内外の企業に対して条件が同じで差別のない「国民待遇」を履行すること、国際競争の仕組みを国内市場の資源配分に導入すること、各種資源の輸入と輸出の比較優位を最大限発揮すること、経済のグローバル化に主体的に参画すること――である。その長期的な戦略目標は、二〇二〇年に世界最大の経済実体と貿易大国になることだ。[※2]

一九九九年、新中国成立五〇周年に際し、私は新たな追い抜き戦略を提起した。世界銀行の「一九九八年世界開発報告 知識の促進と発展」に啓発され、知識追求の実現や経済追求の促進、グローバルな知識の政策の実施、グローバルな知識の導入、全国の知識の獲得のため、当地の知識を創造することは知識の格差を縮小する戦略で最も重要なことの一つである。この中には、国際貿易を大いに発展させること、海外の新技術導入を奨励すること、国際競争に積極的に参入すること、グローバル企業の投資をはじめとする外国直接投資を積極的に受け入れることが含まれている。貿易と投資の体制の開放は知識の収益をもたらすことができ、海外の先進的な技術を導入するのに最適な方法である。政府は中華人民共和国内の外資系企業を含む国内企業が国内外の競争力を高め、すべての企業に公平な競争を提供する経済政策環境を奨励し支持すべきである。技術許可証制度を立ち上げ、グローバル企業が中国で技術許可証や特許を申請することを奨励し、国内企業がこの制度を利用して技術を導入することを奨励し、技術の発展や拡散を推進することである。国内外の知的財産権を十分に保護し、劣悪な偽物や海賊版の権利侵害行為を断固摘発することである。海外の人材資源を十分に活用し、海外の華僑・華人、留学生らと広く連携してその役割を発揮してもらい、彼らの知識伝達や技術移転、情報交流、投資や貿易の機会の提供などを奨励することである。[※3]

二、中国の世界貿易機関加盟

改革開放以来、ずっと論争になっていた顕著な問題は、以下の通りだ。中国はどの程度まで対外開放するのか。国内の産業や市場を保護する必要はないのか。二〇世紀の九〇年代末には、中国は世界貿易機関（ＷＴＯ）に加盟すべきかどうか、もし加盟するなら、どのような条件か、という問題に論点が集中した。

一九九九年の春節（旧正月）後、私は中央政策研究室国際協力局の責任者とともに北京の国際クラブで米国の駐中国大使館公使と面談した。主に私と公使がやりとりし、テーマを決めずに意見交換した。公使は、朱鎔基首相の米国訪問の準備を進めており、私に「何か提案はないか」と尋ねてきた。私は単刀直入に「朱首相の訪米は観光ではなく、実質的な成果が必要だ」と答えた。公使は「実質的な成果とはどういう意味か」と尋ね、私は「中国はさらに対外改革を進めなければならず、実質的な成果とはＷＴＯへの加盟であり、米国がこの分野でカギとなる役割を発揮できるかということだ」と述べた。公使は良い提案として本国に伝えることを表明し、その後、われわれがやりとりした情報も処理された。

四月には朱首相が米国を公式訪問したが、その中で最も重要な議題が中国のWTO加盟だった。しかし、最終的には朱首相はクリントン大統領と中国のWTO加盟の枠組み合意には至らなかった。二人はわずかな問題で合意できなかったことを指摘した。

これは国内外で強烈な反響を巻き起こした。国内で事情を知らない多くの人に言わせれば、中国は大幅な譲歩をし、極めて大きな損害を被ったということになり、WTO加盟は西側諸国の中でも米国の利益のためのサービスであり、中国の利益のためのサービスではないと見なした。当時はまだ合意書に調印していなかったにもかかわらず、「売国の合意」と称する者もいた。

実のところ、中央は一貫してWTO加盟への準備を進めてきた。九〇年代初め、中国の名目関税率は四〇%以上あったが、九四年には三六・三%に、九七年には一七・六%に、二〇〇〇年には一七・〇%まで下がった。同時に、わが国の貨物貿易は世界順位が一九九〇年の一六位から二〇〇〇年には八位になり、わが国が受け入れた外国直接投資額は三四億九〇〇〇万ドルから四〇七億ドルに上がり、これらは皆、対外開放の直接的な結果であり、わが国に相当な国際競争力を持たせることになった。WTO加盟は何としてもやらざるを得なくなり、時機が熟せば自然に成就することになった。

当時、中央が中国のWTO加盟を総合的に判断したのは、わが国にチャンスをもたらすだけでなく、チャレンジももたらすが、全体として見れば利益が弊害を上回り、できる限り有利な事業を興し、弊害を除くと考えたからである。政府は第十次五カ年計画に、以下のような「WTOに加盟し、国際競争力を高めることを重点項目とする計画」を特別に制定した。すなわち、期間中に改革をさらに加速し、社会主義市場経済とWTO規則に基づく要求を基本的に合致させる管理体制を徐々に形作ること、体制の刷新と科学技術のイノベーションによって生産力を解放し、経済構造調整戦略を促進し、わが国の産業と企業の国際経済競争力を全面的に向上させること、独占を打破して、開放を加速し、公平な競争という市場参入環境を迅速に作ること、国際経済の変動の衝撃を防ぐため、健全で有効なマクロコントロールシステムを確立し、有効に操作ができて国際規範に合致するマクロコントロールメカニズムを形作らなければならないことが計画に盛り込まれた。[※4]

中央が決定した重要な戦略方針は、WTOへの加盟に伴い、わが国の対外改革は新たな段階に入り、全方位でさまざまなレベル、広い分野での対外開放をさらに進めて、開放型の経済を発展させなければならないと指摘した。[※5]

〇一年、私は「WTO加盟後、八億の農民の収益を最大化してリスクを最小化すべきだ」と題する国情報告を発表した。中国がWTOに加盟する最大のリスクは、長期にわたって存在し、日増しに深刻化している農業問題や農民の収入問題であり、加盟後には中国の発展にとって最大の問題となり、まさに「泣きっ面に蜂」ということになることだ。朱首相は平然と「最も心配しているのは農業問題である」と言ってのけた。カギとなるのは農民の利益を最大化し、市場のリスクを最小化することである。多くの農民の人的資本に投資し、農民の人類としての発展能力を向上させる。農業とその分野の知的財産と技術に投資し、農産品の質と外国輸出の能力を向上させる。農村のインフラに投資し、公衆電話と長距離自動通話ネットワーク、衛星テレビとケーブルテレビ、ラジオ放送ネットワーク、郵便ネットワーク、電力ネットワーク、水道水と浄化水、道路（幹線と農道）という「七つの通信・交通」を完成させる。農民が都市で工員となるよう、人口移動の道を開くため、農民を非農民に変えて平等の待遇を与える。家庭と子供たちは、基礎教育、職業訓練、公衆衛生、基本的な医療サービス、計画出産サービスなどと

いう基本的な公共サービスを同等に享受する。※6

二〇〇二年、私は『中国を挑発するグローバル化』（北京大学出版社、二〇〇二年六月版）を編集した。二一世紀に入って、私は中国がいかにして戦略的な機会のタイミングをつかむか、その機会を作り出すのか、すなわち「天の時」と「地の利」について一層関心を持っている。この分析の枠組みは西側の国際関係理論よりも実際の価値を有し、さらには応用する価値も持っていると考えている。いわゆる「天の時」とは、経済のグローバル化であり、中国ができるだけ早くＷＴＯに加盟しなければならないことだ。いわゆる「地の利」とは、地域の一体化であり、中国は主導して地域の自由貿易区を創設すべきで、これによって中国が発展する世界的な空間と地域の範囲を拡大することができるのである。

中国のＷＴＯ加盟の実際の効果をどのように評価するか。これに対して、私は〇六年一月、初歩的な評価をする国情報告を行った。政府が取った各種措置に対して高く評価し、これらの措置は極めて短い過渡期に、中国を比較的平穏かつ、かなり順調にＷＴＯに加盟させることができ、中国は当初予想されていた重大な外部衝撃や苦痛を調整することもなく、ＷＴＯに加盟するすべての発展途上国で、開放型の経済転換を最も早く成功裏に実現した国の一つとなった。

結論をまとめれば、中国はＷＴＯ加盟後、貿易額の伸びが最も速い世界記録を打ち立て、世界八位の貿易国から三位の貿易国となり、商品輸入で一位の貿易貢献国、商品輸出で二位の貿易貢献国となった。また、中国は最大の労働集約型完成品貿易国であり、ハイテク製品貿易大国でもあり、比較優位や相当程度の競争優位があることを示している。中国は経済グローバル化の後進国だが、重要な参画者かつ推進者になろうとしている。中国は迅速な経済台頭の過程で世界の貿易成長の構造を徹底的に変えたが、この影響は始まったばかりにすぎない。これは中国のＷＴＯ加盟により、世界が中国を変え、中国も世界を変えたのである。[※7]上記のことは恐らく第三者からの初めての評価であり、これに対して、国務院の指導者は重要視したのである。

三、中国の貿易自由化を提唱

私は、中国がＷＴＯに加盟するか否かの政策決定において、確固たる支持派であるだけでなく、域内貿易自由化の政策提唱者でもある。

二〇〇〇年一二月、私は慶応義塾大学公共管理学院で訪問教授として、日本政府やシンクタンク、大学などの調査研究をしていた。〇一年一月、ＷＴＯ加盟と開放型経済樹立の重要施策の一つとして、まず中国と香港、日本、韓国の四者で自由貿易協定（ＦＴＡ）を結んで自由貿易区を創設することを提起した。そうすることで、地域経済一体化のプロセスを加速化し、中国がグローバルに開放された市場に向けて学習経験を提供することになった。ＷＴＯの推計では、一九九三－九七年、地域内の自由貿易額は世界貿易総額の四二％を占めていたとされる。九九年に中国と三者の間の貿易総額は一三五〇億ドルで、中国の対外貿易総額の三七・四％を占めた。米国をはじめとする北米三カ国の自由貿易区、欧州連合（ＥＵ）の自由貿易区に次いで、世界で三番目に大きな自由貿易区となる見通しだった。[※8]当時の朱首相はこれを重く見て、対外経済貿易協力省に対してこの構想を研究するよう指示した。中国側が主導したが、日本と韓国は内部に問題を抱え、遅々として進まなかった。

二〇〇一年七月、私と温軍博士は、東南アジア諸国連合（ＡＳＥＡＮ）の自由貿易区がゼロ関税を実現するチャンスを十分に利用して、中国が〇五年にＡＳＥＡＮ諸国と自由貿易区を創設するのは必要であり、実行可能であるとみていた。新たな自由貿易区の創設を加速し、政府が優先して西南の門戸を開いて東南アジアと向き合う国際ルートを開くことを考慮し、とくに外交や経済、技術、教育、文化、商業と貿易、サービス、投資など「ソフトウエア」のルート建設を重視すること、各種の非関税障壁を撤廃すること、貿易自由化の競争政策を実行すること、優先的に協力する発展分野を早急に確立することなどを提案した。[※9]

一一月、朱首相は中国とASEANとの自由貿易区を創設する構想を正式に提案し、ASEAN加盟国の指導者の積極的な賛同を得た。〇二年一一月、中国はASEANと「中国－ASEAN全面的経済協力の枠組み合意」に署名し、一〇年に中国とASEANとの自由貿易区を創設し、自由貿易区建設のプロセスを正式に開始することを決めた。

私の当時の構想は、中国が積極的に参画して五つの自由貿易区を創設することだった。一つ目は中国と日本、韓国、香港の自由貿易区、二つ目は中国がASEANの自由貿易区に積極的に参画すること、三つ目は二つの自由貿易区の基礎の上に東アジア自由貿易区を創設すること、四つ目は南アジア各国を吸収し、東アジアと南アジアの自由貿易区を創設すること、五つ目はアジア太平洋地域の自由貿易区創設に参画することだった。[※10]

現在から見れば、自由貿易区の推進には多くの困難があり、上記の二つ目しか実現しておらず、五つ目を推進しているところだ。一六年に「アジア太平洋自由貿易区リマ宣言」が発表されたが、アジア太平洋自由貿易区（FTAAP）の実現を、次の段階のアジア太平洋地域経済の一体化という主要目標として、より明確にしたものである。中国は既にASEAN、チリ、パキスタン、ニュージーランド、シンガポール、ペルー、韓国と自由貿易協定（FTA）を結んでいる。オーストラリア、湾岸協力会議（サウジアラビア、クウェート、アラブ首長国連邦、オマーン、カタール、バーレーンの六カ国）、アイスランド、ノルウェー、コスタリカ、南部アフリカ関税同盟などの国・地域とはＦＴＡの交渉を続けているが、世界においてはまだ限られている。このことから分かることは、多くの重要な構想は、中国側によって決まるのではなく、他の当事者によって決まるのである。しかし、世界の貿易自由化の大きな流れは後戻りできず、中国は既に世界の貿易自由化、投資自由化、サービスの簡便化を推進する積極的な力となっており、中国の繁栄が世界の繁栄を先導しているのである。

四、地球規模の気候変動という挑戦に積極対応

一九八九年、胡鞍鋼と王毅、牛文元の両氏は「生態学的赤字――二一世紀に中華民族が生き残るにあたっての最大リスク」と題する国情報告で、まず中国の生態環境のグローバルな背景について専門的に分析し、人口の激増、資源の枯渇、環境の悪化、人と自然の格差拡大は、人類文明史における第二の巨大障害（人と人の間の発展格差が第一の巨大障害）であると明記した。その中で、世界における七つの大きな生態環境問題を分析し、一番目に地球の気候が温暖化して海面が上昇していることを挙げた。わが国各地の沿海平原、例えば長江三角州、珠江三角州、黄河の河口など経済が発達し人口が密集している地域が深刻な打撃を受ける。同時に、中国は世界最大の石炭産出国で、石炭消費国でもあり、地球規模の気候温暖化に対して極めて大きな貢献をしているが、これに対して世界各国は中国が地球環境の危機に「大きな貢献」をしていることに耐え難くなっている。生態の危機は人類が直面する共通のリスクとわれわれは認識しているが、中国は世界環境の国際的な影響を受けるばかりではなく、隣国から地球環

境に至るまで大きな影響を与えている。上に述べた国際的な背景は中国が生態環境の処理を非常に重要な戦略的な位置に置いて、全人類の環境保護と地球救援の闘争に加わらなければならないことを決定づけた。[※11] これは、中国の学者として初めて、地球温暖化と中国の責任に対して公に見解を表明し、「天下をもって公となす」という世界観を示したのである。

九七年一月、私が主に編集した『中国の自然災害と経済発展』（胡鞍鋼と陸中臣、沙万英、楊建新の各氏の共著『中国の自然災害と経済発展』武漢・湖北科技出版社、九七年）で、新中国成立以降の歴史から見て、中国の自然災害は絶えず激化し、自然災害でも中規模以上の災害の数は明らかに増加し、出現率は加速していると指摘した。農作物の被害面積の拡大や罹災率の上昇、農作物の被害面積の拡大、自然災害の農業への不安定な影響はいずれも絶えず続き、中国の経済発展に対する重要な制約要因になった。中国は地球規模の気候変動の影響を受ける世界で最大の国の一つである、と気づいたのである。

二〇〇七年八月、私は「中国は地球温暖化の挑戦にいかに対応するか」と題する国情報告で、「地球温暖化は人類の持続可能な発展にとって前代未聞の挑戦である。中国は世界で人口が最も多く、果てしなく広い国家として、地球温暖化の最大の被害者である。……われわれ自身の利益と持続可能な発展の目標から出発して、中国は地球温暖化に対する世界の行動の中でさらに積極的な政治的態度とさらに自発的な実際の行動を取ることを願っている。実際に中国の参加と行動がなければ、先進諸国の行動も成功を収めることはできない。……積極的な角度から見れば、人類が求める持続可能な発展にとってかつてないチャンスでもあり、地球温暖化の歴史的なツケと歴史的な責任を正しく捉えて処理しなければならない」と明確に指摘した。私の結論は「中国は低炭素経済を大いに発展させなければならない」ということであり、中国は工業化の後発国であり、他国の誤りを回避する機会があるばかりではなく、本国の発展の新たなモデルを作る機会もあるのだ。したがって、中国が環境保護分野での失敗を避けることによって、世界の失敗を回避し、中国が成功を勝ち取ることによって、世界の環境保護分野での成功を勝ち取らなければならないのである。[※12]

○八年三月、私と管清友博士は「中国が地球の気候変動に対応する四つの実行可能性」と題する国情報告で、地球の気候変動は人類が直面する共通の挑戦であり、中国も地球の気候変動の最大の被害者の一つでもあると指摘した。中国は気候変動に対応する国際協力に積極的に参加すべきであり、気候に関する国際交渉に積極的に参加して、排出削減を明確に約束し、国内経済や社会の持続的な発展と環境保護の進展を実現するため、調和のある世界の樹立を推進し、責任ある大国としての義務を果たすために、地球気候変動のリーダーになるべきである。中国は排出削減に積極的に参加する気候変動に対応し、世界のために環境保護の貢献をする能力があり、必要性もある。これがわれわれの提案した中国の地球気候変動対応の「中国の考え方」であり、「中国の貢献」なのである。[※13]

○八年末、われわれは清華大学公共管理学院産業発展・環境処理センター（ＣＩＤＥＧ）の緊急課題研究を完成させた。これを基礎に、中国の短期、中期、長期、超長期の排出削減目標と行動計画についてさらに研究を進め、包括的な経済・社会政策を提出し、中国の排出削減の「清華（大学シンクタンク）プラン」を作り、未来の中国として、排出削減の政策決定の背景研究や政策提案に参画することを希望した。

○九年二月、私は清華―ブルッキングス公共政策研究センターが主催する「気候変動対応への中米両国の協力と中国のグリーン革命」と題するシンポジウムに参加した。ケネス・リーバーサル氏（ブルッキングス研究所ジョン・ソーントン中国研究センター主任）と中米両国の環境保護協力の可能性について討議した。彼は米国でオバマ大統領が就任し、米国の排出削減目標を掲げたことを受けて、新たな機会が到来したと紹介した。私は「米中両国でこの歴史的なチャンスをつかまなければならない」という彼の提案に賛同し、中米両国のみならず、人類の環境保護進展の影響は物事の根本に関係することで、われわれは障害を乗り越え、中米両国の共通認識を探し、ひいてはG20（二〇カ国・地域）の共通認識と協力を進めて、コペンハーゲン気候変動会議で人類の地球温暖化・排出削減の共通認識を得なければならないとみていた。国連安保理の五つの常任理事国のうち一カ国でも、それが中国であれ米国であれ、約束できなければ、地球の気候変動問題が解決できなくなるのだった。[※14]

五月二二日、私は「中外対話」の取材を受け、なぜ排出削減を公式に誓約するよう主張するのかについて理由を説明した。というのは、多くの人が、誓約して手はずを整えることは中国の利益を損ない、中国の発展の歩みを減速させると反対していたからだ。しかし、私は、中国にとってこれは損失ではなく、巨大なチャンスなのだとみていた。われわれは初めて、先進国と同じスタートラインに立ち、グリーン工業革命を発動するのである。将来、誰がグリーン技術や核心技術を掌握し、グリーン産業を発展させるのか、誰が核心となる競争力を持つのか。環境保護の進展があってこそ、環境保護の貢献があり、その貢献があってこそ、中国が人類に対して最大の貢献をするのだ。私は〇九年がカギとなる年であり、コペンハーゲン会議で人類の共通認識を形づくり、人類が共に行動しなければならないと特に指摘した。中国はカギとなるタイミングでカギとなる政策を決定すべきであり、コペンハーゲン合意を拒んだのではなく、署名したのだ。これにより、中国の誓約は世界の誓約を先導し、中国の成功が世界を成功へ導いたのである。これは「中外対話」の中国語版と英語版のサイトで公表された。

七月、私は「中国の気候変動政策――背景、目標と弁論」で、中国が排出削減を誓約することと排出削減工程表を公表することの重要な意義について改めて述べ、第十二次五カ年計画期間における中国の気候政策目標のため、初歩的な設計を行った。特に、中国政府がなぜ、五〇年の排出削減目標を公式に誓約しなければならないかを説明した。最も核心的な見方は、世界の排出削減が中国の先導的な排出削減を必要としていることである。これは、地球にとっての公共財を率先して提供することであり、親和力のある世界の大国、優れた世界の大国になる最も良い機会であり、長期的な投資なのである。これに対して、中国が誓約をしなければ、世界の「非難の対象」となり、切羽詰まった境地に立たされるところだった。[※15]

一二月一八日、コペンハーゲン気候変動会議で合意する「コペンハーゲン議定書」は「京都議定書」の第一期約束期間終了後に続くプランとして、一三年から二〇年までのグローバルな排出削減合意となるものだった。しかし、カギとなる問題はほとんど進展がなく、先進国が国際条約や合意書の義務を回避しようとしたほか、[※16]中国も国際社会が予測する未来（例えば三〇年）の絶対的な排出削減目標を定めたものではなく、二〇年の相対的な排出削減目標、すなわち二〇年までに国内総生産（GDP）に占める二酸化炭素の排出量を〇五年から四〇－四五％削減するという目標を誓約したにすぎない。[※17]このコペンハーゲン会議は中国にとって得難いチャンスであり、中国は「有望」であっても、まだ「大いに力を発揮できる」ものではないということだ。これに対する国際社会の反応は同じではなく、さらに中国と米国の間ではこの重大問題について会議の前後に意思疎通や交渉はなく、逆に誤解を生み、これについて温家宝首相が公に釈明せざるを得なかった。[※18]中国が再び「非難の対象」になれば、世界の難問を解決するために中国がプランを提案するという得難い歴史的な機会は失われることになる。しかし、私はそれでも、歴史的なチャンスはいつも、準備を整えた政治家のところにあると信じている。私は当時、現在の首相が「調印」できなくても、次の首相が「調印」するだろうと予言していた。なぜなら、中国は世界最大の二酸化炭素排出国であり、世界に対して重大な影響を及ぼすからである。

一三年六月七日、習近平国家主席は米カリフォニア州のアネンバーグ邸でオバマ米大統領と首脳会談を行った。その中で双方は、地球気候変動への対応について意見交換し、後に中米両国が共通認識に達するための条件を作った。

一四年七月八日、私は習主席が主宰する経済情勢専門家の座談会に出席して発言した際、中国が将来の発展において直面する四つの大きな制約条件として、エネルギー不足問題、主要資源枯渇問題、環境汚染問題、気候変動問題を挙げた。中国が世界最大の二酸化炭素排出国であるだけでなく、排出量が米国とEU（二八カ国）を合わせた量よりも多いことが最大の制約条件になることを特に紹介した。五カ年計画では足りず、例えば二〇三〇年までの中長期計画を制定することを検討しなければならないと指摘した。習主席は当時、態度を表明することはなかったが、私の情報提供と建議に対して深い印象を残した。会議を終える際に、政治家の視点から見れば、そういう長期にわたってしなければならないことは歴史がなすべきことであると特に言及した。これは私に深い印象を残したが、数カ月後、私は習主席が作った世界史に残る事件と戦略的なチャンスを知ることになったのである。

一四年一一月、習主席とオバマ大統領は、地球気候変動への対応という人類が直面する巨大な脅威と挑戦について政治的な共通認識に達して、「中米両国の気候変動に関する共同声明」を発表し、両国がそれぞれ定めた二〇年以降の行動目標を明らかにした。その後、両首脳は三回にわたって気候変動に関する共同声明を発表し、「パリ協定」を積極的に推進することになった。

一六年九月三日、習主席とオバマ大統領はそれぞれ国連の潘基文事務総長に対して「パリ協定」の批准書を提出した。

一七年一一月二五日、私は韓国を訪問した際に潘氏と会い、潘氏は中国政府の地球気候変動に関する政策決定過程について触れ、習主席が「パリ協定」推進の第一の功労者であると言及し、政策決定能力を称賛した。中国は習主席の指導の下、前代未聞のグリーン工業革命を発動し、二酸化炭素排出量のピークを前倒しすることができ、世界の排出量をできる限り早期に達成して、経済成長と排出量増加の歴史的な趨勢を根本から転換し、両者の関係を断ち切る方向に進むだろうと私が述べると、潘氏はこれに賛同した。

五、中国の総合国力に関する研究

総合的な国力の増強を国家戦略目標とすることは、中国の指導者にとって重大な新機軸である。総合国力という概念は米国の学術界に由来するが、中国の指導者もこの学術の概念を借りて国家発展戦略の核心目標に転化し、改革開放を評価する重要な指標とした。

一九九二年、党の第十四回大会報告は「改革開放以来、わが国経済建設は大きなステップを上り、人民の生活も大きな段階を上り、総合国力も大幅にレベルが上がった」と初めて指摘した。同時に、各分野の仕事の良しあしを判断することは、結局のところ、社会主義社会の生産力の発展に有益か、社会主義国家の総合国力の増強に有益か、人民の生活レベルを上げることに有益か否かを基準にしなければならない。[※19]

中国の国情を研究するには、総合国力を研究する必要があり、国家発展の長期戦略目標、すなわち強国の目標であり、国の統治を評価、判断する客観的な基準を持つこと、すなわち実践こそが真理を検証することなのである。

総合国力を研究することの難しさは、定量研究や国際比較、とりわけ米国など大国と比較することができるかどうかにある。これについて、中国の学者には異なる計算方法があり、九〇年にはある中国の学者が中国の総合国力は世界第六位と推計した。[※20] 二〇〇六年に中国社会科学院は、「二〇〇六年　全世界の政治と安全保障の研究」で中国の総合国力は世界第六位と判断した。

一九九七年、私は曹遠征、趙英の両氏と共に「二一世紀の中国の国家利益と国家発展目標」と題する論文を書き、「二〇二〇年までに強国にする目標は、総合国力の強大化を基礎にして主体的な能力を有する世界の強国になることだ」と展望した。この中には、購買力で計算したＧＤＰと輸出入の貿易総額で世界一位になること、軍事力や科学技術力で世界の前列に立ち、成熟した技術応用大国になり、重要な科学の分野でトップの座を占めることが含まれている。[※21]

〇二年一月には、門洪華氏と中米日露印五大国の総合国力の動態変化について専門に研究した。国家戦略資源区分を八つの資源分類と二三の指標に分け、これらの指標の合計で総合国力を判断した。過去二〇年間（一九八〇‐九八年）で米国と中国の総合国力は相対的な差が五倍から三倍に縮小したことに気づいた。中国の大戦略の目標は「富民強国」であり、総合国力が世界全体に占める割合を絶えず増やし、二一世紀中葉には世界強国にすることを提起した。[※22]

二〇〇二年一一月、党の第十六回大会報告は、二〇年までにわが国の総合国力と国際競争力を明示的に増強する目標を明確に掲げた。[※23]

〇五年、私と王亜華氏は再び中米日露印五大国の総合国力を研究し、中国の総合国力が急上昇して世界第二位の大国になったことを見つけた。インドは相対的に上昇する型に属しているが伸び率は中国より低く、日本はまず台頭してから衰弱して第三位まで後退、米国はずっと世界超大国を維持しているが、中国と米国の差は縮小していた。われわれが提起した戦略的な考え方は、中国は戦略的優勢を十分に発展させて、戦略的劣勢を戦略的優勢に変えなければならないということだ。物的資本の配置を合理化し、人的資本を開発・利用し、自然資本の価値を保ち、国際資本を迅速に吸引し、知的資本への投資を強化することが、中国の成長維持と成功発展のカギとなる。その含意は、総合国力をさらに一段階上げて、米国の総合国力と各種戦略的資源との相対的な格差を縮めることにある。[※24]

一五年、われわれは中国と米国の総合国力について再度、定量研究を行った。大きな背景には、習主席が米国に対して中米の新たな大国関係の樹立を提起することがあった。では、そうなる可能性はあるのか。もしあるなら、何を基礎にするのか。われわれの研究は、中国と米国が過去二〇年余りの間、とりわけ過去十数年間に、総合国力に根本的な変化があり、これによって中米の新たな大国関係における実力の基礎が固まったことを明らかにした。計算結果によると、中国の総合国力は絶えず上昇し、世界で最も強大で最も発達した国である米国との間の相対的な格差が急速に縮まっているのである。中国は台頭という歴史的なチャンスをつかみ、さまざまな挑戦に積極的に対応し、戦略的優位と主導権を勝ち取り、二〇年までに小康社会（ややゆとりのある社会）を全面的に完成させるという「富民目標」を確実に実現させ、総合国力をさらに新しいレベルに引き上げて本当の意味で世界強国とならなければならない。同時にわれわれは、中国には総合国力をさらに引き上げるべく依然として大きな空間と潜在力があることも指摘した。当然、われわれは、中国の発展レベル、とりわけ一人当たりの指標においては米国と差が依然として大きいことも認めなければならない。[※25]

一七年、われわれはまた、中米両国の総合国力比較に関する論文を発表した。研究結果によると、中米両国の総合国力に重要な逆転が起き、既に中国の総合国力は米国を抜いており、〇〇〜一五年の間に、九つの国家戦略的資源と一四の主要指標で世界全体の総量に占める割合が継続的に増えているだけでなく、全面的に上昇しているのに対して、米国は継続的に減って全面的に下降しており、これは中国の台頭が経済の台頭にとどまらず、全面的な台頭になっており、普通の台頭ではなく急速な台頭であることを示していた。二〇年までに中国は九つの戦略的資源が世界の総量に占める割合が全面的に上昇し、米国を全面的に超える、量的から質的に変わる過程となり、われわれのこれまでの予想（〇二年、〇五年）を超えていたのである。※26

国情や国力の研究では、それ自体が国際的な同業者との学術競争であり、知力の競争でなければならない。まずわれわれが米国に学んだのは、米国が総合国力で最強国であり、中国が追い付き追い越す最も主要な国だったからである。次にわれわれは、この最大のライバル（競争相手）を超えるに当たって、総合国力の分析枠組み、主要指標、計算方法などで独自のやり方を打ち立てなければならなかったからである。米国の国家情報会議を例に挙げれば、〇四年一二月に発表した「グローバルトレンド二〇二〇年 グローバルマップリポート」では、二〇年までに中国の国内総生産が西側の経済大国（米国を除く）を超えると予測している。〇八年一一月に同会議が発表した「グローバルトレンド二〇二五年 構造転換の世界」では、まず世界の大国を比較する分析枠組みと戦略目標として総合国力を採用し、総合国力の指標としてGDP、国防支出、人口、技術の四つの戦略資源に分けて、世界全体に占める加重平均値を報告したにすぎない。この報告では、米国の総合国力が世界全体に占める割合は〇五年の四分の一から二五年には二二％にやや低下し、中国は〇五年の一一％から二五年には一四％にやや上昇する。これは、米国の総合国力が中国の二・二七倍から一・五七倍に縮小することを意味している。この報告ではまた、これまでの発展情勢から見て、中国は二五年までには世界第二の経済体になると予測している。実際、一〇年の中国のGDP（為替レート換算）は日本を超えて世界第二の経済体となっており、この報告の予測に比べて一五年も前倒しされているのである。

一二年一二月、米国家情報会議が発表した「グローバルトレンド二〇三〇年　異なる世界」では、総合国力を一一の指標（GDP〈購買力平価〉、貿易額、外国直接投資、対外援助、人的資本、政府財政収入、研究開発支出、インターネット・通信技術、国防支出、エネルギー消耗、核兵器）で計算し、三〇年には米国が世界全体の二〇％近くを占めるのに対して、中国は一五％にとどまり、米国は中国の一・三三倍で、依然として世界最強の国であるとしている。[※27]

これは、専門的な視点から見て、米国家情報会議の報告は、時間的な検証に堪え切れず、自らは高く評価し、中国の総合国力は低く評価している。この種の例は多く、書物のみを重視したり、上司の言いなりになったりしてはならないほか、西洋かぶれになってはならず、特にいわゆる米国の権威というものを過度に盲信してはいけない、ということをわれわれに教えてくれる。

われわれは、中米両国の総合国力の変化も両国の新たな大国関係の実力の基礎を打ち固めたと見ている。今後、相当長い期間にわたって、われわれが強く米国が弱いという基本的な形勢が続くだろう。中国の戦略的資源は次第に豊富になり、戦略的優勢はますます明確になり、協力や競争、衝突回避であれ、われわれの主導権は大きくなり、発展のチャンスも大きくなる。その大勢に従うとともに、大いに力を発揮しなければならず、積極的に勝ちを取るとともに、最低ラインを死守しなければならない。同時に、中米両国関係が世界全体に及ぶという波及性、関連性を認識し、世界について言えば「一つ栄えれば、すべて栄え、一つ損なえば、すべて損なう」ということもできる。中米両国の協力は世界にとって福であり、衝突は世界にとって災いである。われわれは、ウィンウィン（双方利益）主義によって帝国主義を追い払い、覇権主義にとって代わるべきなのである。※28

一八年初め、このテーマの研究結果はメディアの関心をそそり、多くの人は中国の総合国力が米国を超えるという結論には賛同しなかった。これに対して、われわれは公式の反応を出さなかった。既に学術刊行物で多くの学術論文を発表し、いかなる結果や結論も事実の検証、時間の検証、歴史の検証を待たなければならないからである。これはわれわれに、新たな結果を見つけたり、新たな判断をしたりすることは人々の一般常識や固有の判断に反する可能性があることを教えてくれるが、私がその反響にさらに多くの精力を割くことはなく、せいぜい聞いているだけなのだ。幸い、われわれは「白い紙に書かれた黒い文字」を残すことで、これを証拠として、実践に証明させ、歴史に検証させるのである。

一七年一〇月、党の第十九回大会の報告は、わが国の経済力、科学技術力、国防力、総合国力が世界の前列に入り、国際的な地位をかつてないところまで引き上げるという重大な判断をした。このため、第二の百年の目標として、富強・民主・文明・調和の美しい社会主義近代化強国を実現することを提起した。※29 これは、中国がかつてない新時代、すなわち世界強国時代に入ることを示している。このため、われわれは『二〇五〇年の中国――習近平政権が描く超大国一〇〇年の設計図』（浙江人民出版社、一八年二月版）でさらに詳細な定量分析を行った。

六、世界に示す中国の改革開放

(一)率先して中国の話をする

一九九一年、私は米イェール大学経済学部で博士号を取得した後、確かにほかの中国の留学生や学者と同様に「玄奘がインドへ行って仏教経典を持ち帰ったように、先進的な経験を学びたい」という願いを抱いて、西側を理解し、西側に学び、西側の経験を教えてもらった。

九三年、勉学を修めて帰国した後、しばしば米国、欧州、日本などを訪れて交流し、国内でも頻繁に世界各国から来た学者や官僚、留学生、メディアなどを接待した。中国が対外開放するなら、中国の学者は率先して対外開放しなければならず、中国が海外へ打って出るなら、中国の学者は率先して海外に打って出なければならず、中国が世界に影響を与えるなら、中国の学者は率先して世界に影響を与えなければならないと、私は強く意識していた。

私は「西側の経験を学び取る」ことから、中国のことを上手に話すことに率先して方向転換した。中華人民共和国の公民として、国際交流においては「民間大使」となり、中国の大学教授として、国際学術交流においては「学術大使」となり、中国の大学シンクタンクとして、国際シンクタンクの交流においては「シンクタンク大使」となって、中国のことをよりよく話し、中国の声を発した。[※30]このために、『世界との対話』シリーズ三部作である『胡鞍鋼 世界との対話』（中国出版集団東方出版センター、二〇一〇年四月）、『中国の位置 胡鞍鋼 世界との対話その二』（中国出版集団東方出版センター、二〇一二年五月）、『中国の声』（東方出版センター有限公司、二〇一六年五月）を出版した。主に私が海外の学者や専門家、メディアなどと交流し、対話や取材を受けたことをそのまま記録したものだ。

何が中国の話なのか。どうすれば中国の話を上手に語ることができるのか。誰が中国の声を伝えるのか。どうすれば中国の声を上手に伝えることができるのか。決まったことは何もなく、人によって異なるだろう。私は「どの山に登ってどんな歌を歌うか。言うところに根拠があり、内容がある」という毛沢東のやり方を採用した。[※31] 人が異なれば奏でる琴の音も異なる。どんな歌を歌おうが、どんな琴を奏でようが、テーマはやはり中国であり、あるいは現代の中国を語るということである。世界との対話において、口を開けばやってくるのではなく、われわれの長期にわたる国情研究の大量の情報蓄積、知識の蓄積、政策提言の蓄積に基づいて、根拠や内容のある話をするのである。さらに自覚と自信、向上心をもって公共外交を展開することは、カギとなる人物に対して戦略、学術、メディアによる意思疎通を行うことで、世界に中国を知ってもらい、中国にも世界を知らせ、世界に中国を理解してもらい、中国も世界を理解するのである。

私が国情研究に携わって三〇年余り、西側諸国からの「中国崩壊論」「中国脅威論」「中国挑戦論」などに対して論議を闘わせ、反撃を主導すると同時に、中国のスポークスマンとして中国の発展状況を客観的に紹介し、さまざまな懸念、懐疑に積極的に対応し、中国経済の光明論、好機論、貢献論を唱えてきた。

確かに外国人との交流の過程ではいつも十分に挑戦的な問題に出くわすことがあり、回避できないこともあり、不真面目に回答することができないこともある。私にとっては、挑戦的な問題になればなるほど、刺激性も、啓発性も増す。これは激しい論争でもあれば、学識や知恵の競争でもある。自らの研究も、世界の研究者が中国の進む方向を観測する風向計となった。米ブルッキングス研究所ジョン・ソーントン中国研究センターのケネス・リーバーサル主任はここ数年、はっきりと分かりやすい事実に注目しているが、胡鞍鋼が言うことは「事の終わった後にあれこれ言う」方式の知恵ではなく、五〜一〇年後に中国の主流の政策を本当に変え得る成果となるのである、と述べていた。彼はこれから五〜一〇年後の中国の核心となる方向を提示するのに抜群の能力を持っている。したがって、私はいつも、彼の未来についての判断に注目しているのである。

(二)「だれが中国を養うのか」に反論する

一九九四年九月、米国のワールドウォッチ研究所所長のブラウン氏が英字紙「インターナショナル・ヘラルド・トリビューン」に寄稿した論文「二〇三〇年 だれが中国を養うのか」で国際的に決して小さくない反響を引き起こしたのは、彼が中国に深刻な飢饉が発生し、世界の食糧市場に深刻な影響を及ぼすと予言したからだ。「一九九〇年から二〇三〇年まで中国の総人口は絶えず増加し、食糧生産量は少なくとも二〇％減少し、中国は約三億三〇〇〇万トンの食糧を輸入する。一九八〇年代以降、世界の食糧輸出総量は毎年二億三〇〇〇万トンで、これによって、世界の食糧価格は急速に上がり、世界各国の指導者が直面している最大の難問の一つは潜在的な食糧赤字が急速に拡大していることである。そのとき、だれが十数億の中国人を養うことができるのか」と述べた。

九四年一〇月、私は先にシンガポールの新聞「ストレート・タイムズ」(英文版)、後に「聯合早報」(中国語版)で発表した論文「中国は食糧の基本的な自給の長期目標を実現できる」で、ブラウン氏の論点は歴史的な悲観論で、あたかも四九年に米国のアチソン国務長官が「中国共産党政府は中国人民の食糧問題を解決できず、中国は永遠に天下の大乱となり、米国人のパンに頼らなければ出口は見つからない」と言ったのと同じだと述べた。当時、中国の総人口は五億四〇〇〇万人にすぎず、現在の総人口は一一億八五〇〇万人に上り、食糧生産量は一億一三〇〇万トンから四億五六〇〇万トンに増えて世界のトップに立った。中国は米国の五〇・九％にすぎない耕地で、米国の一・一四倍に相当する穀物を生産し、米国の総人口の四・五八倍の人口を養っていた。

私は、中国のこれからの食糧増産傾向についてのブラウン氏の予測は科学的根拠に乏しいと指摘した。彼は二〇三〇年、中国の食糧生産量が二億六七〇〇万トンに減少すると推計したが、これは一九七三年の中国の食糧生産量に相当し、当時は中国の食糧生産量は七二・二％増加していて、二〇三〇年の食糧生産量の予測としては信じ難いものだった。

私はまた、「中国の飢饉が世界の飢饉に変わる」というブラウン氏の推論も科学的根拠に乏しいと指摘した。現在、中国の食糧の純輸入量は総消費の二％前後にすぎず、食糧自給率は相当高く、食糧を外国貿易に頼っている依存度は相当低い国である。食糧の基本的な自給は中国政府の一貫した政策だ。中国の十数億の人口の食糧問題を解決するには、世界の食糧市場に頼ることができないのであり、世界の飢饉を引き起こすというのは、もっと話にならないのだ。

こういう歴史的悲観論は中国の食糧増産に影響する不利な要因を過度に誇張し、中国の食糧増産を促進する有利な要因を無視したものと、私はみている。中国が食糧を基本的に自給する目標を実現することは望みがあり、潜在力もあり、同時に長期にわたって苦しい努力を続ける必要もあるのだ。[※32]

これに対して、ブラウン氏は私の挑発に真剣に向き合わないどころか、一九九五年に『だれが中国を養うのか？』と題する本を出版し、「中国飢饉論」が再び世界のホットな話題となった。当時最もはやっていた「中国脅威論」となって、彼は一世を風靡し、当然ながら「えせ科学」「えせ学術」の典型的な事例になった。

実践は真理を検証する基準であり、間違った議論を検証する基準でもある。二〇年余りが過ぎて、二〇一七年に中国の食糧生産量は六億一八〇〇万トンに上り、ブラウン氏が予測した二億六七〇〇万トンを三億五一〇〇万トン上回って、その差は一三一・五％にも達したことは、確かに一つの典型的な事例である。〇九年、中国の一人当たりの毎日の熱量とたんぱく質の供給量はそれぞれ三〇三八カロリーと九四グラムだった。経済協力開発機構（ＯＥＣＤ）加盟国の平均値に比較的近かった（熱量が三四〇二カロリー、たんぱく質が一〇四グラム）。一九七八年以降、熱量供給量はＯＥＣＤ平均値との比率は六六％から八九％に増加し、たんぱく質供給量はＯＥＣＤ平均値との比率が五三％から九〇％に増加した。※33中国の発展は既に、中国をいかにして養うかという命題に対する歴史的な回答を出し、「ブラウン氏の予言」の失敗を改めて証明したと言えるだろう。中国は十数億の人民の食糧問題をうまく解決しただけではなく、世界の食糧安全保障に最大の貢献をしたのである。

㈢中国脅威論に反論する

一九九八年一一月一九日、私は米ＣＮＮの記者の取材で「中国は世界経済強国になるが、強大化した後、世界の中でどのような役を演じるのか」と問われた。

私は「中国は世界で人口が最も多い国で、国力の強弱にかかわらず、世界の大国としての役割を果たす。六〇年代に、中国は核兵器を保有する世界の大国の一つとなった。中国は国連安全保障理事会の常任理事国の一つでもある。権利と義務は対称的であり、世界で発揮する役割が大きければ、背負う責任も多くならざるを得ない。中国は世界で重大な発展や安全保障の問題で、道義上辞退できない責任を負っている。多くの問題でわれわれは、米国をはじめとする西側世界と衝突すべきではなく、彼らと互いに主権を尊重し、国際問題で共に責任を負うことを基礎に、戦略的で長期的な国際協力を進めなければならない」と答えた。

「今回のアジア金融危機で、中国は国際通貨基金を通じて関係国に四五億ドルの援助を行った。今後、中国は自らの能力を尽くして他国が難関を乗り越えるのを支援することができ、できる限り人類の発展と世界の安全保障に対して、より一層大きな貢献をすることができることを人々は目にすることになるだろう」と述べた。

二〇〇五年九月、私は韓国新聞社北京支局長の呉光鎮氏の取材で、「中国脅威論についてどのように見ているか。こうした論調は一〇年後もあるとみているか」と問われた。これに対し、私は「中国脅威論は外国人が提示したもので、他人が私たちのことだと言っても、われわれとしては仕方がないし、一〇年後も同じことだろう。私は『中国脅威論』というものは存在せず、あるのは『中国機会論』だとみている。主として、中国の発展は黄金発展期に入り、中国の黄金発展期は世界の発展期を引き起こすだろう。世界で黄金発展期となったのはこれまで二回しかなく、一八七〇－一九一三年が一回目で、米国の台頭が世界の黄金発展をもたらした。一九一三－五〇年の間には二度の世界大戦があり、初めて世界規模での資本主義の大きな危機と大きな不景気のため、経済は全面的に衰退した。二回目は五〇－七三年に世界が黄金発展期に入った時で、世界は最高の経済成長率を記録し、主に米国、欧州、日本などで高い成長を保った。九二年に冷戦が終結した後、世界は三回目の黄金成長期に入ったが、これは中国経済の高成長がもたらしたもので、米国も九〇年代後半に高度成長期に入った。大きな想定外のことがなければ、中国のこの成長期は二〇二〇年まで維持され、三〇年間続くことになると予測している。したがって、全世界は中国が動かしている車に便乗しているのである」と述べた。これが私の提示した「中国大の貿易相手となっており、この中には太平洋をまたぐ米国も含まれている。

ますます大きくなっている。中国は世界最大の貿易圏となっただけでなく、一二〇余りの国や地域と最

金融危機を引き起こして世界に波及させたのに対し、中国は高い成長を維持し、世界の成長への貢献が

好機論」と「中国便乗論」である。米国は二一世紀初めの十数年に経済成長率が下がり[※34]、とりわけ国際

㈣「強国覇権」論に反論する

二〇〇八年八月、米ブルッキングス研究所のジョン・ソーントン理事長は私と会ったとき、最新の現代中国研究の成果を英語に翻訳し、米国や世界に紹介すべきだと勧めてくれた。当時、彼は「現代中国思想家」叢書を企画し、ブルッキングス研究所出版社で発刊していた。彼は私が現代中国の最新研究の原稿を提供して、海外に中国を理解し認識してもらい、特に中国の学者の声を直接聞きたいと希望していた。

私は「二〇二〇年の中国」をテーマに選んだが、その目的は世界に中国の声を発信し、中国の前途を描き出すことにあった。全世界、とりわけ米国が中国の未来の発展趨勢と影響への関心を高めていたからだ。「二〇二〇年の中国」というテーマが決まってから、この本のキーワードは何か、と考え、「新型の超大国」を選んだ。この本の読者は米国と世界の読者であるから、彼らにとって一目瞭然で、衝撃を与えるだろうと考えた。

何をもって超大国とするか、定義はさまざまあるが、私の定義は簡明だ。すなわち、中国が米国を追い越しさえすれば、超大国である。私のキーワードは「新型の超大国」で、覇権主義の米国と同じではない。

中国の台頭は平和的な発展過程である。この過程で、中国は世界を必要とし、世界も中国を必要とし、世界の利益に合致することは中国の利益に合致し、中国の利益に合致することは世界の利益促進に役立たなければならない。したがって、われわれは国家主義が全世界主義と同一論であることを主張しており、国家主義を全世界主義の上に置くことではなく、中国が米国に取って代わって世界唯一のリーダーになるとは決して思っていない。逆に、中国は米国と協力して、世界経済や政治、エネルギー、環境、安全保障などの多くの分野での挑戦にともに対応しなければならない。

中国は資源を節約し、環境にやさしく、グリーンの発展の道を歩む超大国にならなければならない。中国は人々の発展レベルが高く、貧富の格差が小さい超大国であるべきである。中国は真の意味で「ソフトパワー」資源の超大国になる必要がある。米国文化は利己主義の文化で、唯我独尊、排他性が極めて強いが、中国の文化は包容性がより多く、調和と平和、協力を基本原則にしている。これが未来の中国と米国の両超大国の最大の違いである。

中国は成熟し、かつ責任を負う超大国にならなければならない。成熟の目安は、国内では民主と公開性、透明性を備え、組織が良好な政府体制を有し、国際上では中国が責任ある超大国として、慎重かつ過激ではない態度で国際問題に対応し、国家と民族の間の矛盾を改善し、猜疑心を持たれないように継続すべきだ。新型の超大国としての中国は、十数億人にとどまらず、世界各国の数十億人に対して責任を負う。全世界で国家レベルの公共財を提供するだけではなく、地球レベルの公共財を提供するというその誓約を履行しなければならない。

この本はブルッキングス研究所編集主幹の「中国思想家」叢書の一冊である。[※35] 米ブルッキングス研究所のジョン・ソーントン理事長がこの本のために英文版の序文を書いて、米国の政界や学術界に大いに推薦してくれた。ブルッキングス研究所ジョン・ソーントン中国センター研究主任の李成博士も「胡鞍鋼氏は中国の社会経済と人口発展を予測して二十数年の経験がある。異なる専門の壁を打ち破り、総合研究を提唱し、たゆまぬ努力を続けてきた学者として、胡氏の研究対象は人口、生態、教育、公衆衛生、環境保護、反腐敗、国際関係など多くの分野に広がっている。過去二十数年に胡氏は国家発展戦略分野に積極的に参画し、インテリやシンクタンクが中国の内外政策決定過程において果たすべき役割をより一層重要なものにした『中国楽観論』や『例外論』の主な提唱者として、胡氏はわれわれが急速に発展変化するこの国が直面している緊急の問題と長期にわたる挑戦に対するわれわれの理解と認識を手助けしてくれる」と専門家として論評を書いてくれた。※36

一一年、米ブルッキングス研究所出版社は私の『二〇二〇年の中国 新型の超大国』を正式に出版した。※37

六月一五日、ブルッキングス研究所はこの本のため、特別に新刊発表会を開き、米国の議会、政府、主要シンクタンクなどから四百人余りが参加し、熱心な議論が交わされた。ソーントン氏本人も米国政界、ビジネス界、シンクタンクに対してこの本を推薦してくれた。それによると、クリントン国務長官もこの本を読み、国務省の関係者に詳細な研究をするよう推薦した。これは『二〇二〇年の中国』英文書籍の中で唯一、中国の学者が執筆、出版したものだ。その後、英文版は日本語版、韓国語版、繁体字中国語版、簡体字中国語版に翻訳され、インドでも南アジア英語版が出版された。世界の図書館総合目録の統計によれば、全世界で二七〇余りの図書館に収蔵されている。私も多くの外国の学者を招待し、この本をめぐって交流や意見交換を行った。清華大学で外国人留学生が授業で使う参考書の一冊となり、彼らに直接、中国を紹介して、中国を説明し、中国の現実を示した。

一一年、胡鞍鋼と鄢一竜、魏星の両氏は『二〇三〇年の中国 共同富裕に邁進』（中国人民大学出版社、二〇一一年）で、「強国覇権」論に再び反論した。われわれは、二〇年に中国は世界強国となり、どのような役を演じているかと問いかけた。これに対して、中国の指導者は、強大となった中国は決しておごり高ぶらず、他人を侵略せず[※38]、意識形態を他人に押し付けず、大国の排外的な愛国主義[※39]も覇権主義も決して唱えない[※40]と回答した。

習主席が「中華民族の血には、他人を侵略し、世界に覇を唱える遺伝子は存在しない。中国人民は『強国覇権』のロジックを受け入れず、世界各国の人々と仲良く付き合い、調和しながら発展し、共に平和を希求し、維持し、享受したいと願っている[※41]」と公式に宣言した通りである。

㈤ドキュメンタリー「SUPER CHINA」、格別の影響

中国の話をするという視点から見れば、自分で直接話すことのほか、第三者を通して間接的に話すこともあるが、その効果と影響力はさらに大きくなる。ここでは『SUPER CHINA』というシリーズ映像を例に挙げるが、世界で超級の中国ブームを巻き起こした。

二〇一四年、韓国の国営放送局（KBS）のプロデューサーで監督の朴晋范氏から、私はテレビ取材を依頼するメールを受け取った。八月四日、「SUPER CHINA」をテーマに彼らの取材を受けた、その中には超級の人口規模、市場規模、企業群、経済体、最も重要なのは世界に超級の貢献をしていることが含まれていた。一〇月一七日、再び彼の取材を受け、テーマはやはり「SUPER CHINA」だった。朴氏は清華大学新聞・放送学院の韓国人留学生として、私が〇八年に清華大学公共管理学院の外国人留学生に英語で講義した「中国の経済発展と政策」（四八時限）を履修したことがあった。この

課程は、中国の発展に対する私の集大成研究であり、分野は多方面に及び、中国の世界における地位も含まれていた。留学生からも好評で、彼は私と教室で直接、意見交換や研究討議を行った。このとき、彼は既にKBSの特集シリーズ『SUPER CHINA』のプロデューサー兼監督をしており、一五年一月一五日から二四日にかけ、KBSでドキュメンタリー「SUPER CHINA」が放送された。

韓国版「SUPER CHINA」の全七回の内容は以下の通りだ。第一回のテーマは「一三億の力」で、中国はいかにして人口というボーナスを利用して「世界の工場」を「世界の市場」に発展させるかを主に分析した。第二回のテーマは「マネーの力」で、経済の視点から中国の海外投資や合併・買収（M&A）を紹介した。第三回は「中国の治世」で、中国の軍事費増大の背景にある米国との競争を指摘して、「中国が覇権を握る」時代が到来する可能性を分析した。第四回は「大陸の力」について述べ、中国大陸の豊富で多様な資源がいかにして中国を発展させるかを紹介した。第五回は「ソフトパワー」を取り上げ、中国が孔子学院の建設や映画事業のハリウッド進出などを通じた文化強化戦略について述べた。第六回は「中国共産党の指導力」、第七回は「中国の道」で、中華民族の偉大なる復興という「中国の夢」を総合的に紹介した。彼は私が韓国版「SUPER CHINA」の編集を始められるよう計画を立ててくれた。

「SUPER CHINA」が放送されると、韓国でとても大きな反響と波紋を引き起こしたばかりでなく、一部の韓国人には中国を理解するための「百科事典」だと賞賛された。さらに、世界のその他の国々でも放送され、強烈な反響を起こした。

一五年二月二四日、私はドイツ国際放送局の記者の取材を受け、「SUPER CHINA」を高く評価するとともに、「中国に対するさまざまなでたらめの議論は、何も新しいことではない。一〇年後あるいは数十年後には跡形もなく消えるバブルであり、中国が超大国になることを妨げるものではない」と指摘した。

(六)世界舞台の中央に立つ中国

中国が経済のグローバル化に全面的に参画して、「(外資)受け入れ」から「(海外へ)打って出る」へと転換するのに伴い、中国経済の世界における地位は絶えず上昇し、影響も絶えず拡大して、世界の舞台の中央に立った。

それでは、いかにして正確な判断をなしえたのか。私は中国の主な経済指標(例えばGDP、貿易額、投資、消費、電力など)[※42]が世界の全体量に占める割合を計算して研究した。明らかにこれらの指標は一貫して上昇し、中国が世界システムの周縁から主導的な世界に入っていき、さらに世界の舞台に立つことを反映していた。特に二一世紀になり、中国が戦略的にチャンスをしっかりつかむ時期に入ってから、これらの指標は一致して急速に上昇し、中国が世界の舞台から世界舞台の中心に入ったことを示している。英国や米国、日本などがこの舞台の中心に立つのに要した時間よりもずっと短い時間で世界に占める割合が大幅に上昇し、当然のことながら世界経済に対しても極めて大きな影響力を持ったのである。

二〇一四年一一月、私は『人民日報』海外版に寄稿し、「中国は世界経済の舞台の中心にいる」との基本的な認識を示した。中国はますます世界を必要とし、世界も中国を必要としているとみている。大国であれ小国であれ、豊かな国であれ貧しい国であれ、アジアだろうが欧州だろうが、中国が歩む方向を注視し、中国の声に耳を傾けている。これは、中国が世界経済の舞台の中心にいることを世界が公認していることを示している。過去十数年、あるいは今後しばらくの間を問わず、中国は世界経済の成長や貿易、投資の増大の重要な動力であり、最も大きな貢献をしている。世界と運命をともにし、ともに成長し、ともに繁栄する中国は、世界経済成長の最大のエンジンであり、世界マクロ経済の安定器や、世界貿易（貨物とサービス）の最大市場、世界のイノベーションの最大の貢献者、世界経済を治めて改革する指導者としての地位を定めている。[※43]

一七年、私は『世界舞台の中心に立つ中国』（浙江人民出版社）という書籍を出版した。この中で、党の第十八回大会以来、中国経済は年平均七・一％の成長を遂げ、世界経済の年平均成長率よりも高く、GDPが世界全体に占める割合は一七・七一％まで上がり、この間に中国が世界経済の成長に対する貢献度は三四・三％に上った。中国は世界経済成長の主要な動力源と安定器になったのである。[※44]

このため、中国は世界の管理に全面的に参画し、世界により多くの公共財を提供している。中国は世界に対するモノの提供者から公共財の提供者に転換し、世界管理の参画者から先導者に転換している。中国は世界最大の人口を有する国であり、世界最大の利害関係者でもあり、世界各国と「同じ船で川を渡って」おり、世界の人々と「同じ呼吸をし、運命を共にし」、共に豊かになり、共に繁栄し、地球という家を共に守っているのである。[※45]

中国の社会科学の発展の趨勢から見て、われわれは「翻訳者」「紹介者」「競争者」「メディア」「学習者」「模倣者」から「随行者」「追跡者」となり、さらには「起業家」「競争者」「先導者」にもなる。少なくとも現代中国研究分野において、もともと地元の優位性を持ち、中国の大地に根付き、中国の改革開放に直接参画して、実践から真の知識が生まれるということだけではなく、中国を刷新する道のために計略を画策することで、知識をもって国に尽くしている。これは国際的な「中国通」である同業者と同じではない。彼らの多くは観察者であり、評論家であるからだ。われわれは世界に対して中国の社会科学の研究成果と水準を示すとともに、中国の学術界の自覚と自信、新機軸を示して、世界の同業者との学術論争に挑み、自らの発言権を確保し、米国を超える新型の超大国としての地位を中国に与え、世界の中でも米国にこそわれわれの声に耳を傾けてもらうべきである。世界の中でも米国に、われわれの声を傾聴してもらわなければならないのである。[※46]

私にとっては、国情研究であれ、世界情勢の研究であれ、いずれも中国に着目して世界に目を向けることであり、中国に奉仕して世界に貢献することだ。中国の発展に貢献してこそ初めて、人類の発展に貢献したことに等しいのである。

(七)世界に説明する中国の発展への貢献

二〇〇〇年、私は、中国の未来の発展目標は引き続き、先進緒国に追い付き追い越し、先進諸国の近代化指標での発展格差をさらに縮めることにあると明確に提言した。さらに速いスピードで米国に追い付くということは、世界で人口が最も多い発展途上国が世界で最も発展し最も強大な国に追い付くことであり、二一世紀に中国が人類の発展過程に影響を与え、人々の注目を集める重大事となる。[※47]したがって、二一世紀は、中国が人類の発展に極めて大きな貢献をする世紀なのである。

二〇一一年、私は著書『二〇二〇年の中国 新型の超大国』の中で、未来の中国は、一三億の人口に対して責任を負うだけではなく、さらに重要なのは、世界の数十億の人口に責任を負い、地球レベルの公共財を提供する責任を負うことだと指摘した。二〇二〇年までに中国は、世界規模でより巨大で、さらに全面的で、一層深刻な影響を与え、中国もまた、より多く、より大きな貢献をすることになる。これが私の「世界観」「天下の見方」である。

私は、習主席が提唱する「人類運命共同体を共に構築することを大いに推進しよう」という中国の主張とプラン、発議をとても賞賛している。これに対し、われわれは「中国が強大になればなるほど、世界は利益を受ける」という核心となる観点を、以下の通り提示した。中国が発展すれば、世界も発展する。中国が貧困層を減らせば、世界も貧困層を減らせる。中国が技術革新すれば、世界も技術革新する。中国が環境を保護すれば、世界も環境を保護する。中国が開放すれば、世界も開放するのである。[※48]

中国が発展すれば、世界も発展する。過去五年間、中国の経済成長率は年平均七・二％で、世界の経済成長率の年平均三・一％より高く、世界の経済成長への貢献率は三〇％を超えた。もし、中国の経済成長の貢献率を控除すれば、二〇一六年の世界経済成長率は三・一％から一・九％に下がり、景気後退の臨界値である二・五％を下回って、世界経済は深刻な景気後退類型に属していたことになる。

中国が貧困層を減らせば、世界も貧困層を減らせる。世界銀行がまとめた国際貧困ラインの基準値によると、一人当たりの毎日の支出額が一・九〇ドルより低いとして計算すれば、中国の貧困人口は一九八一年の八億八四〇〇万人から二〇一三年の二五一七万人となり、八億五九〇〇万人減少し、貧困発生率は八八・三％から一・八五％に八六・四七ポイントも下がった。発展途上国の貧困発生率は一九八一年の四二・二％から二〇一三年の一〇・七％に下がり、この中で世界の貧困減少に対する貢献率は四分の三に上った。

中国が技術革新すれば、世界も技術革新する。中国の研究開発費が世界の総額に占める割合は一〇年の一一・七％から一五年には一七・一％に上がり、世界第二の研究開発投資国となった。中国本土に住む人の特許申請が世界に占める割合は、一〇年の二五・二％から一五年には四六・八％に上がり、何年にもわたって世界最大の特許申請国となった。

中国が環境を保護すれば、世界も環境を保護する。一六年、中国の風力発電量は一億五〇〇〇万キロワットに上り、一〇年の五・一倍となった。太陽エネルギー発電量は七七四二万キロワットで、一〇年当時の三百倍近くになった。建設中の水力発電、風力発電、太陽光発電装置と原子力発電の規模はいずれも世界一位となり、非化石エネルギー発電機の比率は三五%、その発電機の規模は世界の四〇%前後を占め、エネルギー消費に占める非化石エネルギーの割合は一〇年の八・三%から一六年には一三・三%に上昇した。中国が発動した環境保護エネルギー革命は、世界が環境保護エネルギー革命時代に入るのを先導している。

中国が開放すれば、世界も開放する。中国は既に世界最大の貨物輸出国となり、世界第二の貨物輸入国、第二のサービス貿易国、第二の対外直接投資国、最大の対外請負工事国、最大の海外旅行国、最大の出国留学国となった。

要するに、中国が栄えれば、世界も栄える。中国が良ければ、世界すべて良し、なのである。

㈡

1 胡鞍鋼著『中国二一世紀に向けて』中国環境科学出版社、一九九一年版、一二七ページ。
2 胡鞍鋼「中国の比較優位と貿易自由化の戦略」『戦略と管理』一九九七年第五期。
3 胡鞍鋼「知識と発展 中国の新たな追い抜き戦略」『国情報告』一九九九年第七一期。
4 「世界貿易機関加盟が国際競争力を高める重点計画」は国家計画委員会発展計画局主編『国家第十次五カ年計画重点項目』中国物価出版社、二〇〇一年九月、一七三－一七六ページに掲載。
5 「中国共産党第十五期中央委員会第五回全体会議コミュニケ」二〇〇〇年一〇月一一日。

6　胡鞍鋼「WTO加盟後、八億の農民の収益を最大化し、リスクを最小化すべきだ」『国情報告』二〇〇一年増刊一、一一月二一日。
7　胡鞍鋼「中国のWTO加盟に関する初歩的な評価——中国はいかにして世界の貿易増大の構造に影響を与えるか（二〇〇〇－二〇〇四年）」『国情報告』二〇〇六年第六期、一月一二日。
8　胡鞍鋼「中国、香港、日本、韓国の三カ国・一地域の自由貿易区設立構想」『国情報告』二〇〇一年第四期、一月一五日。
9　胡鞍鋼、温軍「地域経済協力 西南国際大通路建設と貿易自由化」『国情報告』二〇〇一年第五九期、七月一一日。
10　胡鞍鋼、温軍「地域経済協力 西南国際大通路建設と貿易自由化」『国情報告』二〇〇一年第五九期、七月一一日。
11　中国科学報社編『国情と政策決定』北京出版社、一九九〇年九月版、一九三ページと二〇二ページ。
12　胡鞍鋼「中国は地球温暖化の挑戦にいかに対応するか」は『国情報告』二〇〇七年（二九）に掲載。
13　胡鞍鋼、管清友「中国の貢献——トニー・ブレアの『気候変動のこう着状態打開 低炭素未来への国際交渉』報告への論評を兼ねて」『当代アジア太平洋研究』二〇〇八年第四期。
14　胡鞍鋼「中米両国が必要とするグリーン発展、グリーン協力、グリーン革命」胡鞍鋼主編『国情報告』第一二巻・二〇〇九年（上）、八二－八七ページ、党建読物出版社、社会科学文献出版社、二〇一二年。
15　胡鞍鋼「中国の気候変動政策——背景、目標と弁論」胡鞍鋼主編『国情報告』第一二巻・二〇〇九年（上）、二三二－二四九ページ、党建読物出版社、社会科学文献出版社、二〇一二年。
16　解振華は、気候変動の国際交渉はカギとなるいくつかの問題でほとんど進展がなく、その原因は先進国が関係する国際条約や議定書の義務を逃れようと企てていると見なしている。新華社二〇〇九年一二月二六日北京電。
17　温家宝「共通認識を集め、協力を強化し、気候変動対応の歴史プロセスを推進する——コペンハーゲン気候変動に関する首脳会議での演説」二〇〇九年一二月一八日。
18　温家宝「第十一期全国人民代表大会第三回会議の国内外記者会見」二〇一〇年三月一四日。
19　江沢民「改革開放と近代化建設の歩みを加速し、中国の特色ある社会主義事業でさらに大きな勝利を収めよう——中国共産党第十四回全国代表大会での報告」一九九二年一〇月一二日。
20　『人民日報』一九九〇年一月二六日。
21　胡鞍鋼著『中国発展の先行き』浙江人民出版社、一九九九年九月版、四〇〇ページから引用。
22　胡鞍鋼、門洪華「中米日露印五カ国の総合国力国際比較」『国情報告』二〇〇二年第一〇期、一月二五日。
23　江沢民「小康社会を全面的に建設し、中国の特色ある社会主義事業の新局面を切り開こう——中国共産党第十六回全国代表大会での演説」二〇〇二年一一月八日。

24 胡鞍鋼、王亜華『国情と発展――中国の五大資本動態変化（一九八〇－二〇〇三年）と長期発展戦略』清華大学出版社、二〇〇五年版、一六一－一二三ページ。

25 胡鞍鋼、鄭雲峰、高宇寧「中米両国の総合国力の評価（一九九〇－二〇一三年）」『清華大学学報（哲学社会科学版）』二〇一五年第一期。

26 二〇〇二年に胡鞍鋼は、二〇二〇年までに中国と米国の総合国力の差が二倍以内に縮小すると指摘した。胡鞍鋼「中国の大戦略構築〝富民強国〟の壮大な目標」『国情報告』二〇〇二年特集号、一一月一二日。二〇〇五年に胡鞍鋼と王亜華は、二〇二〇年までに中国と米国の総合国力の差が一・五倍前後に縮小すると指摘した。胡鞍鋼、王亜華『国情と発展』清華大学出版社、二〇〇五年版、一七七ページ。

27 米国国家情報会議「グローバル・トレンド二〇三〇年 可能な世界」二〇一二年一二月一〇日。この報告は総合国力を一一の指標で計算した。指標にはGDP（購買力平価）、貿易額、外国直接投資、対外援助、人的資本、政府財政収入、研究開発支出、インターネット・通信技術、国防支出、エネルギー消耗、核兵器が含まれていた。二〇三〇年までに米国の総合国力は世界全体の二〇％近くを占めるのに対し、中国は一五％にとどまると予測。そのときになると、米国の総合国力は中国の一・三三倍に相当し、依然として世界最強の国であると結論づけた。

28 胡鞍鋼、高宇寧、鄭雲峰、王洪川「大国の興亡と中国のチャンス――国家総合国力の評価」『経済導刊』二〇一七年第三期。

29 習近平「小康社会の全面的な建設の勝敗を決し、新時代における中国の特色ある社会主義の偉大なる勝利を手にしよう――中国共産党第十九回全国代表大会での報告」二〇一七年一〇月一八日。

30 胡鞍鋼著『中国の位置 胡鞍鋼 世界との対話その二』中国出版集団東方出版センター、二〇一二年五月版。

31 毛沢東は「党八股（空虚な形式主義）に反対しよう」という文章で次のように指摘した。「ことわざに『あの山に登ればあの歌、この山に登ればこの歌』といい、『おかずに合わせて飯を食い、体に合わせて服を裁つ』という。何事をするにも、その状況に応じて処置する必要があり、文章や演説もそうである」。「一番いけない、一番反対しなければならないのは、いささかも中身なし、という文章である」。『毛沢東選集』第三巻、人民出版社、一九九一年版、八三四ページ。

32 胡鞍鋼「中国は食糧を基本的に自給するという長期目標を実現できる」シンガポール紙『聯合早報』二〇一四年一〇月三一日。

33 経済協力開発機構、国連食糧農業機関『二〇一三－二〇二二年農業展望』五四ページ、五七ページ、五八ページ、二〇一三年。

34 一九九五－二〇〇〇年、米国のGDPは年平均で四・三％増加、二〇〇〇－二〇一五年のGDPは年平均で一・八％増加したのに対し、中国のGDPは年平均九・六％増加した。

35 李侃如教授は、ブルッキングス研究所が「中国思想家」シリーズの著作を出版した動機は、中国で現在最も重要な公共学者の作品を英語で世界の主流のプラットホームに紹介することで、さらに多くの英語の読者を増やすことだったと紹介した。

36　李成「『中国先行き楽観論』と『中国台頭例外論』――胡鞍鋼『二〇二〇年の中国 新型の超大国』に対する評論」『学術界』二〇一一年第四期。

37　胡鞍鋼著『二〇二〇年の中国 新型の超大国』英文版、米ブルッキングス研究所出版社、二〇一一年。

38　一九六〇年、毛沢東はモントゴメリー（英軍司令官）に「中国に神はいないが、道教の最高神である玉皇大帝はいる。五〇年後（二〇一〇年を指す）にもやはり、玉皇大帝が治める範囲は九六〇万平方キロある。もし、われわれが他人の土地を占有すれば、われわれは侵略者だ」と述べた。毛沢東「モントゴメリーとの会見」一九六〇年五月二七日、『毛沢東文集』第八巻、一八九ページ参照、北京、人民出版社、一九九九年。

39　一九五六年、毛沢東は「しかし、謙虚でなければならない。現在そうでなければならないだけでなく、四五年後（二〇〇一年を指す）にも、そうでなければならず、永遠にそうでなければならない。中国人は国際的な付き合いの面で、大国主義を断固として、徹底的に、きれいさっぱりと、残らず一掃しなければならない」。毛沢東「孫中山先生を記念する」一九五六年一一月一二日、『毛沢東文集』第七巻、一五七ページ参照、北京、人民出版社、一九九九年。

40　一九八七年、鄧小平は「もしその時、中国がしっぽを立て、王を称し覇を唱えて、好き勝手をすれば、自ら第三世界の籍を剥奪することになる」と述べた。鄧小平「四つの近代化を実現し、永遠に覇を唱えず」一九七八年五月七日。『鄧小平文選』一一二ページ参照。北京、人民出版社、一九八三年。

41　習近平「中国国際友好大会および中国人民対外友好協会設立六〇周年記念活動での演説」新華社二〇一四年五月一五日電。

42　私は、電力が最も重要な近代化要因の指標だとみている。国家であれ、地域、家庭であれ、電気がなければ、近代化は成り立たない。中国は既に世界第一の発展途上の人口大国となっており、電気のない暮らしをする人はいなくなった。

43　胡鞍鋼「中国は世界経済の舞台の中心にいる」『人民日報』海外版、二〇一四年一一月二〇日。

44　胡鞍鋼「中国は世界経済成長の主要な動力源と安定器となる」中国発展ネット、二〇一八年一月一一日。

45　胡鞍鋼、鄢一竜、魏星『二〇三〇年の中国 共同富裕に邁進』中国人民大学出版社、二〇一一年。

46　胡鞍鋼『ＳＵＰＥＲ ＣＨＩＮＡ 超大国中国の未来予測』浙江人民出版社、二〇一五年版、一ページ。

47　胡鞍鋼「二一世紀展望 中国は米国にいかに追い付くか」『国情報告』第八〇期、二〇〇〇年一〇月六日。

48　胡鞍鋼、王蔚「中国が強大になれば、世界は利益を受ける」『経済日報』二〇一七年一〇月二二日。

第八章　中国の隆盛期を記す

一九四九年、新中国がその姿を現したとき、毛沢東は「雄鶏がひとたび鳴けば夜が明ける」、すなわち新中国（雄鶏）の成立により国中があまねく照らされる（天下白）と詠んだ。そして中国は近代国家として発展を遂げる第一歩を踏み出し、近代社会主義国家の礎を築き始めた。私は新中国に生まれ、共産主義思想のもと大きくなった。

一九七〇年代以降の中国は世界の強国となり、世界の先進民族の間に真に屹立する存在となった。これは四〇年前の改革開放から始まった近代国家としての発展周期の第二段階であり、あっという間に頭角を現し、世界の隅から表舞台へと躍り出た。われわれは幸運にもこの偉大な歴史のプロセスの体験者、証人となり、また記録者、研究者として、自らこの国の隆盛の歴史を見て、記録し続けることができる。われわれはまた改革開放による最初の、そして最大の恩恵をこうむり、これを推し進め、改革の知識を刷新し、貢献する者である。

一、当代中国政治経済史論を執筆

毛沢東は国情研究の第一人者であり、私の最良の師である。私は彼から思想、創意、方法などを学んだ。彼は革命の指導者であり、新中国の生みの親であり、偉大な思想家・政治家であるだけでなく、国情に明るい良き師でもあるのだ。彼の成功させたことだろうと、力及ばなかったり失敗したりしたことだろうと、それらはみなわれわれが国情研究をする上で大事な知識や思想、方法の元になっている。われわれは彼の著作を読んで成長し、成果を挙げ、たゆむことなく自らの国情研究の道を探り、彼が切り開いたこの壮大かつ難解な学問の道に沿って登り続け、一歩また一歩と新たな高みを目指してきた。

㈠毛沢東時代

歴史は現代を映し出す鏡である。歴史にきちんと目を向けてこそ、今日の中国を深く理解できる。[※1] 歴史を知ることと現実を理解することは同じくらい大切で、互いに補い合っている。歴史とは滔滔と流れる大河であり、途切れることも、よどむことも、なくなることもなく、過去から現在、そして未来へと流れつづける。

現代中国の政治経済はかつてないほど複雑で多様な変化を遂げており、過去に根差しつつもさらに新たな歴史を刻んでいる。そこで私は『毛沢東時代　中国政治経済史論（一九四九－一九七六）』（清華大学出版社、二〇〇七年版）を著した。

この本では新中国の成立から一九七六年までの中国における政治経済の発展の歴史を振り返り、中国社会主義の近代化を推し進めた幅広い背景やその始まり、発展要素とさまざまな動因および限定要因について考察を深めている。また、政治と経済の両面から、建国当初から社会主義への転換、「大躍進」から経済の再建と「文化大革命」までの歴史的過程と関係について明らかにし、客観的かつ歴史的な分析を行っている。

さらに、中国共産党員がわが国独自の社会主義の近代化への道を切り開き探る過程を詳述し、巨大な人口を抱え、悠久の歴史を持ちながらも発展に遅れをとり、国内の格差が激しいという他には類を見ない東方の大国であるわが国が、中国共産党の指導の下でいかにして工業化、都市化、近代化を実現し、多様な社会へとモデルチェンジをし続け、「富民強国」という目標を実現するかについて述べている。

そしてまた、毛沢東と彼の率いた共産党員が切り開いたわが国独自の社会主義の近代化への道筋（これを「中国之路」という）の歴史的な功績を評価し、そこから得た貴重な経験と深い教訓、とりわけ「大躍進」と「文化大革命」について総括を行った。

それから版を重ね、（『毛沢東時代 中国政治経済史論（一九四九－一九七六）』清華大学国情研究院、二〇一六年、日本僑報社（日本語版、二〇一七年））、毛沢東を一個人としてでなく歴史上の人と捉え、長い歴史の中でその存在を考察、評価した。唐代の柳宗元は『封建論』の中で、「周の失敗は体制にあり、秦の失敗は体制ではなく政治にある」と述べている。そのようにして見ると、晩年の毛沢東の失策も「体制ではなく政治にある」といいえ、社会主義制度を創り上げることではなく、それを実践する政策に誤りがあったといえる。「大躍進」と「文化大革命」の失敗についても同様に、社会主義制度の失敗ではなく毛沢東をはじめとする指導者たちの失策によるものだ。功を焦って国情からそれて、国の現状、発展段階や国力（戦略的目標を達成する能力）を見誤り、主観主義に陥ったことによる失策で、社会主義へ向かう道そのものが間違っていたのではない。まさに「失敗は成功の母」「悪事を吉事に転ずる」といえる。※2

「文化大革命」は鄧小平によって始められた改革開放の直接のきっかけとなり、一九七八年以降にわが国の政治と社会が安定している根本的な原因になったといえる。改革開放が文化大革命後に行われたのは決して偶然ではなく、後者が前者のきっかけとなり、前者が成功したのも必然である。これは、物事は極点に達すれば必ず逆方向に動き、教訓は宝、悪事が吉事に転ずる、の理にかなっている。これこそ「文化大革命」の最大の功績だ。[※3]鄧小平は、「文化大革命」は決して肯定できるものではないが、反面教師になるという「功」の面もあったと述べた。[※4]彼の偉大さは、悪事を吉事に変え、深刻な政治と経済の危機を改革開放と発展の大きなきっかけへと転化させたことにある。[※5]

この本は、英文版（Enrich Professional Publishingより二〇一三年）、日本版（日本僑報社より二〇一七年）も相次いで出版されている。

(二)鄧小平時代

国情研究を始めて三〇年、毛沢東のほかに私に最も大きな影響を与えたのが鄧小平だ。彼の築いた時代が、私の人生の歩みを根本から変えてくれたからだ。一九七七年夏、鄧小平が大学入学試験を復活させたことにより、私は人生で初めて自分の生きる道を自ら選ぶ機会を得て、幸運にもその最初の恩恵をこうむり大学に入ることができた。それから改革開放と密接に結び付き、国家の隆盛が個人の成長を左右し、民族の命運が個人の命運も左右してきた。これこそが、私が感謝の念と共に鄧小平の恩に報い、国家のために尽力し、人民に奉仕し、この「鄧小平時代」を記録するゆえんである。

『鄧小平時代』（清華大学国情研究院、二〇一一年九月、日本僑報社（日本語版）二〇一八年）は、『中国政治経済史論』シリーズの第二弾として、鄧小平時代をメインテーマに、中華民族の偉大な復興の歴史と人類社会の偉大な変革の歴史を記録した。近代国家の発展過程から見て、この時代を経済が飛躍し成長速度が増した歴史的なスタート地点と捉えている。世界総量において中国主要指標が占める割合が増え続けていることを踏まえるとともに、中国の急速な発展や台頭、強大化の主要な動因を探り、分析している。私は、鄧小平を代表とする中国共産党がもたらした一〇億を超える人口を有する中国の偉大な革新を「中国創新」と名付けた。この革新によって、中国独自の社会主義の近代化を進める「中国之路」ができたのである。これは現代中国史だけでなく、世界的に見ても歴史に刻まれることだ。

これは人類史上最大の社会実践であり、変革だ。中国は世界人口の五分の一を占め、その規模はかつてなく、大きな変化と強い影響力があり震撼する。われわれは歴史的な大舞台と大変革期において力を発揮することができ、幸運であり光栄である。

一九七六－一九七八年、中国は歴史上重要な岐路に立っていた。毛沢東後のこの国はどこへ向かうのか。目指すべきは何か。世界人口の五分の一を有する中国はいったいどう歩んでいけばよいのか。当時の指導者は、これらの大きな問いに答えなければならなかった。

当時九億人超も抱えていた中国は、まさに岐路に立たされており、そこには「旧来の道」「邪の道」「新しい（正しい）道」の三つが残されていた。鄧小平は左派と右派の双方を抑え込まねばならなかったが、まず優先しなければならなかったのは左派への対応で、政治の主導権を握るだけでなく、改革開放路線を確かなものにしなければならなかった。

「旧来の道」とは、過去の方針に従うこと、すなわち晩年の毛沢東による誤った政策を堅持する「二つの全て（毛沢東の決定を守り、その指示に従うこと）」[※6]を進め、伝統的で教条主義的な社会主義を守ることで、その代表人物が毛沢東自身が後継者に指名した華国鋒と、毛沢東の陰で策動した汪東興だ。華国鋒勢力と鄧小平勢力の権力争いは、晩年の毛沢東による閉鎖的で保守的な社会主義を堅持する「旧来の道」と、改革開放による新社会主義を切り開く「新しい道」の争いであり、毛沢東亡き後の政治の混迷期、改革に向けた過渡期でもあった。毛沢東が行った「文化大革命」の終結を華国鋒みずから宣言したことは、「旧来の道」の完全な失敗を意味し、鄧小平によって改革へ向けた新機軸が打ち出される前提条件でもあった。こうして鄧小平は「解放思想、実事求是（思想を解放し、事実に基づいて真実を求める）」を新たに掲げ、負け（文化大革命）を転じて勝ち（改革の成功）とすべく、着々と歩を進めていった。一九七八年一一～一二月の中央工作会議と中国共産党第十一期中央委員会第三回全体会議において、鄧小平や陳雲らの党内主勢力は、「旧来の道」を堅持する華国鋒ら少数勢力を排斥し、改革へと舵を切った。ここに初めて、制度に則った規則と平和的な方法で、誤った道の指導者から正しい道の指導者へと交代を遂げ、政治の混迷期を抜けて改革期へと進んだのである。

ところが、改革開放が始まるや、次は「邪の道」と「新しい（正しい）道」との争いが起こった。「邪の道」とは社会主義を否定し、西洋に目を向け模倣しようとする道だ。中国社会主義革命とその建設の挫折ゆえ社会主義を放棄し西洋式の資本主義への転換を主張し、中国共産党の度重なる失策と清算の遅れゆえ党の原則を放棄し西洋式の民主政治へ移行することを主張し、晩年の毛沢東による全面的、長期的な失策ゆえ毛沢東思想を放棄し西洋式の自由主義へ移行することを主張し、純粋な社会主義の実現がうまくいかないゆえ、西洋式の資本主義への移行を主張した。鄧小平が指摘した通り、「四人組」の失脚以降、こうした資産階級の自由化と西洋資本主義国家の民主や自由を求め、社会主義を否定する動きが現れた。[※7]ごく少数の知識人たちがこのような主張をし、リーダーを立て、わずかながらも党内の共感者を得て自らを「改革派」と呼んだ。また欧米などのメディアがこれを公然と支持し、「中国民主派」と呼んだ。しかし鄧小平は少数派による資本主義への「邪の道」を公の場で否定し、後にソ連やユーゴスラビア、チェコスロバキアなどの社会主義国家の大変革の過程で起こった大規模な崩壊や解体、零落をまぬかれた。

「新しい道」または「正しい道」、これらが鄧小平によって独自に作られた「中国之道」であり、言いかえるなら「中国独自の社会主義近代化への道」だ。社会主義を堅持するという基本方針の下、伝統的な高度集権的な計画経済と政治体制を徐々に改革し、積極的に対外全面開放を進め、中国が発展する新たな道筋を付けた。一一億もの人口を抱える中国にとって、この「新しい道」は最も意にかなって穏当なものであった。[※8]

キーポイントとなったのは一九八九年、西洋の資本主義自由化のうねりの大きな影響下で起こった「六四（天安門事件）」で、「正しい道」と「邪の道」の生死をかけた闘いだった。鄧小平はこれに敢然と立ち向かい、党内にくすぶる時限爆弾を一掃し、改革開放が「邪の道」にそれることを阻止し、江沢民同志を中心とする第三代集団指導体制を確立させ、東欧の激変やソ連の解体に端を発した、アメリカを中心とする西洋国家の中国に対する制裁という巨大な圧力をはねのけた。中国社会主義はこれらの厳しい試練を経て、その後数十年にわたる政治の安定を手にし、改革開放は歴史的に大きな進歩を遂げた。

この本は二〇一一年九月に書き上げ、国情研究院の名で中央指導部および高級幹部の主要な責任者の参考とされたもので、正式に出版されてはいない。

改革開放三〇周年を迎え、とどまることなく模索しつづける中で、われわれは中国独自の社会主義の偉大な旗を高く掲げ続け、閉鎖的で硬直した「旧来の道」を歩むことも、旗印を変えて「邪の道」を歩むこともない[※9]と、二〇一二年中国共産党第十八回全国代表大会において明確に打ち出された。

二、人民のための知識、国に報いる知識

国情研究は立派な学問であるが、いくつかの問いに答える必要がある。誰のための研究なのか。どうやって研究するのか。持続可能な研究なのか。中国学派を創り上げることができるのか。中国の改革開放と共に歩むことができるのか。

一人の学者としてまず答えねばならない根本的な問題は、誰のための学問かということだ。私は国情研究を始めた頃より、「知識為民、知識報国」すなわち「人民のための知識、国に報いる知識」の理念を明らかにしてきた。中国が世界の中心に進み出るにつれ、私はさらに「世界のための学問、人類の発展のための貢献」をすると打ち出した。これは私の研究の出発点であるとともに最終目標でもある。なぜなら、国情研究とはただの学問ではなく、典型的な公共のための知識であり、「知識為民、知識報国、知識為人類」を実現することができる学問だからだ。

この四〇年で中国にとっても世界にとっても最も大きい歴史的事件は、前例のない、人々の予想を超えた、中国の改革開放である。

私は改革開放の恩恵をこうむった者として、今の中国を記録し、客観的に分析し、正確に読み解き、科学的発展に寄与する。ひたすらに改革開放と共に歩み、中国の発展と隆盛と共にあるのだ。

私が率いる清華大学国情研究院チームによる知識貢献は、今日まで学術界において認められ、敬意を表され、大変うれしく思っている。

孔子が、学と徳を求めた人生を振り返った言葉がある。「吾、十五にして学に志す。三十にして立つ。四十にして惑わず。五十にして天命を知る。六十にして耳順う。七十にして心の欲する所に従えども、

のりをこえず[※10]」

孔子いわく「四十にして惑わず」。人は四〇歳になれば成果を挙げたり自立したりするということだ。一九七八－二〇一八年は改革開放の四〇年間であるとともに、私にとっては学び、自分を高め、成長し、成果を出し続けた四〇年間であった。この年月の間に、私はいくつもの成長の階段を上り、いくつもの重要なことを成し遂げた。

一つめに、一生を託す大学への人的資本の投資である。知識青年、労働者から学部生に、大学院生から博士にという現代教育と知識の投資を享受する重要な変遷過程を完成させた。

二つめに、国情研究一筋の一〇年で、国の公共政策を決めるための公共情報および知識を提供してきた。これにより独立自主の国情研究の開拓者から国情研究の専門家として知識の刷新という変遷過程を完成させた。

三つめに、清華大学で教鞭を執り始め、学説を広めた一〇年で、さらに多くの現代中国研究の優秀な人材を育て、さらに多くの国情研究書や学術論文を著した。これらは互いに関連しており、知識を高めて学び、研究し、刷新し、教鞭を執り、人材を育てるのと同時に、論文や著作を進めていた。

四つめは、清華大学での次の一〇年だ。国のハイレベルのシンクタンクを立ち上げ、国政への助言と立案を担い、改革開放の歴史を記録した。

私にとって国情研究はただの学問ではなく、非常に重要な学問だ。国情に関する知識も発展思想も、共に長きにわたり積み重ね、着実に、互いに補完しつつ目覚ましい発展を遂げた。ざっと数えてみただけでも、わが国情研究院チームは、現代中国の公共知識と公共政策について党指導部に提言するため、すでに一四〇〇回にも及ぶ『国情報告』を書いている。コアジャーナルにおいて正式に発表した論文は四五〇本、中文社会科学引文索引（CSSCI、引用文献データベース）には二三三〇本、百度学術（中国大手検索サイト）での引用数は一八三六〇回、H指数六五、G指数一一二（ともに研究者の影響力を測る指標）で、全国でも社会科学分野の上位にランクされる。国内外で正式に出版された国情研究関連の著作（単著、共著、主編、共同編集、外国語著書など）は一〇〇冊を超え、文字数にすれば一千万にも上る。これらはまさに動かぬ証拠として、現代中国の改革開放、近代化、富民強国の全過程をリアルタイムに記録し、情報、知識、思想の財産として歴史に記している。

この四〇年、一人前になるまでの道のりを振り返ると、偉大な国家と偉大な時代に感謝しなければならない。

私にとってこの四〇年は、人生の重要な一里塚であるだけでなく、新たな人的資本の投資と知的資本の積み重ねの始まりであり、知識という大きな財産の貢献をする新たな出発点であった。

三、中国を研究し中国学派を確立

中国学派とは何か。いかにして中国学派を創立させるか。

毛沢東は典型的な中国学派の代表であり、私はずっと模範としてきた。彼にははっきりとした理論的な自覚があり、外国かぶれの人々を最も軽蔑した。

幼い頃より毛主席の著作に慣れ親しんできたことが、われわれの世代にとっては学びの出発点となり、成長の出発点となっているのだろう。半世紀に及んでその著作を学び続け、深く理解してきたことで、私は専門的に知識を系統立てて国情研究を進め、「中国の道」を展望し、「中国理論」を要約し、「中国思想」をまとめ上げ、「中国の知恵」を精彩を放つものにした。

二〇〇七年、日本の東京工業大学社会学部文明研究センターでの講義において、司会を務めた橋爪大三郎教授は私のことを評して、「皆さん、当代を代表する中国学者の胡鞍鋼氏の思想には、こんなにも色濃く『毛沢東思想』が表れていますよ」と語った。

毛沢東の著作から思想理論のエッセンスを取り込むことは、私が国情研究をする上での重要な方法であるだけでなく、長きにわたり国情研究の人材を育成するにあたっての大原則でもある。清華大学国情研究院のポストドクター、博士、修士それぞれで培った「少数精鋭チーム」制の下、私は彼らに対し、具体的な理論学習の計画を立てること、多くの毛沢東の著作や思想研究の成果および中国独自の社会主義理論体系に関する書物をじっくり読み込むこと、毛沢東や鄧小平など党指導部によるマルクス主義を中国に取り込んだ創造的な発展について理解すること、を求めた。そして毛沢東思想をより良く理解するため、マルクスやレーニンの著名な原著を体系的に学び、理論の基礎を固め、理解と活用に努め、定期的に交流することも求めた。このようにして基礎を固めた上で、さらに中国および世界の経済史、社会史、政治史、文明史などの分野の著作をしっかり選んで読み、知識を増やし研究を深め、彼らが思想と仕事の両面において優れた得難い人材となるよう求めた。そしていっそう大事なのは、毛沢東が言った「無字の本」と「有字の本」の学びの真髄を出発点として、私は国情研究の先生や生徒たちに、研究中は「実践から始まり実践に終わる」ことを堅持し、社会というこの大きな教室の中で真の問題に当たり、真の方法を使って真の研究を進めることを、一貫して求めてきた。実際の成果を見てみると、この育成方法によって彼らは高いレベルの理論的、文化的な自覚を身に付け、書物に書かれていることや指導者、西洋人の言うことを盲信せず、ただ実際のみを重んじる学風を創り上げ、中国が進む道にふさわしい言説システムを構築するための知識の貢献をし、有用で遠大な影響を及ぼした。

書物を読むことも実践することも共に学びである。一九三六年、すでに毛沢東は知行合一（知ることと行うことは一つのことだ）について述べている。いかにして理論と実際を結び付け、主観と客観を一致させるか、学者は問われている。書物主義者や教条主義者であってはならないし、平凡な経験主義者であってもならない。理論だけでなく実践も重んじ、理論から実践を導き出し、また実践を通して理論を見つめ直すのだ。これこそ弁証的で実践的である。

現代中国を研究対象として以来、中国を中心に据えながらさらに一歩進んでその対象を世界にまで広げてきた。中国は世界と、世界は中国と、つながっているからだ。

中国学問の研究方法についての問題はどう解決するか。国情研究は学科や領域を越え、総合性、戦略性、先見性を必要とする。そうしてこそ独自の専門的で総合的な知識と、戦略的で先見性のある思惟に優れることができる。他人と異なる視点を持ってこそ、自分にしかない考えが浮かび、現代中国の研究において独自の道を切り開き、自分なりの体系を作り上げることができるというものだ。そして大切なのは、研究と知識の膨大な積み重ねを世に送り出し続けることである。研究領域の多くは複数の学科にまたがっており、一つの学科に優れることがほかの学科でも優れることになり、さらに総合力に優れることが独自性に優れることにつながる。

国際的な中国研究者は、現代の中国学界を三つに分類している。一つめが新自由主義派（the liberals）、二つめが新左派（the New Left）、そして三つめが新儒家主義（the New Confucians）だ。[※11]

私はいつの間にか「新左派」を代表する人物とされている。しかし私は左派でも右派でもなく、「実事求是派」[※12]だ。その理由としてまず、私は長いあいだ毛沢東の『実践論 認識と実践の関係――知と行の関係について』の影響を受けており、その中で彼が、実践することで真理を見付けることができ、実践することで真理や発展真理を実証できる、と述べていることが挙げられる。[※13]次に、鄧小平の影響を強く受けているということだ。彼は実事求是（現実の中で真理を追究する）や解放思想、実践こそ真理を検証する唯一の規準だということを主張する「実事求是派」だ。[※14]

私が国情を研究するにあたっては、しっかりとした自覚意識を持ち、実事求是の思想路線と学術路線の堅持が必要だ。前者が政治の方向性を、後者が学術の方向性を決定づける。政治を正しい方向に向かわせることは、中国共産党党員として守らねばならない思想路線だ。政治の方向を一つ間違えば、それは百の間違いにも匹敵するほど大きな間違いとなるが、正しい方向を向いていれば、たとえ一つ間違いを犯そうとも、それだけで収まる。同じ理由から、学術を正しい方向に向かわせることも、国情研究の専門家として守らねばならない。実事求是を守ることは、国情研究の専門家としてずっと受け継いでいかねばならない学術路線だ。私は、西洋のさまざまな理論や主観的な概念ではなく、中国国情の客観的事実と中国における基本的な事実に基づいている。これまで主張してきたように、「データに基づき、事実をもって証明し、実践によって検証する」。これこそが国情研究の魅力と力であり、口先ばかりで根拠のない偽学問との大きな違いだ。

中国の品格や中国学派とは何か。二〇一六年五月一七日、中国共産党中央委員会総書記習近平氏は人文科学工作会議の席上で、中国の特色ある人文科学を速やかに築くよう指示し、次のように話した。「理論だけでなく理論そのものを創り上げること、思想だけでなく思想そのものを創り上げること、これらが求められる時代になりました。この時代を無にしてはなりません」。そして「古来より、わが国の知識人たちは『為天地立心、為生民立命、為往聖継絶学、為万世開太平（天地のために心を立て、民のために命を立て、往聖のために絶学を継ぎ、万世のために太平を開く）』という志と伝統を持っておりました。理想と抱負を持った全ての人文科学者は、時代の先頭に立ち、古今の変化に通じ、思想の先駆者となり、党と人民のために学問を究め、政策の提言を行い、栄えある歴史的使命を担わねばなりません」と強調した。

私はこの会議に参加し、大変心を打たれ奮い立った。習総書記の言葉を実現すれば、現代中国研究の「中国学派」となり得るだろう。そのために、現代中国研究の学術思想や知識体系を積極的に構築し、国情研究を最前線で引っぱり、この学問を大いに発展させたい。

現代中国研究の中国学派としては、殻に閉じこもらず広い世界で競い合い、自分とではなく世界と対話することが必要だ。

一つめは、多くの交流をもつこと。私は中国の国情研究に取り組むようになり、たえず諸外国に赴いて交流を図り、研究を重ねた。イタリアの第三世界科学院を短期訪問（一九八七年、一九八九年）、アメリカのイェール大学経済学部にてポストドクターフェロー（一九九一－一九九二年）、アメリカのマリー州立大学経済学部にて訪問学者（一九九二－一九九三年）、アメリカのマサチューセッツ工科大学人文学院国際研究センターにて客員研究員（一九九七年）、日本の慶應義塾大学公共管理学院にて客員研究員（二〇〇〇年）、アメリカのハーバード大学ケネディスクール政府管理学院にて訪問教授（二〇〇一年）、フランス社会科学および人文学院中国研究センターにて訪問研究員（二〇〇三年）、世界銀行発展研究院にて訪問研究員（二〇〇四年）、アメリカのコロンビア大学東アジア研究所にて訪問研究員（二〇〇五年）、日本の東京工業大学文明研究センターにて訪問研究員（二〇〇六年）、日本の早稲田大学アジア研究センターにて客員教授（二〇〇七年）、イギリスのオックスフォード大学中国研究センターにて訪問研究員

（二〇一二年）、アメリカのニューヨーク大学中国研究センターにて客員教授（二〇一七年）などの実績がある。

二つめは、自分の足で出かけていくこと。国際学術会議に参加する、実地調査研究を行うなど、自ら行くのとそうでないのとでは大きな違いがある。私のこれまでの外国訪問は数十回を数え、数十カ国を訪れた。

三つめは、中国にも足を運んでもらうこと。私は毎年、数十カ国の一〇〇人を超える外国の代表団を受け入れており、国外の仲間と対話や交流を深め、多くの場合、彼らは積極的に中国の最新の状況と見解を尋ねてくる。

どんな方法だろうが、全ては世界と対話をするためだ。西洋の者、そうでない者、中国を理解している者、そうでない者、中途半端な知識しかない者、友好的な者、そうでない者、ひどく頭の固い者。私は自ら学術大使を買って出て、対話や交流にはげみ、彼らの疑問に答えている。

いったいどのように現代中国を研究すべきなのか。どのように分析していけばいいのか。

私は中国学者としてずっと、中国を中心として研究してきた。つまり、欧米を中心として中国を研究するのではないということで、これは研究者の政治的な立場、学術的観点や研究方法に直接関わる。

現代中国を研究する上で最も大事なのは、木（部分）だけでなく森（全体）を見ること、支流だけでなく本流も見ること、現象だけでなく本質を捉えること、そして現在の中国だけでなく過去、さらには未来の中国にも目を向けることだ。

現代中国を研究するには、中国だけを見ていてはいけない。国際的な視点からの比較検討が必要だ。国外に飛び出し、外から中国を、世界から中国を見つめるのだ。そのためには開放的に研究しなければならない。まずは、現代中国を理解するだけにとどまらず、現代世界、特に欧米諸国を理解しなければならない。客観的に見て現代中国の研究において、われわれは外国の研究者（いわゆる中国通）よりも情報や文化、実践において優勢であり、情報交換するとたいていの場合はわれわれのほうが多くの情報を持っている。次に、社会科学の観点からいえば、西洋の社会科学の成果をたくさん吸収しなければならない。しかし「西洋かぶれ」になる必要もなければ、「西洋のものはすべて排除する」などと考える必要もなく、ただ自分の学びやそれを生かすために吸収するのである。二〇〇六年以降、私は胡光宇氏と共に世界銀行の年度発展報告の翻訳をシステム化し、世界銀行出版社から権利を得て、清華大学出版社から中国語版を出版し、その序文は私自身が書いた。まずは年度報告のテーマと核となる観点、発展政策の内容を紹介し、次に中国の発展のためのお手本や教訓、ならびに中国の新たな実践と政策の内容に関して、一歩進んだ説明をしている。すでに二〇一八年版も出版されており、全国の大学や科学研究機構などの図書館に、世界と中国が知識を発展させる懸け橋として収蔵されている。

学術的に自信を持つには、まずは主体性が必要で、そうしてこそ比較や見極めができるようになる。

われわれは、国内では国情研究を行い、国際的には現代中国の研究（Contemporary China Studies）を行っている。中国の急速な台頭により、すでに世界中で学術研究の人気が高まっているが、このブームの中にも「中国脅威論」や「中国経済崩壊論」、「中国は危うい超大国」といった耳目を集めるさまざまな意見があふれている。これらの意見は中国に対する観察（Watch）と憶測（Guess）にすぎない。ハーバード大学のヴォーゲル（Ezra Vogel）教授によると「アメリカ国内の『中国通』たちの記録は昔からろくなものがない」ということだ。これは、アメリカの多くの「中国通」たちが、中国の未来を正確に予測できなかったからだけではなく、その大きな要因は、政治的偏見、文化的偏見、学術的偏見によるものだ。ほとんどの意見は、中国の改革開放は西洋諸国のように経済は市場経済に、政治は民主選挙になっていき、市場経済は政治的な自由を誘引する、などとみている。周知の通り、四〇年間に及ぶ中国の改革開放は彼らの主観的願望通りになどならず、むしろその逆の結果となっている。

さらに彼らは、情報に乏しい。毛沢東は『実践論』(一九三七年)でこう述べている。「中国には『虎穴に入らずんば虎子を得ず』ということわざがある。これは人々の実践に対しても認識論に対しても真理であるといえる。実践を離れた認識などあり得ない[※15]」。現代中国を研究するに当たり、中国に深く踏み入った調査研究をせずして本当の中国が分かるはずもなく、われわれはこの分野で実践と情報において圧倒的にリードしている。積極的に国際的な学術競争に参加し、その競争の中から中国学派を立ち上げるのだ。

国外の学者仲間から見て、われわれと国外で現代中国の問題を研究する「中国通」には、どんな相違点があるのか。現代中国の研究はその時に応じて研究対象が変わるもので、ほかの学問とは異なる。

われわれと彼らの最大の違いは、われわれは中国の改革開放に参画し、恩恵をこうむる者であるとともに、推し進めていく者であり、単なる観察者や研究者ではないということだ。海外の中国研究の流れにだまって乗っていくわけにはいかない。みずから自分たちの研究領域を切り開いていかなければならない。実践や情報、文化の面において、われわれは独自にリードしており、彼らよりずっと理解を深め、中国の問題を肌で感じ、理性的で責任をもって問題を解決していける。多くの「中国通」はただの職業としてやっており、イメージだけで語り、中国研究を飯の種にしているだけだ。彼らの中国に対する認識は理解していることより誤解の方がずっと多いことも、中国に対する予測が正確なものより誤ったものの方がずっと多いことも、これで納得できるというものだ。時の流れという検証に耐えかねることが多々あっても、彼らの暮らしには何の関係もないのだ。しかし中国の発展や急速な強国化を目の当たりにして、中国に対する認識も変化するだろう。

四、中国の繁栄と隆盛の歴史的証人として

私が国情研究を始めてから、すでに三〇年以上の月日が経った。この研究の主な責務と目標は現代中国を記録し、刷新し、未来のために知識を蓄積するとともに、現代中国を深く認識、理解し、系統立てて研究し、未来の中国を展望することだ。私にとってはそのような研究自体が新しい学問を創り上げることでもあり、まだ誰も歩いていない独自の道を切り開いていくことでもあり、とてつもない挑戦で刺激がある。なぜなら、中国学に取り組むということは、既知の知識を学び、未知の知識を探し、新しい知識を伝え、現代中国の知識を生み出し、革新する者となることであるからだ。

国情研究は学問であり、それを基礎、特長、利点とする。国情報告や学術論文、著作では、まずは学術的な刷新力と影響力、提携を行う能力について述べ、次に現代中国に関する系統立った知識や、総体的な知識の伝達手段などについて述べている。

中国学者として、いかにして中国の隆盛と共に歩むか。いかにして「知識為民、知識報国」を成し遂げるか。

二〇〇八年、マクロ経済の管理領域において優れた業績を残したとして、復旦管理学傑出貢献賞を受賞した。その謝辞を述べる際、私はこんな言葉で感謝の気持ちを表した。[※16]

「このたびは光栄にも二〇〇八年復旦管理学傑出貢献賞をいただき、まことにありがとうございます。

まずは復旦管理学奨励基金会の厳正な審査に感謝申し上げるとともに、李鵬同志にも感謝いたします。同氏の呼びかけで一九九四年に設立された『国家傑出青年科学基金』[※17]で、私は第一回目の基金援助を得ることができたのです。

また同時に、朱鎔基同志、李嵐清同志、温家宝同志にも感謝せねばなりません。いく度となく公共政策の決定に関する諮問に参加させていただき、知識、人材、専門家や異なる意見を尊重してくださいました。

最後になりましたが、私が誰よりも深く感謝申し上げたいのは、すでに亡くなられた指導者、鄧小平同志です。三〇年前、もしも同志が大学入試制度を復活してくださらなければ、『文革世代』の私には大学に行く機会は得られなかったですし、学位制度を提案してくださらなければ、学士や修士、博士になどなれませんでしたし、留学生に選出、派遣してくださらなければ、海外で学びを深める機会も得られませんでした。[※18]そして何より二〇年前、われわれにとって初めての国情報告『生存と発展』を高く評価してくださらなければ、国情研究（中国学研究）という新しくて挑戦しがいのある研究領域に、大きな勇気をもって踏み込んでいくことはできなかったでしょう」

改革開放で最も早くその恩恵をこうむり、十数年も教育を受けられ、私のように下放を経験した知識青年だからこそ中国の貧困、農村の立ち遅れ、文化の零落を痛いほど知ることができた。また「中華民族の繁栄、祖国の強盛こそ人生の目的であり学術研究の根本理念（一九九一年）」[※19]という人生の理念が生まれ、「国の急を急ぎ、求むるところを求む（一九九四年）」という国情研究の位置付け、「知識為民、知識報国（二〇〇一年）」という学術の位置付けもできた。

この授賞式のおかげで、今後も知識の創造と貢献を続け、いっそう社会や人民、国家に恩を報いていく力を得た。これからも国情研究と公共政策の研究を一生涯の学びと研究、実践の場とし、九六〇万平方キロメートルもの広大な国土と十数億に上る人民の改革と実践の拡大を自らの研究対象とし、全国にとって役立つ新たな公共財（すなわち国情研究と公共政策の研究に関する知識のこと）を作り出し、中国の改革開放と繁栄の復興を担いたい。中国の発展とともに歩み、開放路線に寄り添い、変革を見守り、隆盛とともにあること、これこそが私が生涯をかけて追求する目標だ。

またたく間に一〇年の月日が流れ、中国は国際的な金融危機に見事に対応しただけでなく、経済力、科学力、国防力、総合的な国力において世界の最前列に躍り出た。さらには改革開放によって解き放たれた巨大なパワーと、中国の社会主義制度の政治的、制度的な優位が確かめられ、感慨深い。これこそ、われわれが期待した力と大きな成果だ。

二〇一六年四月、習総書記は清華大学創立一〇五周年への祝賀文において、祖国や人民にとって必要な人材を育てること、発展戦略を新たに推し進めるために大いに貢献し、世界の一流大学のトップに立つよう努力するよう述べられた。二〇一七年七月には、中国共産党清華大学第十四回党員代表大会において、二〇二〇年までに世界の一流大学のレベルに追い付き、二〇三〇年までにその最前線に仲間入りし、そして二〇五〇年頃には世界トップの大学になるという「新三段階」戦略が提議された。

私は、公共管理学院で教鞭を執って世界一流の学科をつくり上げ、清華大学の国情研究院を立ち上げて世界トップの大学へと押し上げ、この国に国情知識という新しい知識を作って現代世界の強国へと向かう道を共に歩んできた。

五、若者に寄せて

現代を生きる若者として、「中国の夢」を実現するためにどんな貢献ができるだろうか。「中国の夢」は確かなもので、その目で見て手にすることができる夢だ。夢を実現するまでに得られる多くのチャンスを主体的にしっかりとつかまなければならない。現代の若い学生たちは恐れることなく「中国の夢」をしっかりつかみ取り、現実のものにしてほしい。彼らの発展はすなわち中国の発展であり、彼らが夢を追って努力する過程は、「中国の夢」が実現されていく過程でもあるのだ。

教育が興れば人が興り、人が興れば国家が興る。教育は経済の発展、国家の繁栄に向けた最もすぐれた道筋で、とりわけ、世界でも有数の人口を抱えるわが国が世界の強国になるには最良の方法でもある。教育と生涯を通して学び続けることを通じて、全国民が絶えず時代に追い付き、人材の育成に注力しつづけ、創造力を発揮しつづけてこそ、中国社会主義を近代化させるための「五位一体」の実現を先導し、基礎を固めて支えることができる。

学生と教師は、個人と国家の関係をどのようにとらえたらよいか。どうやって成果を、それも大きな成果を出すか。これは一人の人間の将来にとって非常に重要なことだ。私はこれを、人生の方向付けと呼ぶ。

一九九一年、私が三八歳の時に思い至ったことがある。「個人が追求する目標が社会の目標に近づくほど、社会の発展に寄与する。その進歩が早ければ早いほど、才能が十分に発揮される」[※20]。個人と国家の関係を例えるなら、垂直に交わる直線だ。横軸が個人の目標、縦軸が国家の目標で、優れた人生と成長のたどる軌跡は角度四五度の正比例の直線となり、国家の隆盛と共に歩んでいく。私もそのようにして一歩一歩ここまでやってきた。

個人の十分な成長と社会の全面的な進歩には密接な関係がある。一人一人が成長して有用な人材になることは、社会の進歩と発展の求めによるもので、社会全体の進歩のために貢献しなければならない。とりわけ知識の貢献は大切だ。

国家に有用な人材、科学技術の進歩、文化の繁栄をもたらすため、学生と教師は好機を逃してはならない。われわれはいまだかつてないほど「中国の夢」に近づいている。中華民族の偉大な復興の夢の実現は、条件が整い機も熟し、まさに現実のものとなろうとしている。これが二一世紀の「中国の大勢」である。

高等教育が果たすべき主要な役割は、人材を育成することだ。清華大学は学者や実業家、国を治める重要人物、強軍の将などを輩出してきた世界的にも有名な大学だ。[※21] 大学の指導者の大きな責務は教え育てることであり、私の人生で最も重要で有意義な仕事だ。

教え育てるとはどういうことか。どうすればいいのか。私は「人材育成を根本とし、政治思想教育を優先し、才能を重んじ、総合的に成長させる」という理念に共感し、それを実践し続けている。

具体的にいうと、人的資源と知的資源に投資するということは、本質的に二つの側面を持っており、一つ目は、国情研究や政策決定のための諮問と私による『国情報告』は、継続的に指導者に投資しているということだ。二つ目は、教え育てるということは、将来にわたって才徳兼備で優秀な人材を育て続けるために、未来の指導者に投資しているということだ。私がさまざまな書物を著しているのは、これからの世代への投資であり、そのために自分のモットーを守り、講義の際には自著の内容を扱っている。

人材を育てることは、私の清華大学教授としての重大な使命だと思っている。今日まで、二十数名の博士、四〇名のポストドクター、六十数名の学術修士とMPA修士および外国人留学生を指導してきて、彼らはいま新しい時代の抜きん出た人材として活躍している。これがまさに清華大学公共管理学院の人材育成において優れた点であり、公共管理学院が大学のシンクタンクの役割を果たしている一方で、国情研究院もまた公共管理学院のために一流の研究をして重要な支援をしている。公共管理学院は設立からまだ十数年しかたっておらず、学内でも国内外でも最も新しい学院の一つだが、二〇一七年の第四回全国大学学科評価においてA⁺を獲得し、全国の大学の管理学科の中で一気に首位に躍り出た。

私は「高いレベルの人材をさらに高いレベルで送り出す」ということを提唱し続けている。公共管理学院でも国情研究院でも、すべての学生の知の潜在能力を最大限に鍛え高めてやり、社会という大学に出るための基礎を固め、身に付けた知識をずっと生かし、国家の恩に報いることができるようにするのだ。

ここで、私の人生の経験とそこから得たものを、若い世代と共有したい。

一つ目は、中国という名の天から与えられた書物をよく読むことだ。これは、苦学を積んで知識を得るとともに、自らの足で各地に赴き見聞を広めよ、ということだ。中国は世界を見回しても最も特異な国であり、魅力的な国だ。中国を理解することは、ちょうど天から与えられた書物を読むようなもので、とても味わい深くて惹き付けられるが、本当に理解することは難しい。学び、実践し、認識し、総括する。国情研究とはこれらのプロセスをずっと繰り返していくことだ。

二つ目は、大学で良い学びをすること、そして社会という大学でさらに良い学びをすることだ。私が信じて守ってきたマルクスの言葉がある。「いかなる理論も灰色。ただ緑なす現実こそ豊かなれ」。学問を深めるとき、決して理論の奴隷になって学問の扉の内側に閉じこもっていてはいけない。理論を現実と結び付け、実践の中で理論を生かし、社会という大学の中で学びを深めることだ。理論というのは認識世界であって、世界を変える手段だ。理論を現実（社会における活動）に用いてこそ、それは命を吹き込まれるのである。

三つ目は、「千里の道も一歩より」。若者は、「天を頂きて地に立つ」という度量と気概を持たねばならない。天を頂く、すなわち世界を背負うためには大きな志がなければならない。世界的な視点を持ち、目標が高いほど志も大きくあるべきだ。地に立つ、すなわちしっかり立つということは、中国社会の国情、人民の中にしっかり根を張り、現実から離れて大衆から乖離しないことだ。国家の想うところを想い、国家の急とするところを急ぎ、人民の想うところを想い、人民の急とするところを急ぐ。人民や国のために働いてこそ、能力を発揮し成果を出していると言え、人民や国のためになってこそ、成功したといえる。

四つ目は、黄金時代がもたらす黄金の貢献だ。今の若者は、この黄金時代（強国時代）に黄金期（青年期）を過ごし、黄金の（恵まれた）大学に入って黄金（知識）を蓄えているが、ここで自問してほしい。「二〇三五年、二〇五〇年になったとき、祖国に黄金の貢献ができるか」。悔いのない青年期、悔いのない壮年期を過ごし、老いてなお悔いることなく、生涯悔いることのない人生を送ってほしい。[※22]

六、改革開放とともに歩んで

四十数年前、まだ下放して知識青年として過ごしていた農村で、偉大なるマルクスの大きな影響を受けた。マルクスは一七歳の時、「人類のために働く」という崇高な理想を掲げた。彼は「共同の目標のために働いた気高い人物こそ偉大な人物だと、歴史によって認められる。多くの人を幸せにできた人こそ最も幸せな人だと、経験によって誉めたたえられる」と言っている。また「目標が変わることはない。努力こそ幸福だ」とも言っている。[※23] マルクスのような世界を背負って立つ気概を持った偉人は、われわれの一生の目標である。

人間の一生とは努力であり、そこに幸福がある。習近平総書記のおっしゃる通り、「努力をしてこそ幸福な人生といえる。努力する人が最も精神が満ち足りて、幸せとは何かを知っていて、幸せになることができる人だ。新しい時代は努力する人のための時代といえる」[※24] のだ。

私の人生もまた努力の人生で、「知識為民、知識報国」の理念を持ち続けてきた。ゆえに習総書記が言う人生観や努力や幸福についての考え方に深く共感する。努力とは全てを投じ、自ら進んで費やすものので、さらには長い期間と困難を乗り越えてやっと、本当の幸福とは何かを身をもって知ることができる。

私の人生で最大の幸運は、改革開放という時代に巡り合ったことだ。そのおかげで、私は学ぶことができ、得難い機会を手にすることができ、「知識為民、知識報国」をもって学術の最高の舞台に立つことができた。

中国学者として、いつも自問していることがある。最も重要な能力とは何か。私の答えは、革新する能力だ。では、最も重要な革新とは何か。私が考え付いた最良の答えは、知識の革新だ。では、最も重要な貢献とは何か。私の経験からすれば、それは改革開放への知識による貢献だ。

中国の歩む道は、独創的な近代化を進める道であり、社会主義の道であり、偉大な復興への道であり、世界の中心へ進み出る道である。われわれの責務は、西洋の発展理論の焼き直しで中国の道のありようを説明することではない。中国学者として新しく重要な概念を示すことができるか、新しい思想を述べられるか、既存の理論を革新し、新たな方法で新しい発見をし続けられるか。こうみると、まさにフランシス・ベーコン（一五六一－一六二六年）の「知は力なり」という言葉がしっくりくる。ここでいう知とは現代中国の系統立った知識のことであり、力とは影響力を持つことである。そこには学術上の影響力、政策決定に及ぼす影響力、社会的影響力、国際的影響力が含まれる。もちろん影響力というのは簡単に計れるものではなく、評価しやすいものとそうでないもの、明らかなものとあいまいなもの、価値のあるものとすぐなくなってしまうものがある。革新し続ける力だけが、影響力を持ち続けることができる。

中国の改革開放は世界の注目を集める、人類史上最も偉大な実践であり革新だ。改革と発展の過程では常に新たな問題が現れるため、経済学など社会科学的理論で分析を行い、解決方法を提案する必要がある。中国社会科学者は日に日に研究の場を広げ、報国のための千載一遇の歴史的な好機を得ている。学者は知識の獲得、吸収、革新、伝達と交流をもって社会に貢献する。私は国情研究の歩みを止めたりしない。それどころかこの分野でさらに知識を新たにし続ける。私はずっと、中国十数億の人民の挑戦は、己の学問に対する課題と挑戦だと考えてきた。これらへの挑戦の魅力は尽きることがない。私はこのような挑戦が好きだし、これに挑むことで新たな知識が生まれ、貢献できるとなれば、望むところだ。挑戦があってこそ革新があり、革新があってこそ貢献があり、貢献があってこそその先に進めるのだ。これが私の人生が豊かに広がってゆく法則と軌跡であり、改革開放と共に歩んできた道である。

（注）

1 フェアバンク・ライシャワー『中国 伝統と変革』、江蘇人民出版社、一九九五年。

2 胡鞍鋼ほか『中国国家管理の近代化』、中国人民大学出版社、二〇一四年、二一一～二一二ページ。

3 龔育之『毛沢東から鄧小平まで』、中共党史出版社、一九九四年、二八三～二八五ページ。

4 鄧小平は「『文化大革命』の教訓がなければ、中国共産党第十一期中央委員会第三回全体会議から始まる思想、政治、組織路線および一連の政策が取られることはなかった。この会議において、活動の重点を階級闘争を要とする方針から生産性の向上と四つの近代化の実現を核とする方針に転換し、全党および全国民の支持を得た。それは『文化大革命』の誤りを追及することで、教訓という財産に変えることができたからだ」と述べた。鄧小平「未来を拓くための歴史の総括（一九八八年九月五日）」、『鄧小平文選』第三巻、人民出版社、一九九三年、二七二ページ。

5 鄧小平はアメリカ人記者マイク・ウォレスの問いに以下のように答えた。「『文化大革命』は悪いことのように見えるが、結局は良いことになった。人々の思考を促し、われわれ、つまり体制の弊害がどこにあるかを人々に認識させたのだから。『文化大革命』の経験を巧みに総括し、いくつかの改革を提案し、政治的にも経済的にもわが国の様相を一新させた。これにより、悪事が好事に転じたのだ」。鄧小平「未来を拓くための歴史の総括（一九八八年九月五日）」、『鄧小平文選』第三巻、人民出版社、一七二ページ。

6 一九七六年四月三〇日、毛沢東はニュージーランドのマルドゥーン首相との会見後、「ゆっくりやりなさい。急ぐことはない」「これまで通りの方針でやりなさい」「あなたがやれば私も安心だ」と、華国鋒に対し自ら三つの指示をしたためた。毛沢東『華国鋒に遺した言葉（一九七六年四月三〇日）』、中共中央文献研究室編、『建国からの毛沢東原稿』第一三冊、中央文献出版社、一九九八年、五三八ページ。

7 鄧小平「資本主義の自由化は資本主義に向かう（一九八五年五－六月）」、『鄧小平文選』第三巻、人民出版社、一九九三年、一二三～一二四ページ。

8 龔育之・楊春貴・石仲泉・周小文（二〇〇四）『くり返し読む鄧小平』、中共中央党校出版社、五六～五七ページ。

9 胡錦涛「中国の特色ある社会主義道路を揺るぎなく進む あまねく小康社会を実現するための奮闘――中国共産党第十八回全国代表大会での報告（二〇一二年一一月八日）」。

10 孔子『論語・為政』。

11 Cheek T., Ownby D., Fogel J. Mapping the intellectual public sphere in China today, 2018, China Information, Vol.32 (2), p.107-120. 文中で

12　は甘陽氏の意見を採用している。甘陽『通三統』『読書』、生活・読書・新知三聯書店、二〇一四年八月版。これについては、スイスのジュネーブ大学政治経済学教授パオロ・ウーリオ氏がその著書『国家、市場、社会が手を取り合い発展する中国 繁栄へと踏み出す長い旅』（英語版、Routledge Taylor & Francis Group, 二〇一〇年。中国語版、中信出版集団、二〇一六年九月）の中で、この問題を提起している。新左派の代表格は胡鞍鋼としているが、この分類も難しく曖昧であると言わざるを得ない。一部の政治評論家は、胡鞍鋼は中央集権論者または新中央集権論者だとしている。胡鞍鋼は王紹光とともに、真っ先に中国の財政体系の集中化と中央政府にさらなる財政の権力を与えることを提案した、と。（ジョセフ・フュースミス『天安門事件のちの中国 政治の転換』、剣橋大学出版社、二〇〇一年、一三一ページなど）またほかの人は、彼は新左派の代表であり、党内のマルクス主義理論家の旗手だとしている（アニエス・アンドレス（胡鞍鋼訳）『中国国家主席胡錦涛 政治とインターネット、でたらめなのはどっちだ』、L'Harmattan出版、二〇〇八年、七一ページ）。それによると、「胡鞍鋼の著書は読んでいるし、いく度となく討論したこともあり、彼は平和と正義に強い思いを持っていると感じる。また、市場が改革の成功の方向性を決定付けることを高く評価しており、発展とともに格差や汚染などの問題を引き起こしてしまった政策を是正することに賛同している。そして彼は、私の知りうる限り最も腐敗に対して厳しい人間だ」と書かれている（胡鞍鋼「中国の経済および社会転換」『腐敗 その巨大な闇 腐敗の経済的コストを暴く』第一一章、ラウトレッジ出版社、二〇〇七年、二一七〜二三五ページ参照）。

13　『毛沢東選集』第一巻、人民出版社、一九九一年、二九六ページ。

14　鄧小平はかつてこう話した。「かつて国外では、私が改革派、別の人が保守派と見なされていました」「私が改革派、それは間違いないでしょう。しかし四つの基本原則を守る人を保守派と呼ぶなら、私はまた保守派であるともいえます。ですから正しくいうならば、私は実事求是派です」。朱佳木「陳雲同志のおしえ」『百年潮』、二〇一四年第一期。

15　毛沢東「実践論（一九三七年五月）」『毛沢東選集』第一巻。

16　筆者は二〇〇八年一一月二〇日、深圳で行われた二〇〇八年復旦管理学傑出貢献賞第三回授賞式においてお礼の言葉を述べた。復旦「管理学傑出貢献賞」は復旦管理学奨励基金会によって毎年三人が選出される。この基金は二〇〇五年に李嵐清氏が私費を投じて作ったもので、中国人が設立した初の管理学基金である。中国の管理学分野においてすぐれた貢献をした学者や実践者を奨励することを旨とし、管理学の理論を実践と結び付けることを推し進め、中国の特色ある管理学科の科学体系を作り、ひいては中国における管理学の長期的な発展とその人材の育成を図り、国際的な学術的影響力を高めることを目的とする。当日は、李嵐清氏（元中国共産党中央政治局常務委員）、汪洋氏（中国共産党中央政治局委員、中国共産党広東省党委員会書記）、成思危氏（元全国人民代表大会常務委員会副委員長、復旦管理学奨励基金会副会長）らが式典に出席し、あいさつや演説を行った。

17　一九九四年二月、李鵬総理が科学技術分野の専門家らの意見に耳を傾けた際、陳章良氏は国外で学んで帰国した人の研究活動を支えるための予算を振り分けてほしいと申し出た。三月、李鵬総理によって国家傑出青年科学基金が設立された。一九九五年はじめ、四九名が第一回「国家傑出青年科学基金」援助対象者となった。

18 ここまで言い及ぶと、李嵐清氏が率先し立ち上がって拍手し、会場全体が鄧小平への感謝の念と懐かしむ思いのこもった熱い拍手に満ちた。この会の後、李嵐清氏の娘さんがわざわざ私に「あなたのお話を聞きとても感動しました。私たちの心の声をみごとに代弁してくださいました」と話してくださった。

19 胡鞍鋼『中国二一世紀に向けて』、中国環境科学出版社、一九九一年、一ページ。

20 胡鞍鋼『中国二一世紀に向けて』、中国環境科学出版社、一九九一年、三ページ。

21 胡錦涛氏は清華大学創立一〇〇周年記念式典において「一世紀におよぶ発展のなかで、清華大学は『爱国奉献，追求卓越（愛国奉仕の精神で、優れた成果を追求する）』の伝統を受け継ぎ、『自强不息，厚德载物（自らを向上させることを怠らず、人徳を高く保ち物事を成し遂げる）』の校訓を遵守し、『行胜于言（行いは言葉に勝る）』の校風を発揚し、一七万名にも及ぶ優秀な人材を育て、多くの大学者や優れた実業家、国家のリーダーたちを輩出してきた。「両弾一星」名誉勲章（一九九九年、原爆、水爆、人工衛星計画に貢献した科学者に与えられた）として国家表彰された二三名のうち一四名が清華大学出身であり、四六〇名もの校友が中国科学院院士と中国工程院院士に選ばれている。一〇〇年にわたり、その世代ごとに清華の仲間は革命、建設、改革において粘り強く闘い、誠実に奉仕し、祖国や人民、民族のために際立った功績を残している」と語った（新華社、二〇一一年四月二四日）。

22 二〇一七年一〇月一九日、清華大学公共管理学院において筆者が行った、中国共産党第十九回全国代表大会での報告について学ぶ講座にて。

23 マルクスが一八六五年四月一日に書き記した「自白」より。「あなたの特徴は──目標がぶれないこと」「あなたの幸福に対する考え方は──闘争」。

24 習近平「二〇一八年春節の集いでの談話」二〇一八年二月一四日。

あとがき

二〇一八年は改革開放四〇周年にあたる。改革開放時代は中国の黄金時代であり、私の国情研究にとっても黄金時代だ。これは、私の研究は今という時代と密接に関わっていて、包括的に理解し、深く分析し、認識する過程を繰り返しているということだ。私は学者という立場から、「改革開放と共に歩んだ私の人生」というテーマの下、学術的な総括とさらに一歩進んだ思考を深めた。

本書は個人の伝記ではなく、主な目的は、私が行ってきた国情研究の学術思想や学説、教育、政策提言を総括することにある。改革開放はどうやって私のような下放された知識青年に貴重な大学入試の機会を与え、学問という大きな活躍の場を与え、知識を人民や国のために使う機会を与え、改革開放と共に歩む人生を与えてくれたのか、ということをある側面から示している。これは一人の学者と改革開放が互いに影響を与えてきた個人の記録であるとともに、歴史の記録でもある。

このため、本書では改革開放の中で私が特に大きな影響を受けたことや、私が関わった国情研究と国策研究の一部始終について多く触れている。まさに改革開放の四〇年が私にとって最も重要なキャリアをつくってくれたのであり、そのことを決して忘れることはない。

本書の主要資料は、私が長年積み重ねてきた記録に基づいている。そこには、中国知網（中国学の情報データベース）から調べられる、今までに発表した学術論文や主要な新聞雑誌に掲載された文章や、図書館で手に取れる正式に出版された著作（単著、共著、共同編集を含む）が含まれている。そのつど「あとがき」を書くのですっかり慣れたものだが、そこでは研究の社会的背景や重要なテーマ、重要な観点と変更点、とりわけ協力いただいた方々について紹介をしている。その中で私が主となって編集した『国情報告』（一九九八－二〇一七年）は合計一四〇〇回以上で、党建読物出版社と社会科学文献出版社から出た『国情報告』（一九九八－二〇一五年）は一八巻に上り、私へのインタビューや新聞報道もある。『胡鞍鋼記録』（二〇一〇－二〇一七年）を直接の参考とし、調査によればこの他にも大量の自筆の原稿や講義を録音したもの、映像などの資料がある。

特筆したいのは、これは私一人による現代中国の改革開放の成功と革新に対する資料と記録ではなく、中国科学院や清華大学の、百人を上回る協力してくれた研究員や教授、ポストドクター、私が指導する博士、修士、公共管理修士および外国人留学生も含まれることだ。皆様は各地から集まり、しばらくするとそれぞれの場所に帰り、各領域で傑出した人材となっている。皆、国情知識を革新して伝えるという重要な貢献を果たしている。皆様の名前は私と一緒に正式発表した学術論文（中国知網を参照）や、出版された学術書（当当網を参照）の中に記されている。本書の中で一人ずつ名前を挙げるわけにはいかないが、皆様は私と一緒に改革開放とともに歩んだ。

本書は改革開放の重要文献を引用したり紹介したりしてこの時代の発展への道筋と過程に触れ、われわれにもたらされた歴史的情報や豊富な知的財産、深い理論思想について振り返っている。

本書は国情研究の実践と学問の総括である。改革開放の時代が直面するさまざまな重大な問題、矛盾、関係、理論などを取り上げている。私はこれらをどのように提起、分析し、解決するのかを示し、学術的な大学のシンクタンクの働きについて詳細に述べている。

中国社会が求めているのは中国の学術的な研究であり、特に国情研究の革新が最も必要とされ、ましてや十数億人の人口を抱える中国のニーズとなれば、それは世界最大のニーズということだ。それによって国情研究の求めるものは極めて大きく、チャレンジしがいのあるものだということが分かり、学びや革新に終わりはないということも分かる。これはプレッシャーでもあり、原動力でもある。これによって自分の学者人生の道を得て、本書に私と改革開放の結び付きを記したが、これも改革開放を記録する一つの方法であり、試みである。私は多くのリアルタイムの記録を残しており、異なる時期に出版した著作のあとがきの中で主に述べており、意識的に異なる時期の問題の論点を記し、さらにそれぞれ時期の国情研究の知識の革新と貢献を記録している。

二〇一八年初め、私は冬休みにニューヨーク大学の中国研究センターを訪れる機会を利用し、現代中国研究を専門テーマとする講座を四回も行ったほかに、この本の初稿を書いていた。帰国後大量の情報を補足し、細かなところの修正意見も求めた。

最後に、ふたたび毛沢東の言葉を借りて結びの言葉としたい。一九四〇年、毛沢東は呉玉章氏をこんなふうに評した。「良い行いをすることは難しいことではない。難しいのは、良い行いを一生続け、悪い行いはせず、ひたすら人民のため、若者のため、革命のためになることをし続け、うまずたゆまず努力する、これこそ本当に難しいことだ」

私にとって、良い文章や本を書くことはできないことではない。難しいのは一生にわたって良い文章や本を書き続けることで、最も難しいのはただひたすらに、とどまることなく改革開放を記録し続けることだ。この四〇年は、自分を励ましてとどまることなく良い文章や本を書くためのものであり、「知識為民、知識報国、知識為人類（人民のための知識、国に報いる知識、人類のための知識）」という揺るがぬ理念のための年月だった。

二〇一八年四月五日　清華園にて　胡鞍鋼

胡鞍鋼とそのチームの日本語版書籍一覧

『かくて中国はアメリカを追い抜く』
胡鞍鋼著、石平訳、PHP研究所、2003年。

『転換期における中国経済
中国経済資源配置の実証分析及びそのメカニズムに関する研究』
日本経済産業研究所・中国科学院・清華大学国情研究センター・胡鞍鋼・孟建軍等編、2004年4月、RIETI-CCS。

『中国の経済構造改革』
日本経済研究センター、清華大学国情研究センター編、日本経済新聞社、2008年。（胡鞍鋼執筆）第1章「成長方式の転換を目指す 第11次五カ年計画」

『国情報告 経済大国中国の課題』
胡鞍鋼著、王京濱訳、岩波書店、2007年。

『中国の経済大論争』
関志雄・朱建栄著、日本経済研究センター・清華大学国情研究センター編、勁草書房、2008年。（胡鞍鋼執筆）第11章「『調和社会』の建設、均衡と安定」

『中国は先進国か』
関志雄・朱建栄著、日本経済研究センター・清華大学国情研究センター編、勁草書房、2008年。（胡鞍鋼執筆）第1章「2015年まで続く高成長」第2章「調和を図る『新四つの近代化』」

『中国経済成長の壁』
関志雄・朱建栄著、日本経済研究センター・清華大学国情研究センター編、勁草書房、2009年。（胡鞍鋼執筆）第2章「資源浪費と汚染の抑制」第10章「温暖化ガス排出削減で世界の主導国」

『台頭する中国と世界』
日本経済研究センター・清華大学国情研究センター編、2010年3月。（胡鞍鋼執筆）第1章「2015年に世界一の経済大国に ～資源、環境で国際協調が必要」第8章「2020年に科学技術強国へ ～人材、研究開発支出を大幅増」第9章「教育、政府支出拡大が不可欠 ～世界的企業家など輩出へ」

『2030年中国はこうなる』
胡鞍鋼・鄢一龍・魏星著、丹藤佳紀・石井利尚訳、科学出版社、2012年。

『中国のグリーン・ニューディール
～「持続可能な発展」を超える「緑色発展」戦略とは～』
胡鞍鋼著、日中翻訳学院 石垣優子・佐鳥玲子訳、日本僑報社、2014年。

『中国集団指導制
―チャイナ・セブンを生んだ独自の人材発掘、育成システム』
胡鞍鋼著、丹藤佳紀訳、科学出版社東京、2014年。

『中国の百年目標を実現する第13次五カ年計画』
胡鞍鋼著、日中翻訳学院 小森谷玲子訳、日本僑報社、2016年。

『中国の発展の道と中国共産党』
胡鞍鋼・王紹光・周建明・韓毓海著、日中翻訳学院 中西真訳、日本僑報社、2016年。

『SUPER CHINA ～超大国中国の未来予測～』
胡鞍鋼著、日中翻訳学院 小森谷玲子訳、日本僑報社、2016年。

『習近平政権の新理念 ―人民を中心とする発展ビジョン―』
胡鞍鋼・鄢一龍・唐嘯他著、日中翻訳学院訳、日本僑報社、2017年。

『中国集団指導体制の「核心」と「七つのメカニズム」
―習近平政権からの新たな展開―』
胡鞍鋼・楊竺松著、日中翻訳学院 安武真弓訳、日本僑報社、2017年。

『中国政治経済史論 毛沢東時代（1949～1976）』
胡鞍鋼著、日中翻訳学院訳、日本僑報社、2017年。

『2050年の中国 習近平政権が描く超大国100年の設計図』
胡鞍鋼・鄢一龍・唐嘯・劉生龍著、段景子訳、日本僑報社、2018年。

■著者紹介 **胡鞍鋼**（こ あんこう）

1953年生まれ。清華大学公共管理学院教授、同大学国情研究院院長。中国共産党第18回党大会代表。国家「第11次五カ年計画」「第12次五カ年計画」「第13次五カ年計画」専門家委員会委員、中国経済50人フォーラムメンバー。

自身が主導し創設した清華大学国情研究院は、国内一流の国家政策決定シンクタンクである。国情研究に従事して30年来、出版した国情研究に関する単著・共同著書・編著・外国語著書は100以上に及ぶ。

邦訳に『中国のグリーン・ニューディール』『SUPER CHINA ～超大国中国の未来予測～』『中国の百年目標を実現する第13次五カ年計画』『習近平政権の新理念―人民を中心とする発展ビジョン』『中国集団指導体制の「核心」と「七つのメカニズム」―習近平政権からの新たな展開』『中国政治経済史論―毛沢東時代（1949～1976）』（以上、日本僑報社）などがある。

中国国家自然科学基金委員会傑出青年基金の援助を獲得する。中国科学院科学技術進歩賞一等賞（2回受賞）、第9回孫冶方経済科学論文賞、復旦管理学傑出貢献賞などを受賞。

■訳者紹介 **日中翻訳学院**

日中翻訳学院は、日本僑報社が2008年9月に設立した、よりハイレベルな日本語・中国語人材を育成するための出版翻訳プロ養成スクール。
統　括：西岡一人、段景子、梶崎雅之
参加者：安藤聡子、金井進、亀井英人、醍醐美和子、田中紀子、西岡一人、番場真由美、林詘孝
（五十音順、敬称略）

The Duan Press

改革開放とともに40年

2018年12月25日　初版第1刷発行
著　者　　胡　鞍鋼（こ あんこう）
訳　者　　日中翻訳学院
発行者　　段　景子
発売所　　日本僑報社
〒171-0021 東京都豊島区西池袋3-17-15
TEL03-5956-2808　FAX03-5956-2809
info@duan.jp
http://jp.duan.jp
中国研究書店 http://duan.jp

Printed in Japan.　ISBN 978-4-86185-262-6　C0036

胡鞍鋼、鄢一龍、唐嘯、劉生龍 著　段景子 訳

2050円+税

習近平政権が描く超大国100年の設計図

2050年の中国

データで中国の未来を予測

中国が2050年に目指す「社会主義現代化強国」とは？　壮大かつ詳細なロードマップを明らかにした第一級の論考、初邦訳本！

ISBN 978-4-86185-254-1

★東京工業大学名誉教授橋爪大三郎氏絶賛

胡鞍鋼 著　日中翻訳学院 本書翻訳チーム 訳

16000円+税

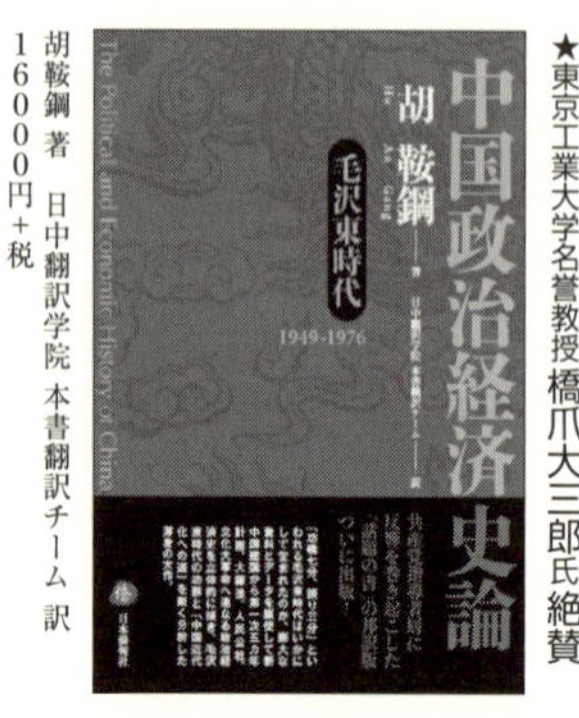

中国政治経済史論

毛沢東時代 1949~1976

データで明らかにする新中国の骨格

新中国建国から第一次五カ年計画、大躍進、人民公社、文化大革命へ連なる毛沢東時代の功罪と「中国近代化への道」を鋭く分析した渾身の大作。

ISBN 978-4-86185-221-3

胡鞍鋼、鄢一龍、唐嘯 他 著　日中翻訳学院 訳

2800円+税

習近平政権の新理念

人民を中心とする発展ビジョン

「党大会」で決定の新ガイドライン

経済の「新常態」の下で進められる中国の新ガイドライン「六大発展理念」を、清華大学教授・胡鞍鋼氏がわかりやすく解き明かす。

ISBN 978-4-86185-233-6

胡鞍鋼、楊竺松 著　安武真弓 訳

1900円+税

中国集団指導体制の「核心」と「七つのメカニズム」

習近平政権からの新たな展開

習体制下で強化された集団指導体制の七大メカニズムを分析。第19回党大会で決定された中国新体制の重要ポイントを理解するための必読書。

ISBN 978-4-86185-245-9

胡鞍鋼、王紹光、周建明、韓毓海 著　中西真 訳
3800円＋税

中国の発展の道と中国共産党

中国の発展の全体像を見渡す一冊

中国の歴史的状況から現在の発展状況までを分析。中国共産党がその中でどのような役割を果たしたのか全面的かつ詳細に分析を行った一冊。

ISBN 978-4-86185-200-8

★ヒラリー・クリントン氏推薦図書

胡鞍鋼 著　小森谷玲子 訳　2700円＋税

SUPER CHINA
超大国中国の未来予測

中国はどのような大国を目指すのか

超大国・中国の発展の軌跡と今後を分析。世界の知識人が待ち望んだ話題作がアメリカ、韓国、インド、中国に続いて緊急邦訳決定！

ISBN 978-4-9909014-0-0

胡鞍鋼 著　石垣優子、佐鳥玲子 訳　2300円＋税

中国のグリーン・ニューディール
「持続可能な発展」を超える
「緑色発展」戦略とは

エコロジーと経済の両立を目指す

経済危機からの脱出をめざす世界の潮流「グリーン・ニューディール」の中国的実践とは？

ISBN 978-4-86185-134-6

胡鞍鋼 著　小森谷玲子 訳　1800円＋税

中国の百年目標を実現する第13次五カ年計画

著名経済学者が読む“中国の将来計画”

「小康社会」全面的完成を目指し2016年から始まった「第13次五カ年計画」の綱要に関して立案者の一人・胡鞍鋼氏がわかりやすく紹介。

ISBN 978-4-86185-222-0

日本僑報社好評既刊書籍

「ことづくりの国」日本へ
そのための「喜怒哀楽」世界地図

関口知宏 著

NHK「中国鉄道大紀行」で知られる著者が、世界を旅してわかった日本の目指すべき指針とは「ことづくり」だった！　人の気質要素をそれぞれの国に当てはめてみる「『喜怒哀楽』世界地図」持論を展開。

四六判248頁 並製　定価1800円＋税
2018年刊　ISBN 978-4-86185-266-4

同じ漢字で意味が違う
日本語と中国語の落し穴
用例で身につく「日中同字異義語100」

久佐賀義光 著
王達 中国語監修

“同字異義語” を楽しく解説した人気コラムが書籍化！中国語学習者だけでなく一般の方にも。漢字への理解が深まり話題も豊富に。

四六判252頁 並製　定価1900円＋税
2015年刊　ISBN 978-4-86185-177-3

日中中日翻訳必携 実戦編Ⅳ
こなれた訳文に仕上げるコツ

好評シリーズ最新刊!!

武吉次朗 編著

「実践編」第四段！「解説編」「例文編」「体験談」の各項目に分かれて、編著者の豊かな知識と経験に裏打ちされた講評に加え、図書翻訳者としてデビューした受講者たちの率直な感想を伝える。

四六判176頁 並製　定価1800円＋税
2018年刊　ISBN 978-4-86185-259-6

日中文化DNA解読
心理文化の深層構造の視点から

尚会鵬 著
谷中信一 訳

昨今の皮相な日本論、中国論とは一線を画す名著。
中国人と日本人の違いとは何なのか？文化の根本から理解する日中の違い。

四六判250頁 並製　定価2600円＋税
2016年刊　ISBN 978-4-86185-225-1

病院で困らないための日中英対訳
医学実用辞典

松本洋子 著　日中英対訳

根強い人気を誇るロングセラーの最新版、ついに登場！海外留学・出張時に安心、医療従事者必携！指さし会話集＆医学用語辞典。
すべて日本語（ふりがなつき）・英語・中国語（ピンインつき）対応。

A5判312頁 並製　定価2500円＋税
2014年刊　ISBN 978-4-86185-153-7

日本の「仕事の鬼」と中国の〈酒鬼〉
漢字を介してみる日本と中国の文化

冨田昌宏 編著

鄧小平訪日で通訳を務めたベテラン外交官の新著。ビジネスで、旅行で、宴会で、中国人もあっと言わせる漢字文化の知識を集中講義！
日本図書館協会選定図書

四六判192頁 並製　定価1800円＋税
2014年刊　ISBN 978-4-86185-165-0

新疆物語
～絵本でめぐるシルクロード～

日本図書館協会選定図書

王麒誠 著
本田朋子（日中翻訳学院）訳

異国情緒あふれるシルクロードの世界。
日本ではあまり知られていない新疆の魅力がぎっしり詰まった中国のベストセラーを全ページカラー印刷で初翻訳。

A5判182頁 並製　定価980円＋税
2015年刊　ISBN 978-4-86185-179-7

新疆世界文化遺産図鑑

小島康誉、王衛東 編
本田朋子（日中翻訳学院）訳

「シルクロード：長安－天山回廊の交易路網」が世界文化遺産に登録された。本書はそれらを迫力ある大型写真で収録、あわせて現地専門家が遺跡の概要などを詳細に解説している貴重な永久保存版である。

変形A4判114頁 並製 定価1800円＋税
2016年刊　ISBN 978-4-86185-209-1

橋爪　大三郎　評

中国政治経済史論　毛沢東時代（1949～1976）

胡鞍鋼著（日本僑報社・1万7280円）

データで明らかにする新中国の骨格

　アメリカを抜く、世界最大の経済に迫る中国。その波乱の現代史を、指導者らの実像を織り込んで構成する大作だ。ぶ厚い二巻本の前半、毛沢東時代の部分が今回訳出された。

　著者・胡鞍鋼教授は、中国指折りの経済学者。文化大革命時に東北の農村で七年間の辛酸をなめ、入試が復活するや猛勉強で理工系大学に合格。その後経済学も独学でマスターし、認められて米国に留学、帰国後は清華大学のシンクタンク「国情研究中心」を舞台に、膨大な著書や提言を発表し続けている。

　中国の経済は政治と不可分である。それを熟知する著者は、党や政府の幹部に向けた政策レポートを書き続けるうち、政治との密接不可分な関係を検証する「歴史」研究こそ経済の本質に届くのだと思い定める。そこで、文化大革命がどういう原因で生じ、どれだけ災厄をもたらしたか、また改革開放がいかに可能となり、どれだけ成長をもたらしたかを、政府統計や党の文書を精査して洗い出した。信頼すべきデータと方法に基づき新中国の政治経済史の骨格を明らかにする、本格的業績だ。

　文化大革命の前奏曲が、大躍進だった。経済を理解しない毛沢東がソ連と張り合って、十五年で英米に追いつくとぶち上げた。党中央は熱に浮かされた。ノルマは下級に伝えられるたび膨らみ、無能と思われないための水増し報告が積み上がった。大豊作、大増産の一人歩きだ。人民公社の食堂の食べ放題も輪をかけた。大飢饉が始まり、餓死者は一千五百万人に達した。劉少奇は人民公社を手直しし、家族に責任を持たせて生産をテコ入れした。大躍進の責任を追及された毛沢東は深く恨み、劉少奇の打倒を決意する。資本主義復活を企む実権派と戦う、共産党内の階級闘争が始まった。

　≪毛沢東個人の意見が全党で可決した決議とぶつかった時には前者が優先され、指導者個人が党を凌駕し始めた≫。党が正しいルールに戻る機会が何度かあったが空しかった。文化大革命で劉少奇が命を失い、鄧小平が打倒され、林彪が失脚し、多くの党員が悲惨な運命に見舞われた。この異様な党のあり方を深刻に反省した鄧小平は、のちに改革開放で党の何をどう変えるかの骨格を頭に刻んだ。

　毛沢東時代をどう評価すべきか。≪一九五二～一九七八年の間に工業総生産額は一七倍に増加し、年平均成長率は一一・三％≫だった。実際この時期の成長は目覚ましかった。が、大躍進と文化大革命がダメージを与えた。胡教授の推計によると、長期潜在成長率約九％に対し≪一九五七～一九七八年が五・四％≫で≪政策決定の誤りによる経済損失は、経済成長率の三分の一～四分の一に相当する≫、という。このほか、教育機会を奪われた人材の喪失や人心の荒廃、社会秩序の混乱も深刻だ。

　毛沢東の失政をもたらしたのは体制の欠陥だと著者は言う。指導者の終身制。党規約の空文化。≪「文化大革命」は鄧小平が改革開放を始めた直接的動機であり、政治的・社会的安定を保つことができた根本的要因でもあった≫。文革の災厄から、人びとは教訓を学んだのだ。

　毛沢東の歴史的評価は中国では、現在でも「敏感」な問題である。胡教授は公平に、客観的・科学的に、この問題を追い詰める。動乱の渦中で青年期を過ごした経験と、経済学者としての見識に基づき、党関係の膨大な資料を読み抜いた本書は、待望の中国の自己認識の書だ。日本語訳文も正確で読みやすい。中国関連の必須図書として、全国のなるべく多くの図書館に一冊ずつ備えてもらいたい。

（日中翻訳学院　本書翻訳チーム訳）

毎日新聞　2018年1月14日